中等职业教育
会计专业规划教材

Excel CAIKUAI BANGONG YINGYONG
SHIXUN JIAOCHENG

Excel财会办公应用实训教程

第二版

黄贤明◎编著

中国人民大学出版社
· 北京 ·

图书在版编目（CIP）数据

Excel 财会办公应用实训教程 / 黄贤明编著 . --2 版 . -- 北京：中国人民大学出版社，2019.9
中等职业教育会计专业规划教材
ISBN 978-7-300-26469-1

I. ① E… II. ①黄… III. ①表处理软件－应用－财务管理－中等专业学校－教材 IV. ① F275-39

中国版本图书馆 CIP 数据核字（2018）第 272003 号

中等职业教育会计专业规划教材
Excel 财会办公应用实训教程（第二版）
黄贤明 编著
Excel Caikuai Bangong Yingyong Shixun Jiaocheng

出版发行	中国人民大学出版社		
社　址	北京中关村大街 31 号	**邮政编码**	100080
电　话	010-62511242（总编室）		010-62511770（质管部）
	010-82501766（邮购部）		010-62514148（门市部）
	010-62515195（发行公司）		010-62515275（盗版举报）
网　址	http://www.crup.com.cn		
经　销	新华书店		
印　刷	北京昌联印刷有限公司	**版　次**	2011 年 9 月第 1 版
规　格	185 mm × 260 mm　16 开本		2019 年 9 月第 2 版
印　张	13.5	**印　次**	2019 年 9 月第 1 次印刷
字　数	258 000	**定　价**	29.00 元

第二版前言

中等职业教育会计专业规划教材《Excel 财会办公应用实训教程（第二版）》继续保留第一版“实用为先、举一反三、学以致用”的特点，采用循序渐进的方式，根据国家最新颁布和修订的财经法律、法规制度，通过案例系统讲解了 Excel 2016 在会计凭证的设置与填制、会计账簿的设置与登记、财务报表的设置与编制等整个会计核算过程中的应用；同时用实例详细说明了 Excel 2016 在财务报表分析、职工薪酬管理和固定资产管理中的应用。本书内容全面、结构清晰、图文并茂、通俗易懂，既突出基础性内容，又重视实践性应用。

本书由黄贤明编著，由于编者水平所限，不足之处在所难免，恳请读者批评指正。

编　者

2019 年 8 月

第一版前言

随着电子计算机的普及，以及会计电算化的推广，专门的通用财务软件也日趋成熟，但一方面这些专门的财务软件很难满足不同企业的特殊的要求，另一方面现有的财务软件对会计数据分析有一定的局限性。而 Microsoft Excel 作为一个功能强大的数据处理软件，在数据处理与分析方面具有专门财务软件所没有的优势。Excel 不仅提供了数据输入、输出、计算、统计、分类查询、分类汇总、筛选、预测等功能，而且使用者可以利用各种函数功能直接进行计算和分析，将 Excel 与 Access、Powerpoint、Word、Outlook 等软件结合使用，开发出适合企业自身特点的财务核算和管理系统。此外，利用 Excel VBA 可以开发用户界面，使应用程序更加完善。

目前，Excel 已经成为会计、财务、统计、审计和金融等经济类学科不可缺少的工具。本教材根据中等职业教育教学的要求，为了让学生更好地掌握适用的基础理论、扎实的专业知识和较好的专业技能，本着“以能力为本位，以就业为导向，以培养学生职业技能为出发点”的设计理念，按照“基于工作过程”的课程设计模式而进行编写。我们在编写过程中参阅、汲取了目前国内出版的相关教材的优点，并努力做到：

第一，实用为先：精选财会办公中最典型、最实用的应用案例，所有案例源于职业实践；

第二，举一反三：书中范例通用性强，可复制性强；

第三，学以致用：本书以图示方法来讲解，程序清晰、详细，即学即会。

本教材由黄贤明编著。在编写过程中，作者得到了有关财务软件专家和会计实务专家的支持与帮助，特别是北京市机电研究院周乃君高级会计师、用友软件股份有限公司陈立平工程师和北京华拓会计师事务所姜杰总经理的鼎立之助，在此一并表示衷心的感谢。

随着时代的发展和知识的更新，不断地充实和提高教材质量是教材建设中的一项重要措施，我们愿为此奉献力量。但限于水平，不足之处在所难免，恳请读者批评指正。

编　者

目　录

项目一

会计凭证的设置与填制

项目综述：

会计凭证是记录经济业务、明确经济责任的书面证明，也是登记账簿的依据。任何单位在经济活动过程中都会发生各种各样的经济业务，例如，库存现金的收付，银行存款的收支，材料的采购、领退，产品的生产和销售等。对于这些经济业务，都必须依法取得有关凭证，以书面形式记录和证明其是否发生，并在凭证上签上经办人的名字或盖章，有的还要加盖相关单位公章，以对会计凭证内容的真实性、合法性、正确性、完整性负责。所有会计凭证还必须经过有关人员的严格审核，只有审核无误的会计凭证才可以作为记账的依据。合法取得会计凭证、正确填制会计凭证、严格审核会计凭证是会计核算的基本方法之一，这既是会计工作的起点，也是反映和监督经济活动必不可少的工作过程。

项目要求：

会计记账必须有据可依、有据可查，而会计凭证就是最重要的记账、查账依据。企业发生的任何经济业务都必须取得或填制原始凭证，只有经过审核且无误的原始凭证，才能据以填制记账凭证，并登记账簿。

本项目要求利用Excel设置会计科目表、设置记账凭证模板及填制记账凭证。

任务一　设置会计科目表

会计科目是对会计要素的具体内容进行分类核算的项目，每一个会计科目都有明确的含义和核算范围。通过设置会计科目，对会计要素的具体内容进行科学的分类，可以为会计信息使用者提供科学、详细的分类指标体系。在会计核算的各种方法中，设置会计科目占有重要的位置，它决定着账户的开设、报表结构的设计。

企业在开展具体的会计业务之前，首先应根据其交易或事项设置会计科目表，通常有总账科目和明细科目。会计科目表包含的基本内容有：科目编号、科目名称、科目级次和借贷方向。当设定好了会计科目以后，企业财务部门就可以创建 Excel 格式的会计科目表了，其设置程序如下所述。

第一步

新建一个工作簿，在工作表名“Sheet1”处，右击弹出快捷菜单，选择“重命名”，将工作表名改为“科目表”。在表中输入会计科目表中要包含的项目，并设置会计科目表标题行的格式，如图 1–1 所示。

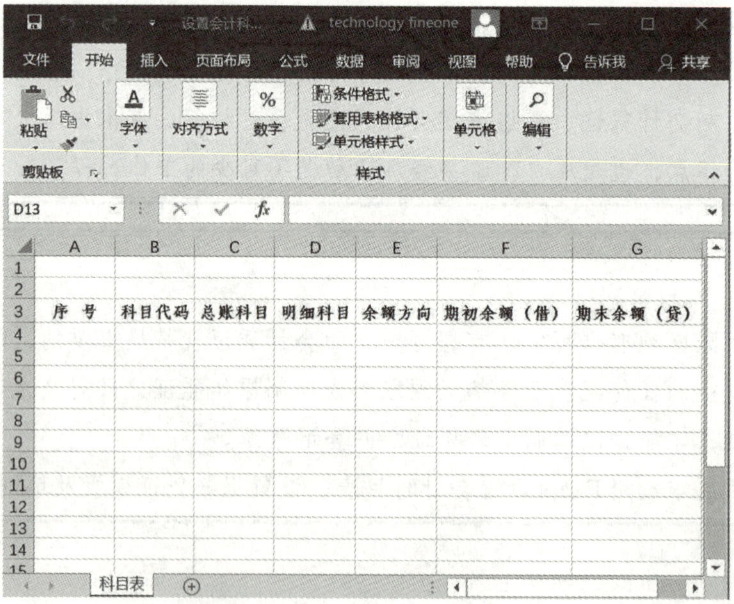

图 1–1

第二步

在会计科目表中录入序号、科目代码（科目代码内容输入“文本”型）、总账科目和明细科目的名称。在输入时，可以使用“记录单”命令，采用快速输入法提高输入效率。具体操作如下：

1. 在 2016 版 Excel 软件中，“记录单”命令需要用户手动添加到选项卡中。

（1）点击菜单栏中的“文件”命令，如图 1–2 所示。

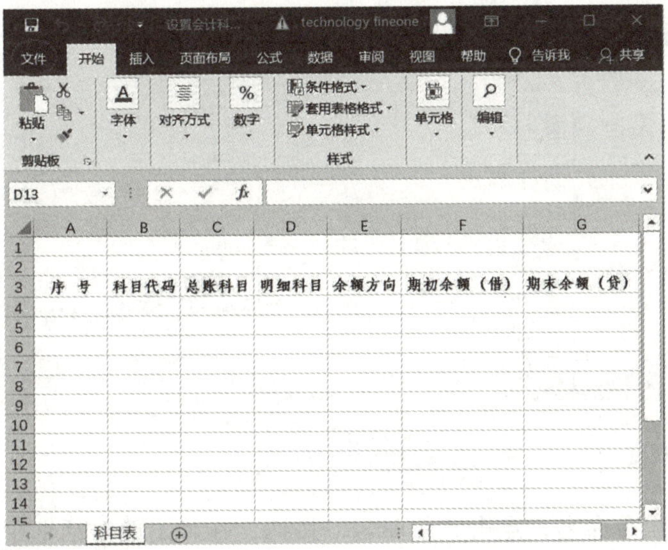

图 1–2

（2）在左侧菜单栏中找到并打开“选项”对话框，如图 1–3 所示。

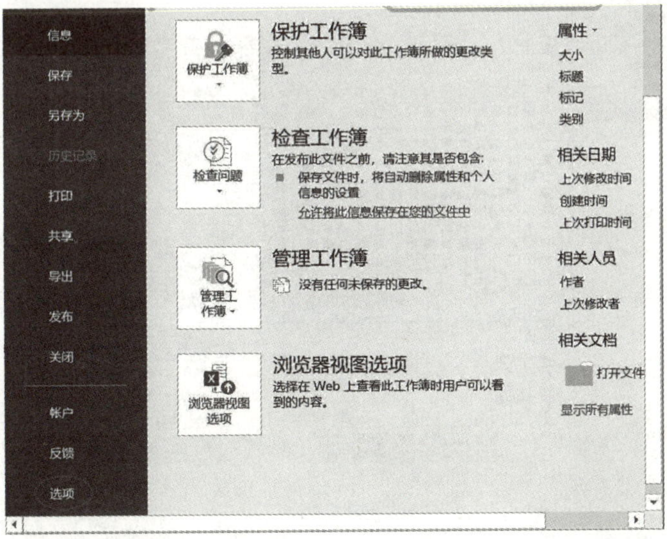

图 1–3

（3）系统弹出选项对话框，在左侧边栏选择“自定义功能区”，选择右侧的“数据”选项卡，然后点击下方的“新建组”按钮，添加一个新的组“新建组（自定义）”，如图 1–4 所示。

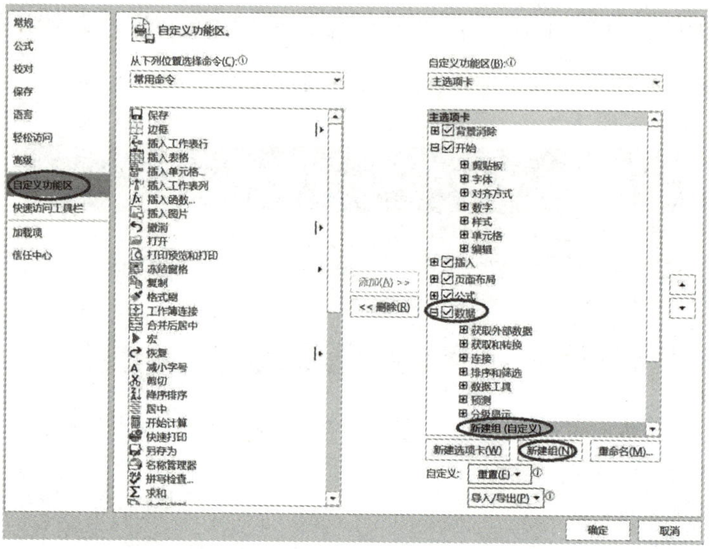

图 1–4

（4）为新建组重命名，点击“重命名”按钮，在弹出的对话框中将新建的组命名为“记录单”，单击“确定”，如图 1–5 所示。

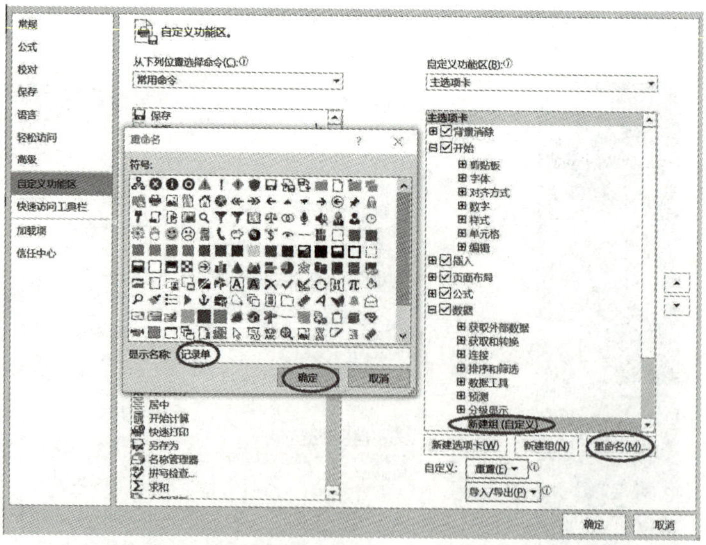

图 1–5

（5）选中“记录单组”，将“从下列位置选择命令”栏设置为“所有命令”，在列表中找到并添加“记录单”命令，点击“添加”按钮，完成后点击“确认”按钮保存设置，如图 1–6 所示。

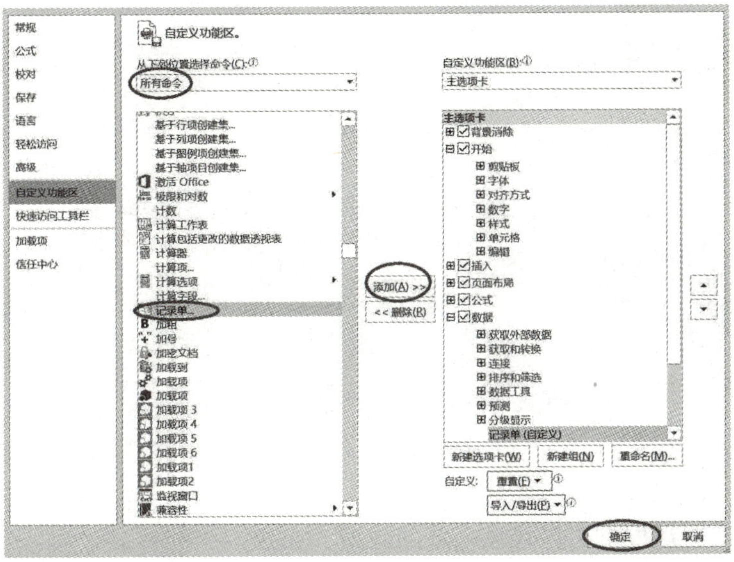

图 1–6

（6）选择“数据”菜单，在“数据”选项卡中可以看到已经有了“记录单”命令，如图 1–7 所示。

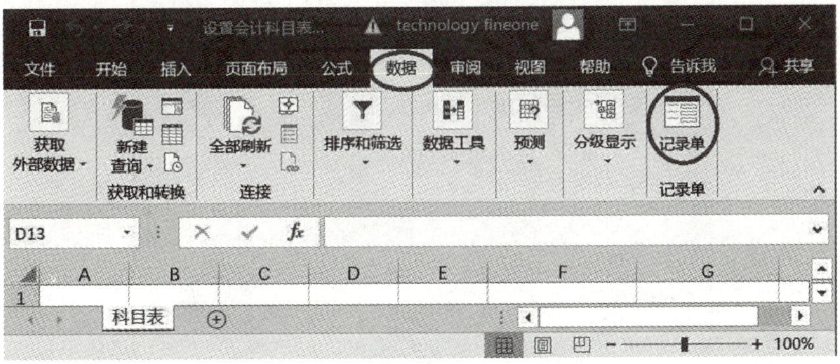

图 1–7

2. 激活“科目表”。选定表中 A3 : G3 区域单元格，点击“数据”菜单下的“记录单”命令，在弹出的对话框中点击“确定”按钮，将该行确定为标签行，如图 1–8 所示。

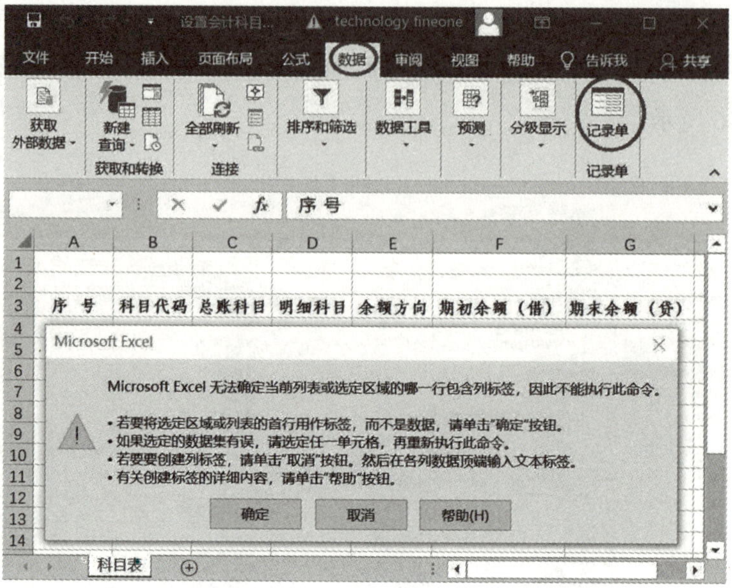

图 1–8

3. 在弹出的对话框空白栏处输入新的数据，如图 1–9 所示。

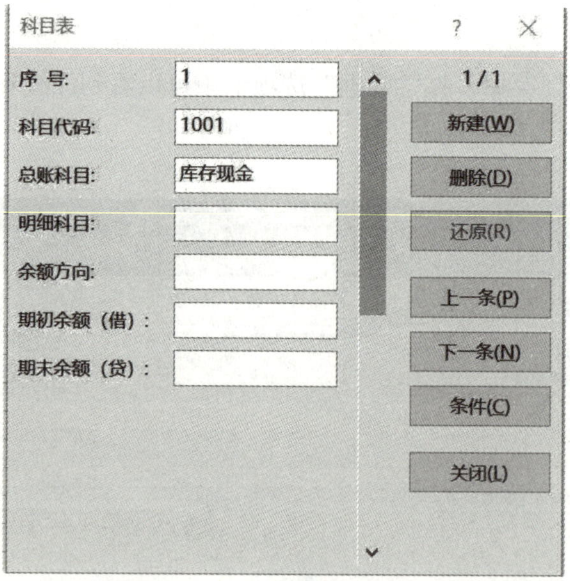

图 1–9

4. 按回车键，继续下一个记录的添加。所有记录输入完毕后，单击“关闭”按钮，得到的数据清单如图 1–10 所示。

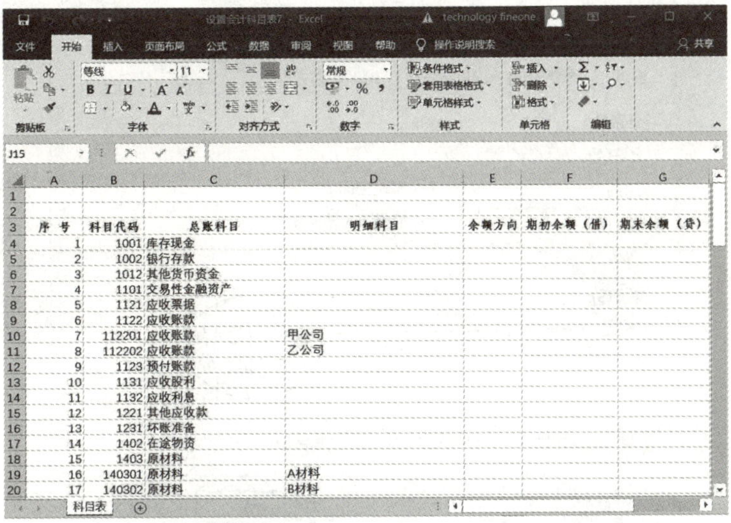

图 1–10

第三步

由于“余额方向”栏中只有“借”和“贷”两种选择，所以可以设置一个提供选择的下拉列表，通过设置“数据验证”来实现。选定“余额方向”列标题下方的单元格，选择菜单栏中的“数据”，单击“数据验证”命令打开“数据验证”对话框，在“设置”选项中的“允许”下拉列表中选择“序列”，如图 1–11 所示。在“来源”文本框中输入下拉列表中需包含的“借”和“贷”，两字间用英文状态下的逗号分隔，点击“确定”，如图 1–12 所示。

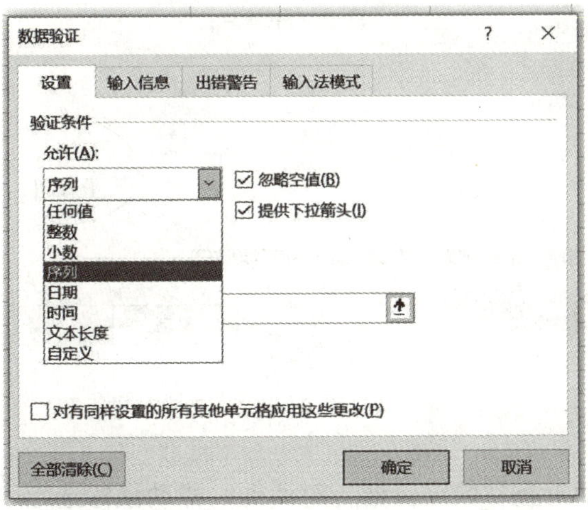

图 1–11

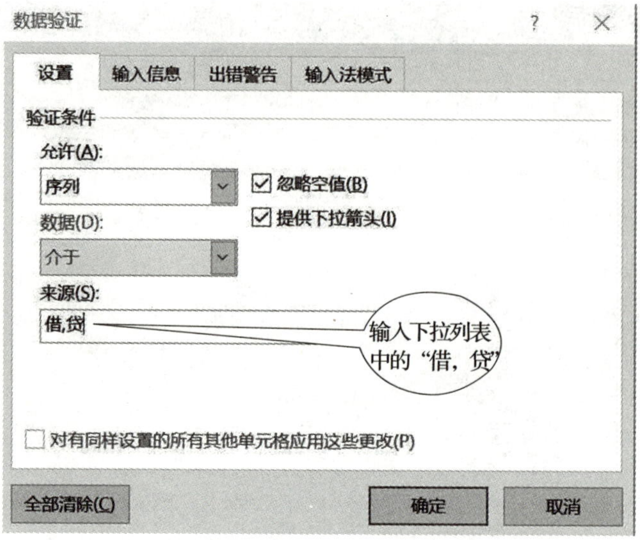

图 1–12

除直接在“来源”文本框中输入列表值外，还可以事先将需要的值输入某单元格区域，然后在“数据验证”对话框中单击“来源”文本框右侧的折叠按钮，如图 1–13 所示。

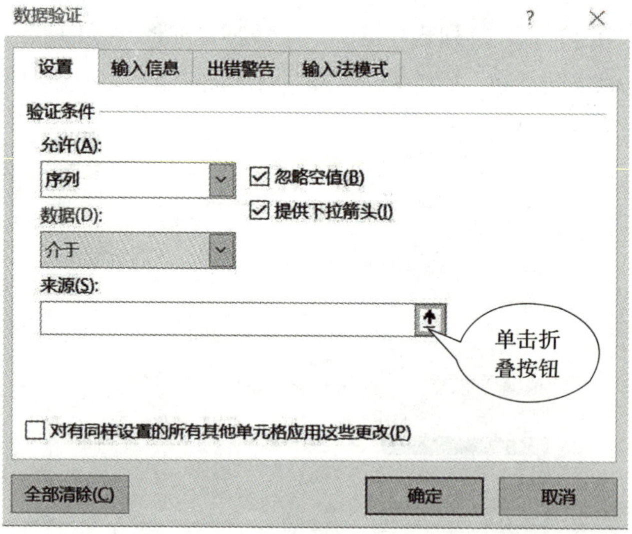

图 1–13

随后 Excel 将自动折叠“数据验证”对话框，移动鼠标选定序列值所在的单元格区域，如图 1–14 所示，此时该区域的引用地址会出现在“数据验证”对话框中。再次单击折叠按钮，此时“来源”文本框中将显示选定的引用单元格地址，单击“确定”按钮完成有效性序列的设置，如图 1–15 所示。

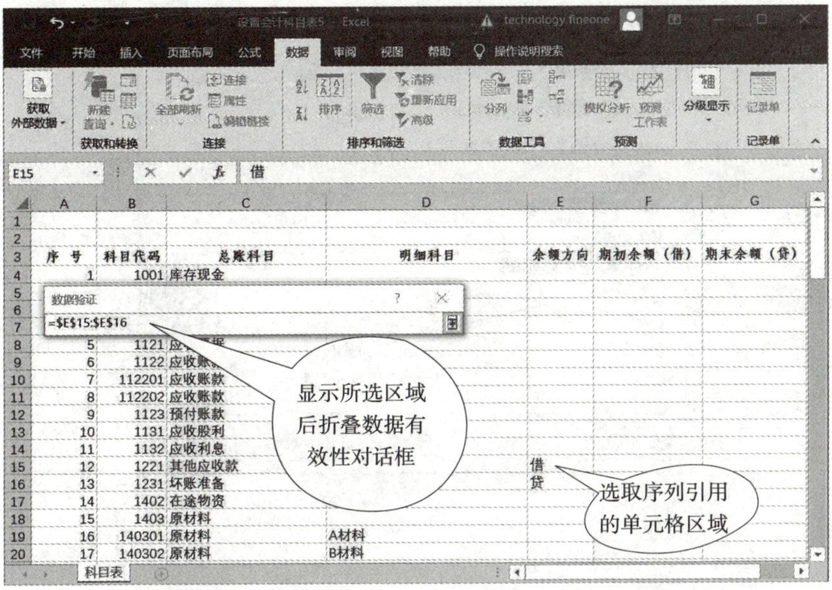

图 1–14

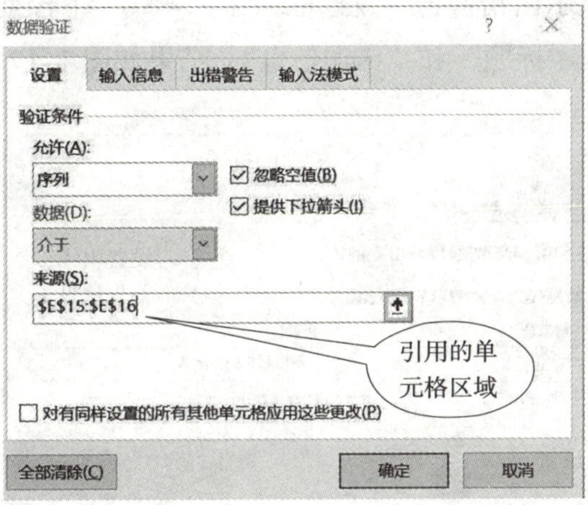

图 1–15

第四步

如果想在单击单元格后显示可选择的输入提示信息，请在“数据验证”对话框中单击“输入信息”标签，切换到“输入信息”选项。选择“选定单元格时显示输入信息”复选框，然后在“标题”文本框和“输入信息”文本框中输入具体内容，单击“确定”，如图 1–16 所示。

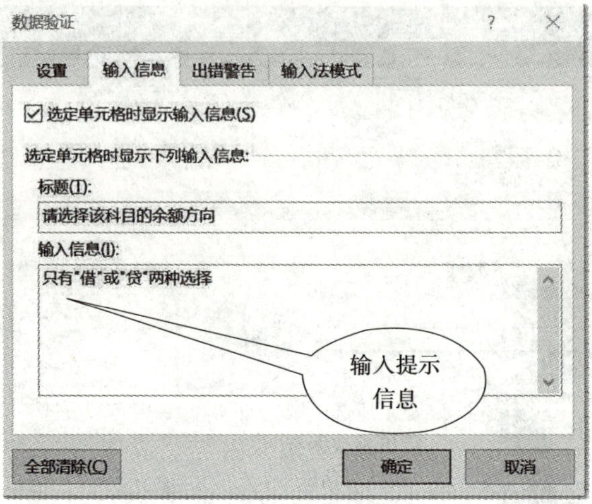

图 1–16

第五步

单击“数据验证”对话框中的“出错警告”标签，切换到“出错警告”选项，选择“输入无效数据时显示出错警告”复选框，在“样式”下拉列表中选择“停止”，可根据需要决定是否输入“标题”和“错误信息”，结果如图 1–17 所示。

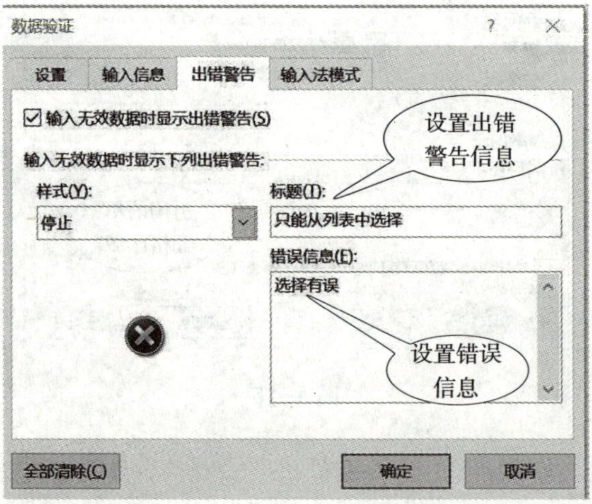

图 1–17

第六步

当在设置了数据验证的单元格中输入其他值时，系统会弹出如图 1–18 所示的出错提示对话框，并且阻止无效数据的输入。

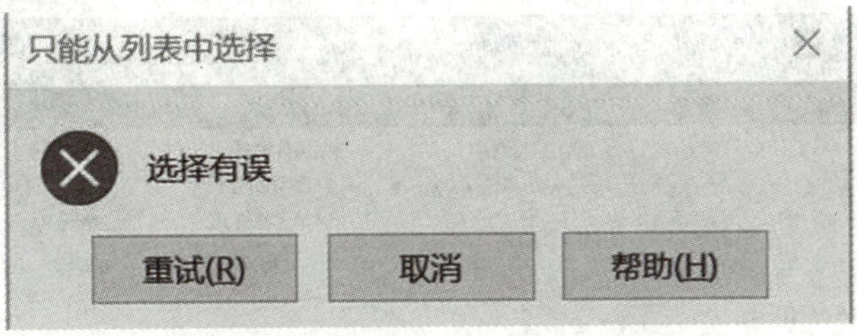

图 1–18

第七步

在会计科目表中的“余额方向”项目依次选择每个科目的余额方向，得到的结果如图 1–19 所示。

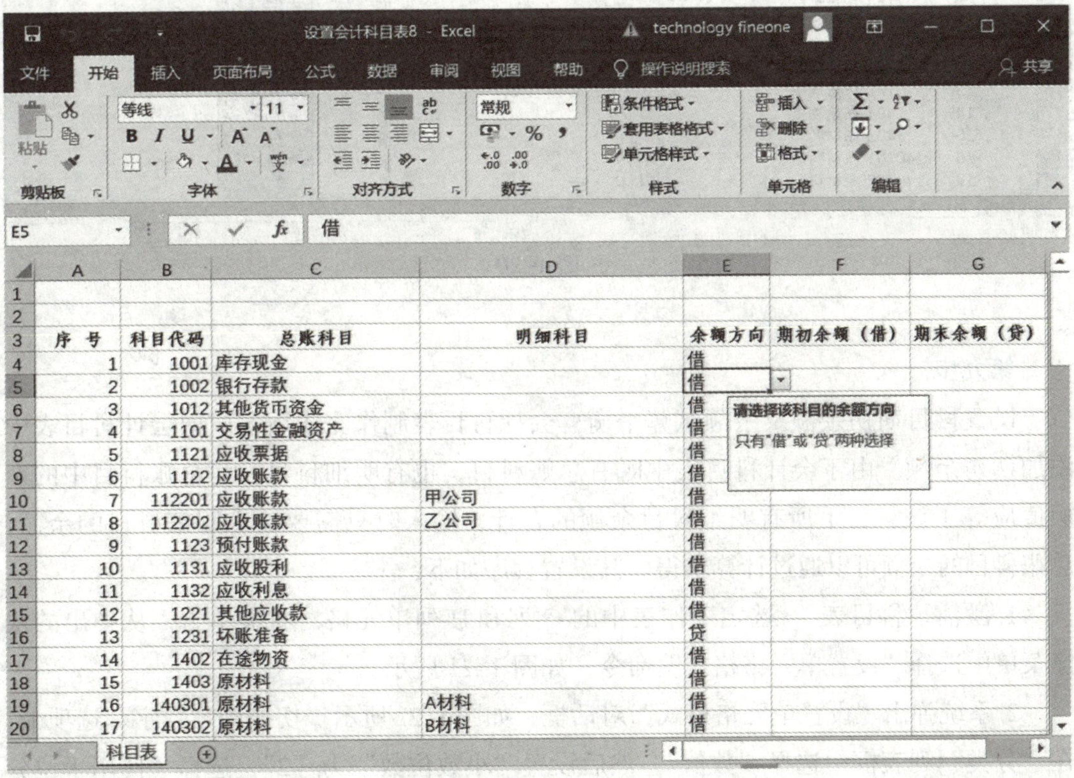

图 1–19

第八步

在表格中的“期初余额（借）”列左侧插入一列，输入标题为“科目级次”，然后将对应科目的科目级次输入该列的单元格中，如图 1–20 所示。

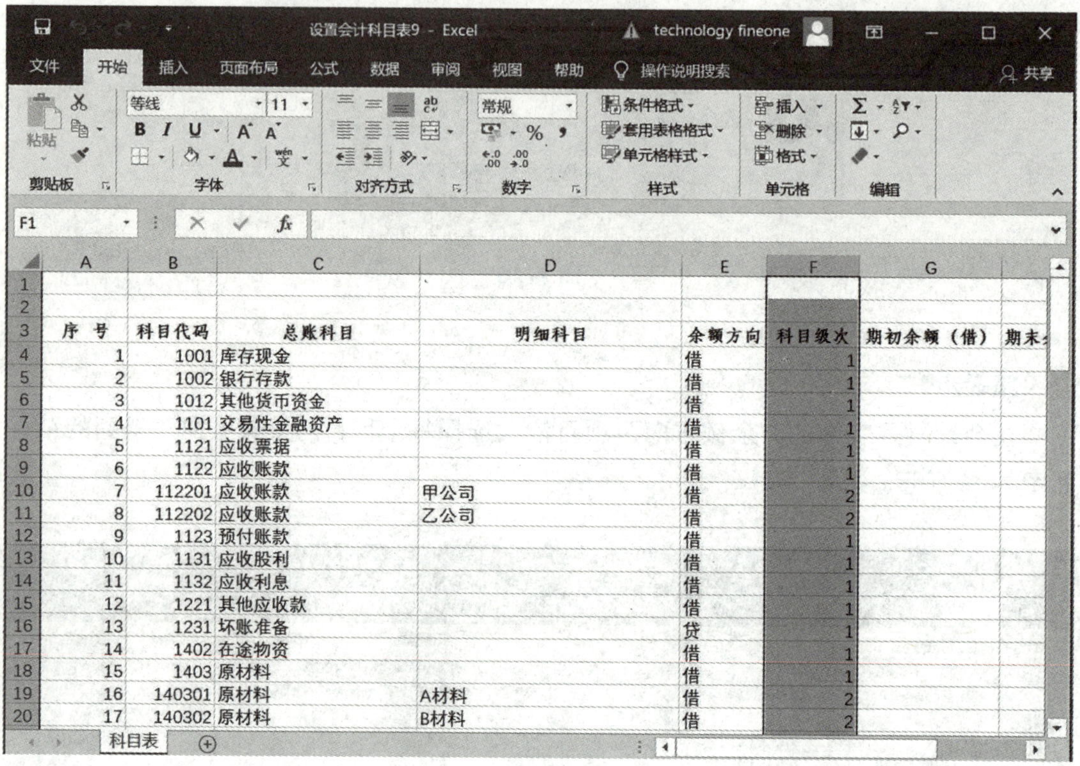

图 1–20

第九步

设置科目期初余额及余额试算平衡。会计科目表制作完毕后，应向会计科目表中添加期初余额。由于会计科目表中既有总账科目，也有明细科目，而总账科目中的余额值应等于该科目下所有明细科目余额的合计，输入时只需要输入明细科目的余额，总账科目的余额可以通过计算求得。其设置程序如下：

1. 激活“科目表”，选定工作表中的 G 列和 H 列单元格，右键单击，从弹出的快捷菜单中选择“设置单元格格式”命令，如图 1–21 所示。

2. 系统弹出“设置单元格格式”对话框，如图 1–22 所示。切换到“数字”选项卡，在“分类”列表框中选择“数值”，然后设置“小数位数”为“2”，选择“使用千位分隔符”复选框，在“负数”列表框中选择红色字体的样式，最后单击“确定”按钮。

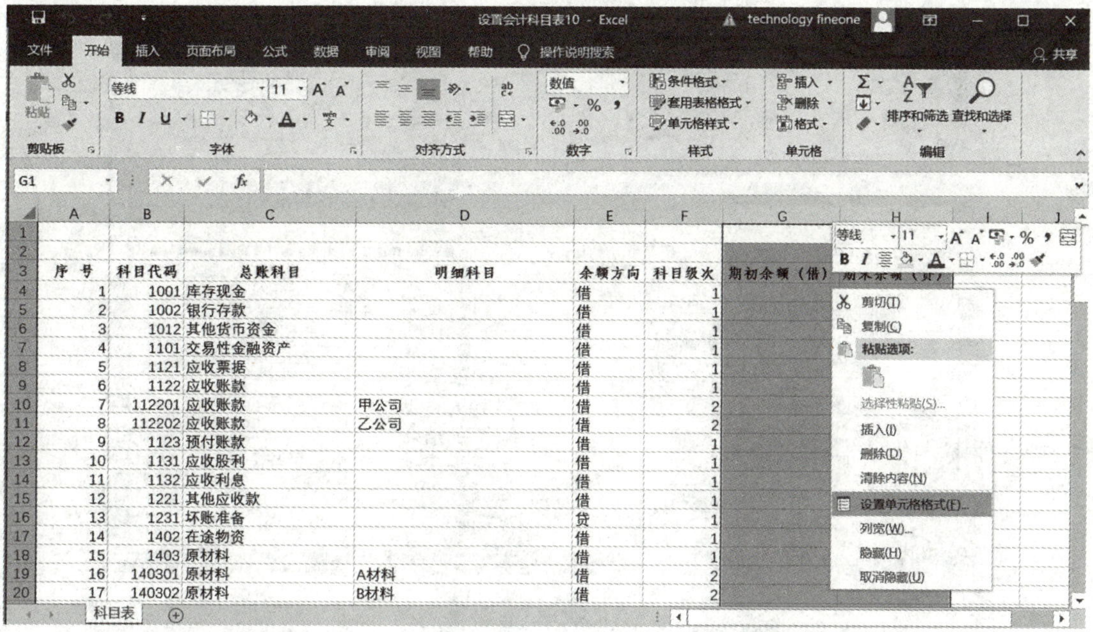

图 1–21

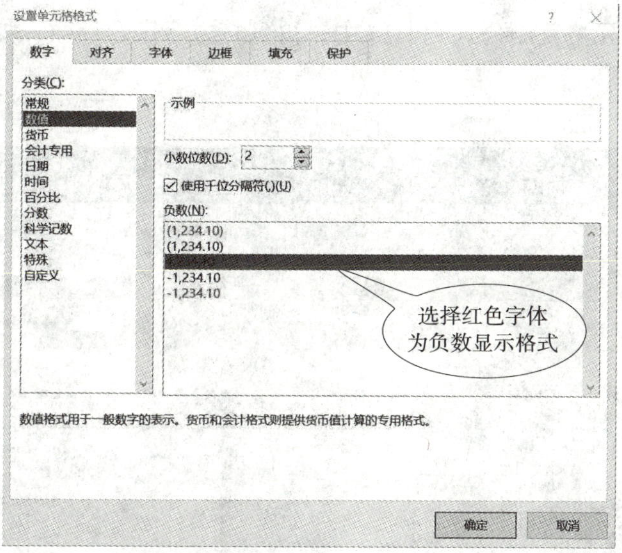

图 1–22

3. 根据输入的明细科目余额计算总账余额，如在“应收账款”总账科目对应期初余额所在的单元格 G9 中输入公式“=SUM(G10：G11)”，此时公式被引用到的单元格区域四周会显示为蓝色的边框，如图 1–23 所示。

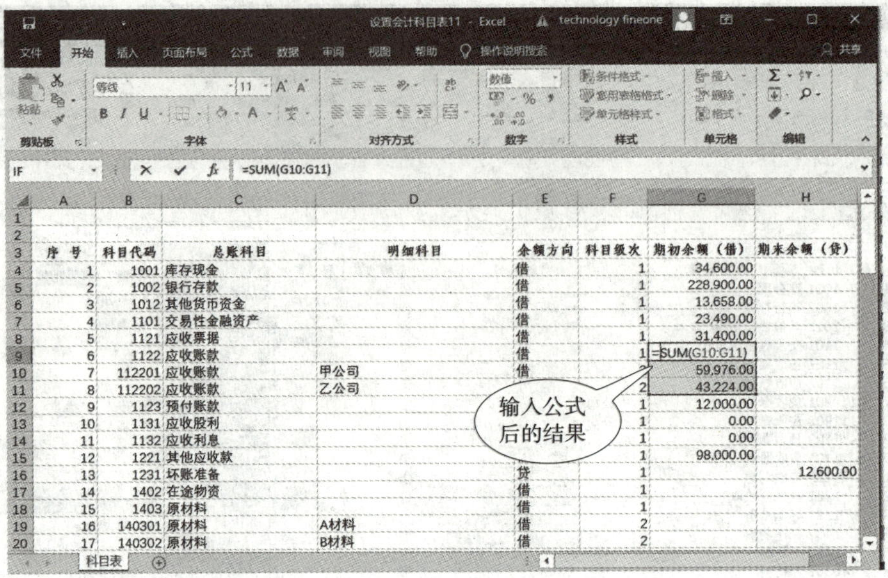

图 1–23

4. 计算科目表中的借方余额合计和贷方余额合计。在单元格 G17 中输入公式“=SUMIF($F$4：$F$16，"=1"，G4：G16)”，按 Enter 键，单元格 G17 中显示出运算的结果。拖动该单元格复制公式到 H17 中，得到贷方余额合计数，如图 1–24 至图 1–26 所示。

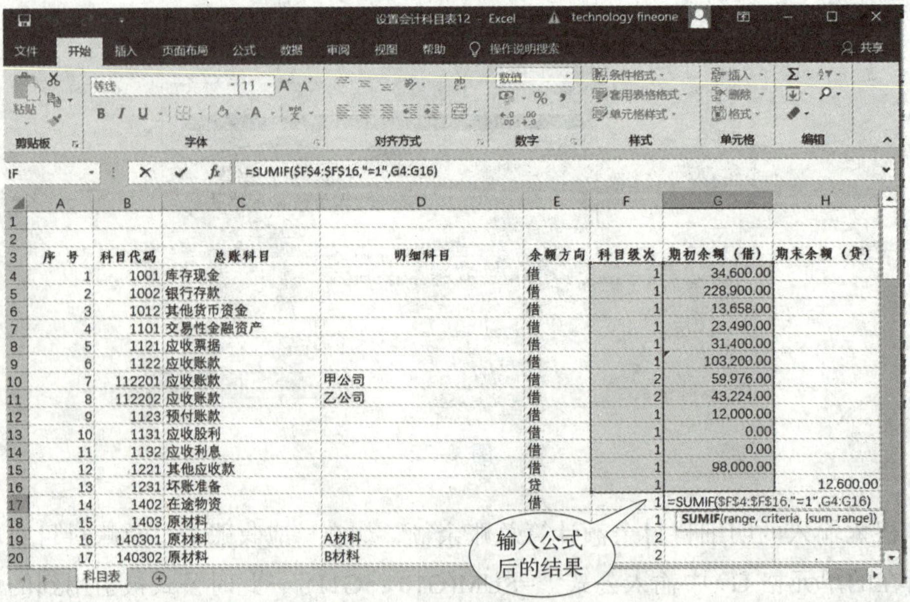

图 1–24

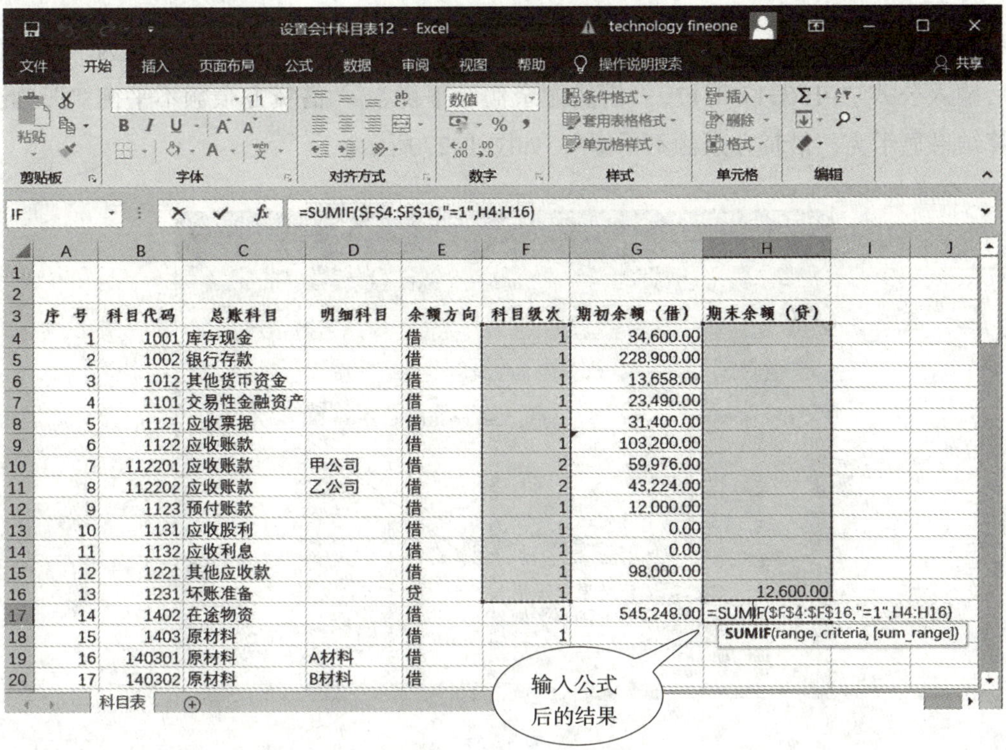
=SUMIF($F$4:$F$16,"=1",H4:H16)
SUMIF(range, criteria, [sum_range])
输入公式后的结果

图 1–25

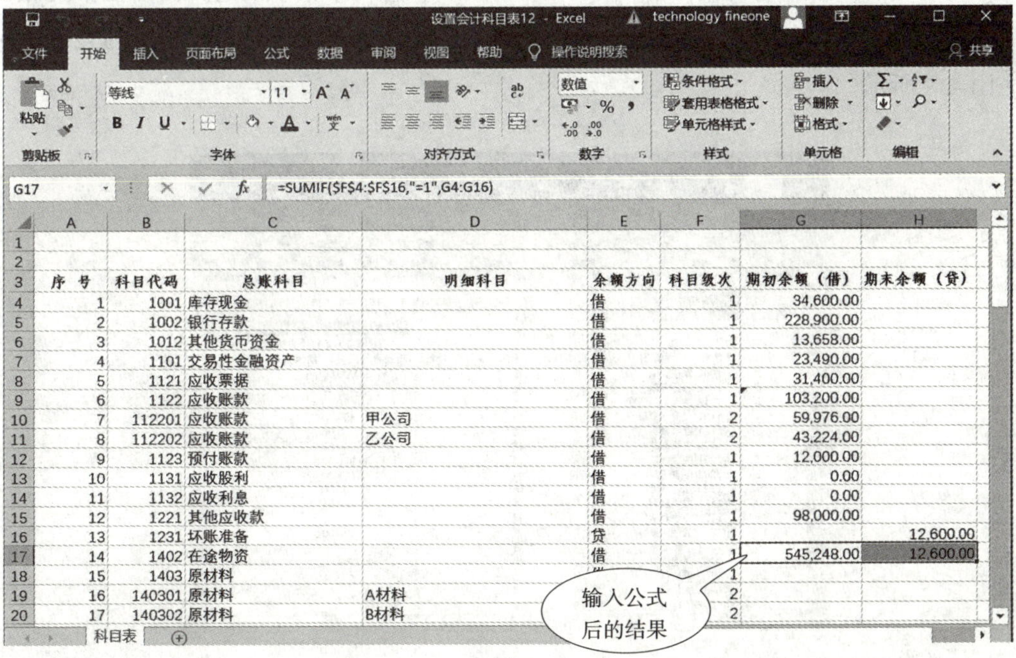
=SUMIF($F$4:$F$16,"=1",G4:G16)
输入公式后的结果

图 1–26

5. 检查余额借贷方平衡。合并单元格 G2 和 H2，然后将该单元格填充为一种颜色，之后输入公式“=IF(G17=H17，" 借贷方余额已平衡 "，" 借贷方余额不平衡 ")”，此时运算结果显示为“借贷方余额不平衡”，如图 1–27 所示。

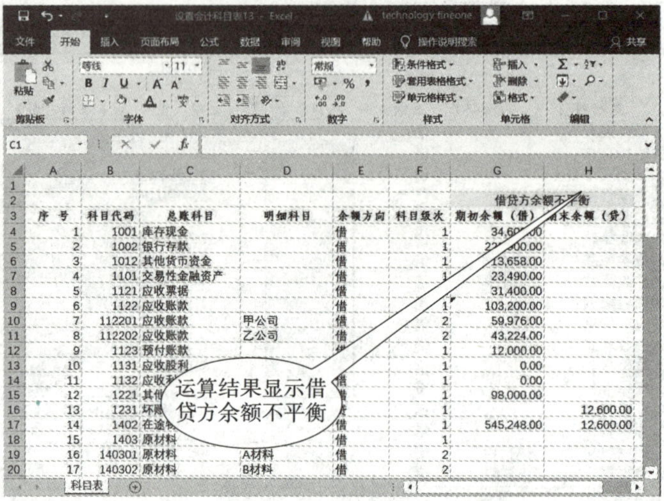

图 1–27

6. 在借贷方余额不平衡的情况下，还应准确显示出余额的差额。将 G1 和 H1 两个单元格填充为带有颜色的单元格，在单元格 G1 中输入“借贷方差额”，在单元格 H1 中输入公式“=G17–H17”，按下 Enter 键后，H1 单元格将显示计算结果为 532 648.00，如图 1–28 所示。

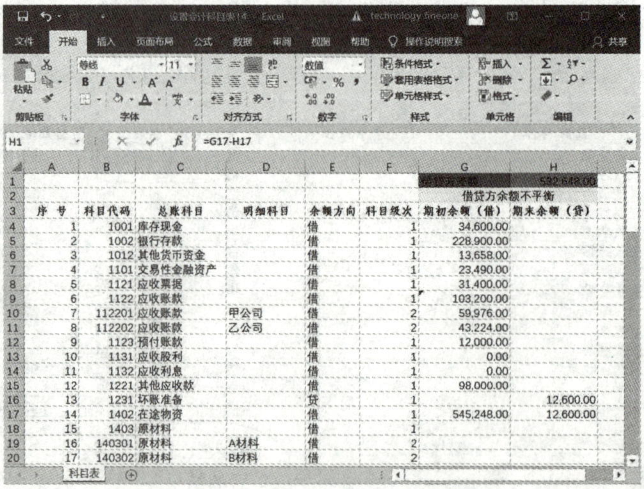

图 1–28

经过上述几个步骤设置好会计科目表后，可以将该工作表运用到以后的会计期间，当输入明细账户的借贷方余额时，Excel 将由工作表中的函数自动计算出各总账科目余额、所有借贷余额合计、期初余额平衡试算和差额计算。需要注意的是：当对工作表中的会计科目进行修改后，应重新调整计算公式，以保证计算结果的正确。

任务二 记账凭证模板的设置与保护

记账凭证是会计人员根据审核无误的原始凭证，按照经济业务的内容加以归类整理，并确定会计分录而填制的作为登记账簿直接依据的凭证。记账凭证又称记账单据，它根据复式记账原理，确定了应借、应贷的会计科目及其金额，将原始凭证中的一般数据转化为会计语言，是介于原始凭证与账簿的中间环节，是登记账簿的依据。记账凭证的主要作用在于，对原始凭证进行分类、整理，按照借贷记账法的要求，运用会计科目，编制会计分录，据以登记账簿。因此，记账凭证必须具备下列基本内容（也称记账凭证要素）：

（1）填制凭证的日期；

（2）凭证的种类和编号；

（3）经济业务摘要；

（4）会计科目（包括一级科目、二级科目和明细科目）、应记方向及金额；

（5）所附原始凭证的张数；

（6）填制人员、稽核人员、记账人员和会计主管人员（收款凭证和付款凭证还应增加出纳人员）的签章。

记账凭证按照适用的经济业务，可分为通用记账凭证和专用记账凭证两类。专用记账凭证，是指专门用来记录某一类经济业务的记账凭证。专用记账凭证按其所记录的经济业务是否与货币资金收付业务有关，分为收款凭证、付款凭证和转账凭证三种。收款凭证，是用来记录货币资金收入业务的凭证；付款凭证，是用来记录货币资金付出业务的凭证；转账凭证，是用来记录不涉及货币资金收付的转账业务的凭证。通用记账凭证是指以一种格式记录全部经济业务的记账凭证。利用会计软件或办公软件实现会计电算化后，由于软件具有较好的查询功能，因此在实际工作中一般采用通用记账凭证格式，其格式如表 1–1 所示。

Excel 的模板是一个含有特定内容和格式的工作簿，用户可以将常用的文本、数据公式以及格式、规则等事先设置好并加以保存，在需要时调用该模板，方便数据的输

表 1-1　记账凭证

年　月　日　　　　　　　　　　　　　　　　　　记字第　号

摘要	会计科目		√	借方金额										√	贷方金额									
	总账科目	明细科目		千	百	十	万	千	百	十	元	角	分		千	百	十	万	千	百	十	元	角	分
合计																								

附件　张

会计主管　　　记账　　　出纳　　　审核　　　制单

入，确保数据的一致性。因此，模板在会计办公中被广泛应用于制作会计凭证、单据、会计报表等方面。记账凭证模板的设置程序如下：

第一步

设置会计凭证的封面。会计凭证封面上的内容包括装订日期、会计凭证的起止序号、凭证编号、会计主管、装订人等内容。制作程序如下：

1. 新建一个名为“标准的会计凭证”的工作簿并打开。双击工作表标签“Sheet1”将其重命名为“会计凭证封面”。

2. 选中 C4 单元格，并输入“会计凭证封面”，然后依次输入如图 1–29 所示的相关文本内容。

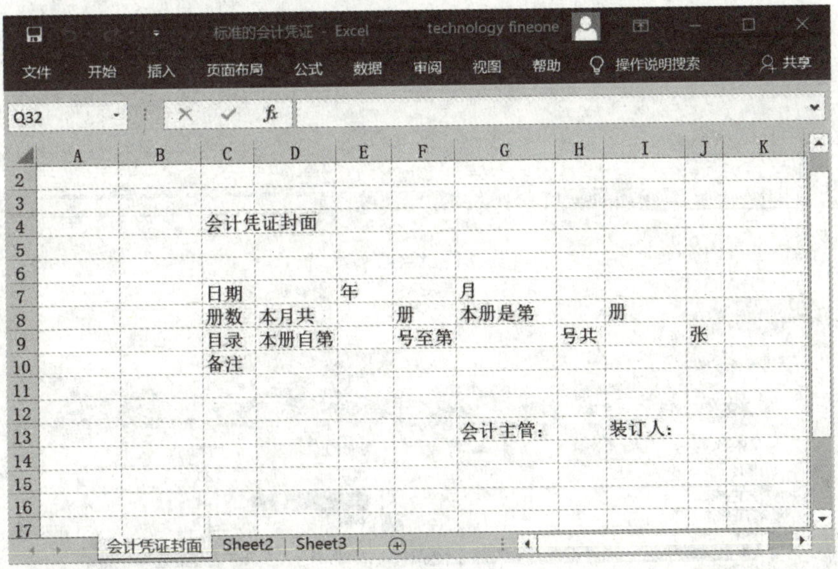

图 1–29

3. 选中 C4：J6 单元格区域，然后单击“合并后居中” 按钮，如图 1–30 所示。

4. “会计凭证封面”居中后，右击合并后的单元格，点击“设置单元格格式”，弹出“设置单元格格式”对话框，切换到“字体”选项卡，然后设置“字体”为“黑体”，“字形”为“常规”，“字号”为“20”，“下划线”为“会计用双下划线”，接着在“预览”区域中预览设置后的字体效果，满意后单击“确定”按钮，如图 1–31 所示。得到的效果如图 1–32 所示。

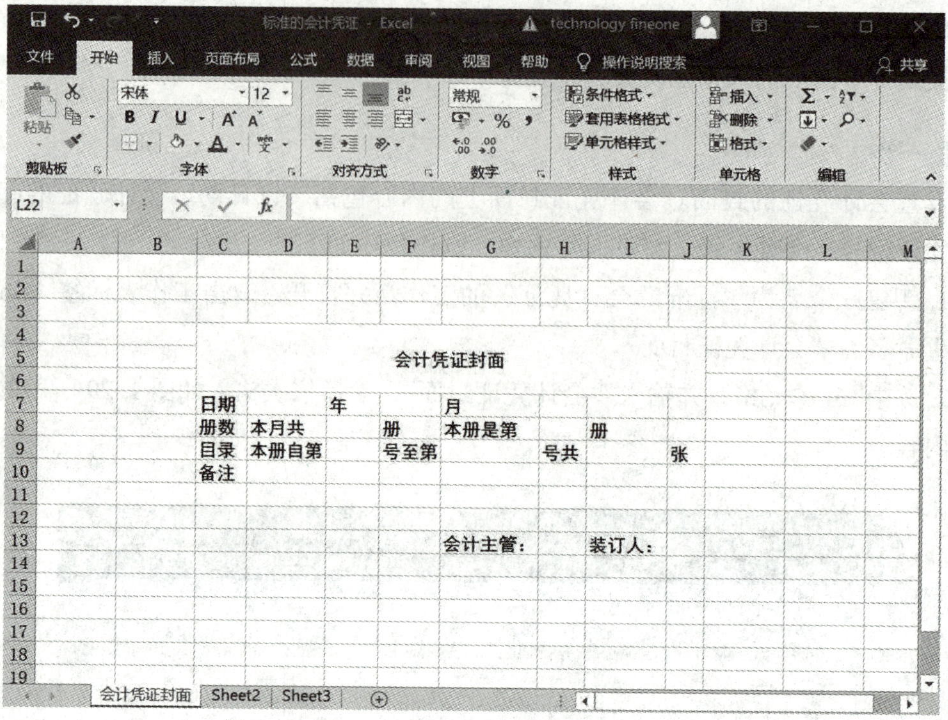
会计凭证封面
日期
年
月
册数
本月共
册
本册是第
册
目录
本册自第
号至第
号共
张
备注
会计主管：
装订人：

图 1–30

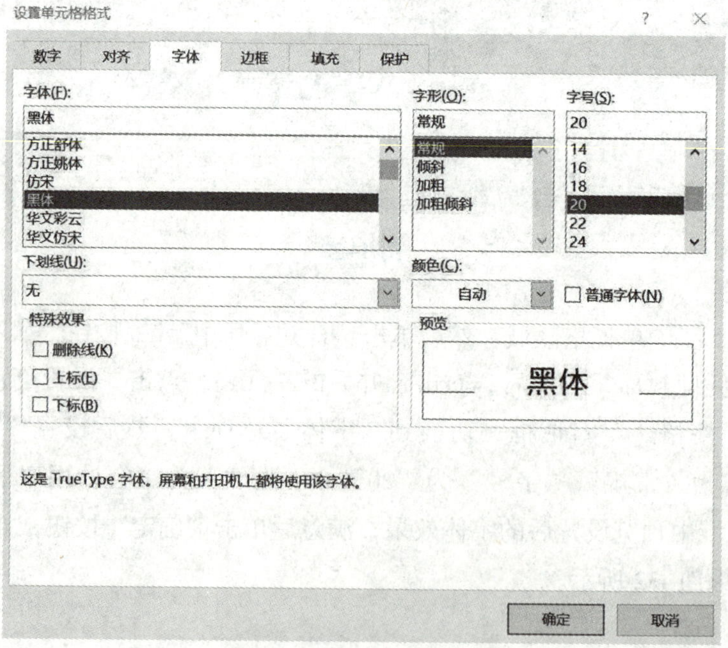
设置单元格格式
数字
对齐
字体
边框
填充
保护
字体(F):
黑体
字形(O):
常规
字号(S):
20
下划线(U):
无
颜色(C):
自动
普通字体(N)
特殊效果
删除线(K)
上标(E)
下标(B)
预览
黑体
这是 TrueType 字体。屏幕和打印机上都将使用该字体。
确定
取消

图 1–31

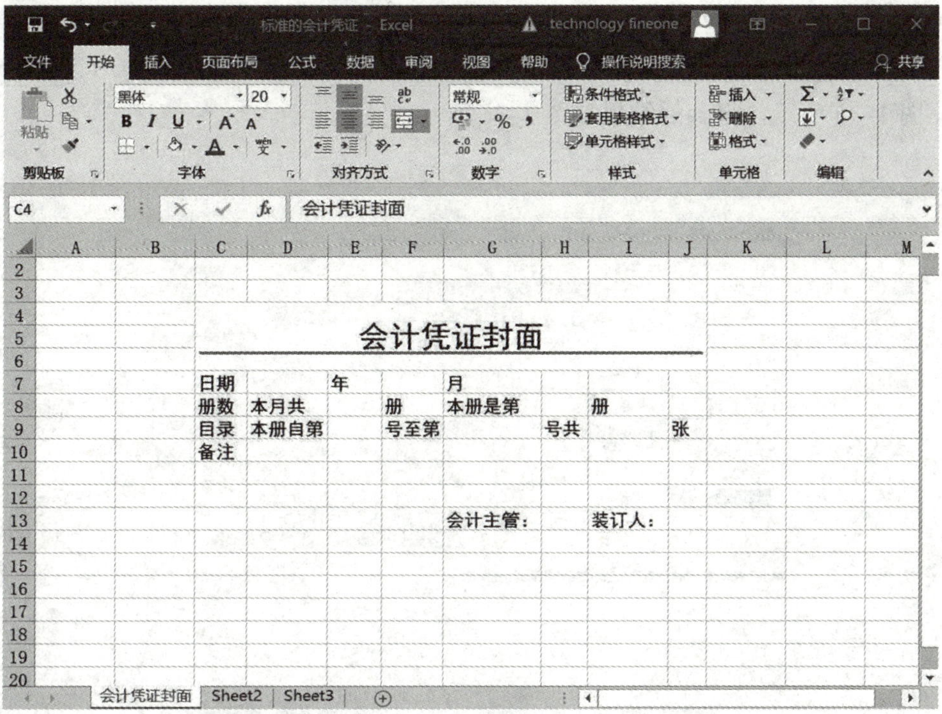

图 1–32

5. 选择 C7 : J13 单元格区域，单击“居中” 按钮；然后选择 C10 : C12 单元格区域，单击“合并后居中”按钮，再选择 D10 : J12 单元格区域，单击“合并后居中”按钮。调整行高和列宽，设置好的凭证封面文本格式，如图 1–33 所示。

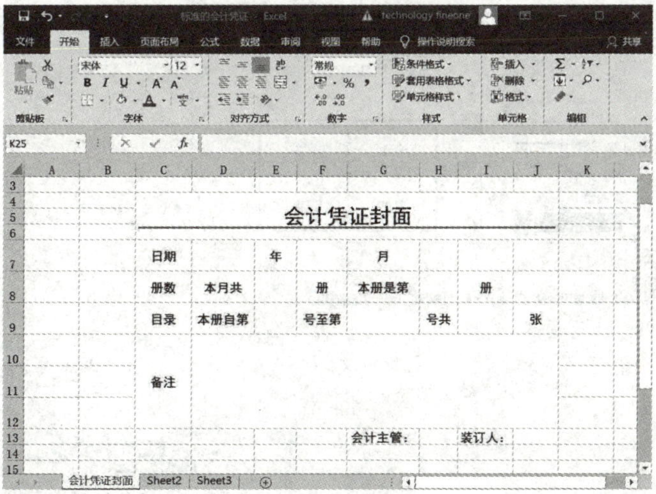

图 1–33

6. 选择 C7：J12 单元格区域，右击选中的单元格区域，点击“设置单元格格式”，弹出“设置单元格格式”对话框，切换到“边框”选项卡，设置内框和外框，如图 1–34、图 1–35 所示。得到的结果如图 1–36 所示。

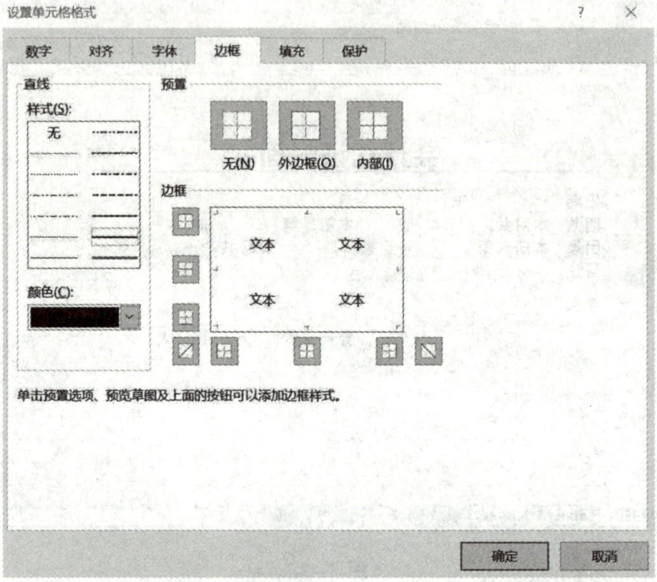

图 1–34

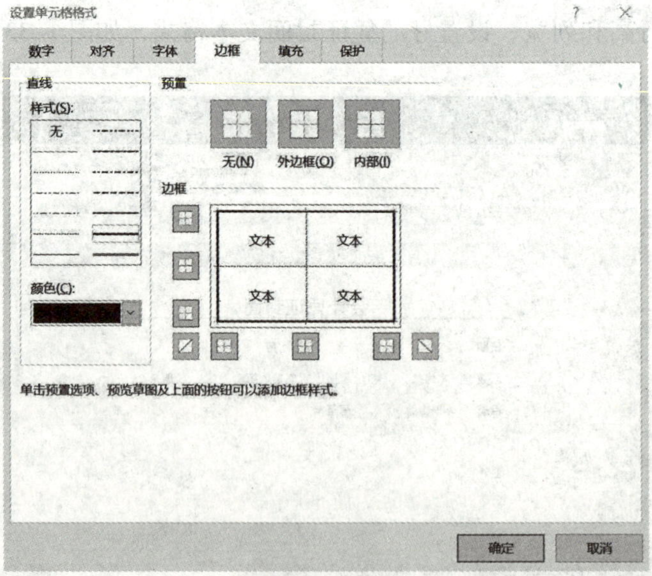

图 1–35

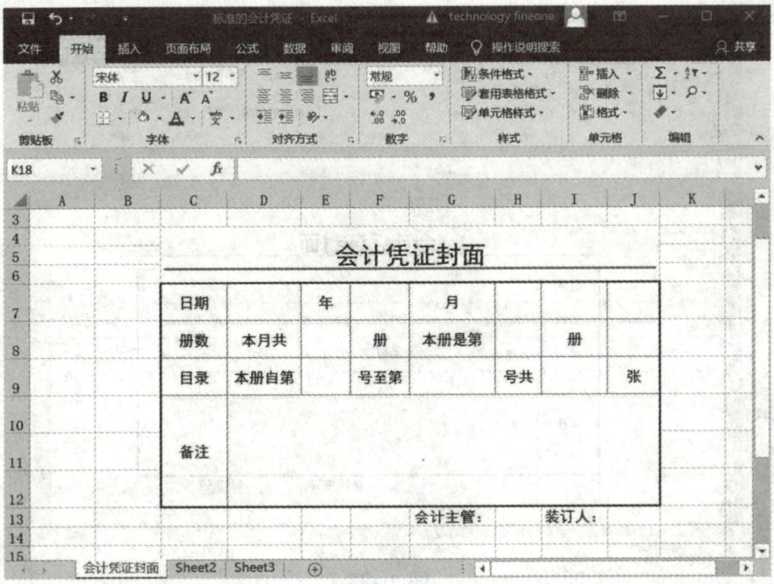

图 1–36

7. 选择 D7：J7 单元格区域，右击选中的单元格区域，点击“设置单元格格式”，弹出“设置单元格格式”对话框，鼠标点击竖线位置，取消原有的边框，如图 1–37 所示。按照上述步骤设置 D8：J8 单元格区域和 D9：J9 单元格区域内部的边框，得到最终的效果图，如图 1–38 所示。

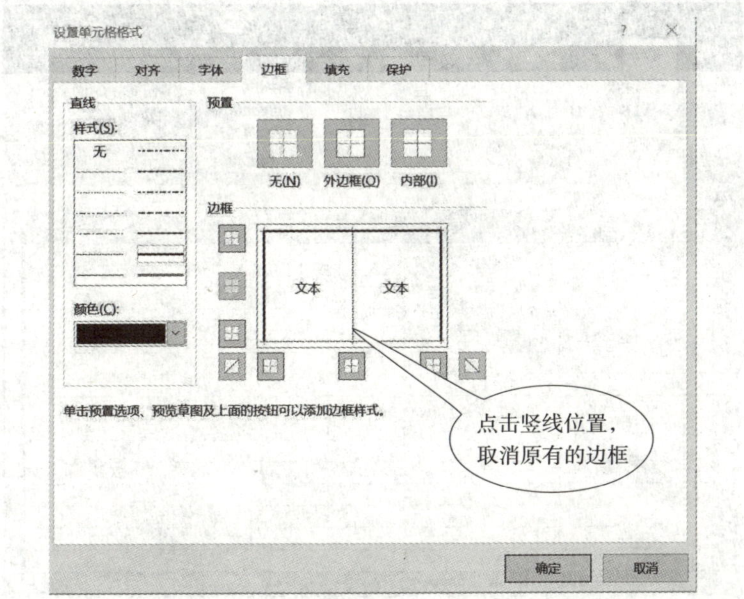

图 1–37

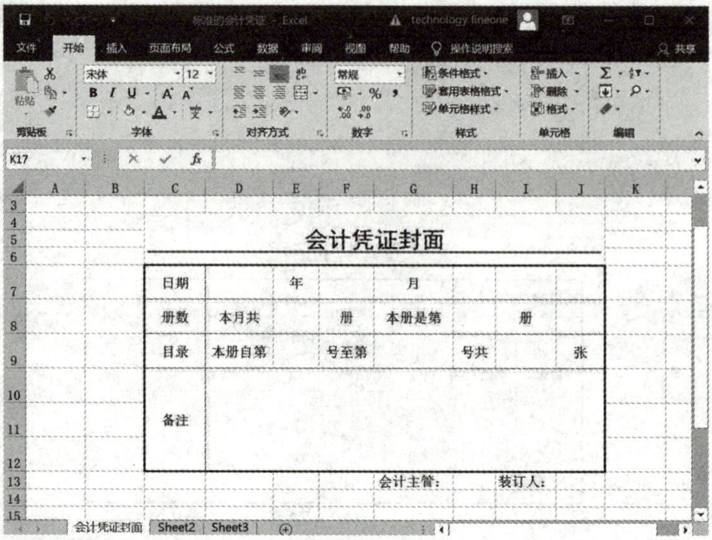

图 1–38

第二步

设计会计凭证模板。制作程序如下：

1. 打开“标准的会计凭证”工作簿，双击工作表标签“Sheet2”，将其重命名为“会计凭证”，如图 1–39 所示。

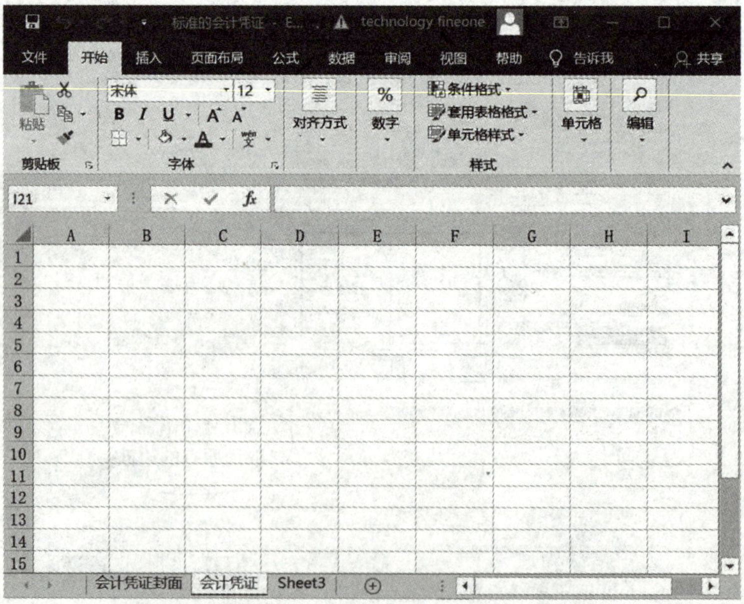

图 1–39

2. 选定 A1 单元格，并输入“会计凭证”字样。选择 A1：J1 单元格区域，单击“合并后居中”按钮。在合并后的单元格上右击，点击“设置单元格格式”，弹出“设置单元格格式”对话框，切换到“字体”选项卡，然后设置“字体”为“黑体”，“字形”为“常规”，“字号”为“16”，接着在“预览”区域中预览设置后的字体效果，满意后单击“确定”按钮。选定 D2 单元格，并输入“日期”字样；选定 E2 单元格，并输入公式“=TODAY（ ）”；选定 G2 单元格，并输入“记账第”字样；选定 I2 单元格，并输入“号”字样，得到的结果如图 1–40 所示。

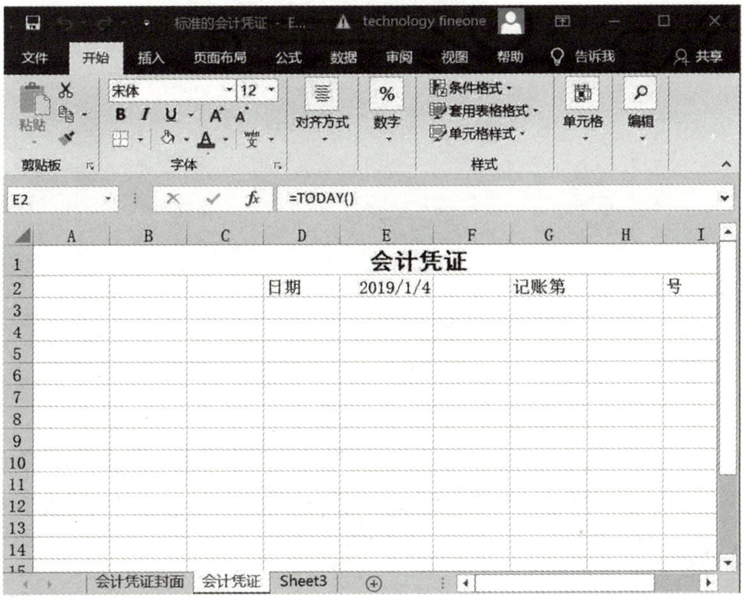

图 1–40

3. 选择 A3：B4 单元格区域，单击“合并后居中”按钮，并输入“摘要”字样。选择 C3：H3 单元格区域，单击“合并后居中”按钮，并输入“会计科目”字样。选择 C4：E4 单元格区域，单击“合并后居中”按钮，并输入“总账科目”字样。选择 F4：H4 单元格区域，单击“合并后居中”按钮，并输入“明细科目”字样。选择 I3：I4 单元格区域，单击“合并后居中”按钮，并输入“借方金额”字样。选择 J3：J4 单元格区域，单击“合并后居中”按钮，并输入“贷方金额”字样。选择 K3：K4 单元格区域，单击“合并后居中”按钮，并输入“附件”字样。选中 K6 单元格，并输入“张”字样。选择 A12：H12 单元格区域，单击“合并后居中”按钮，并输入“合计”字样。分别选择 A5：B5、A6：B6、A7：B7、A8：B8、A9：B9、A10：B10、A11：B11、C5：E5、C6：E6、C7：E7、C8：E8、C9：E9、C10：E10、C11：

E11、F5：H5、F6：H6、F7：H7、F8：H8、F9：H9、F10：H10、F11：H11 单元格区域，单击“合并后居中”按钮，分别合并单元格。

在单元格 A13、C13、E13、G13 和 I13 分别输入“会计主管”“记账”“出纳”“审核”“制单”字样，得到的结果如图 1–41 所示。

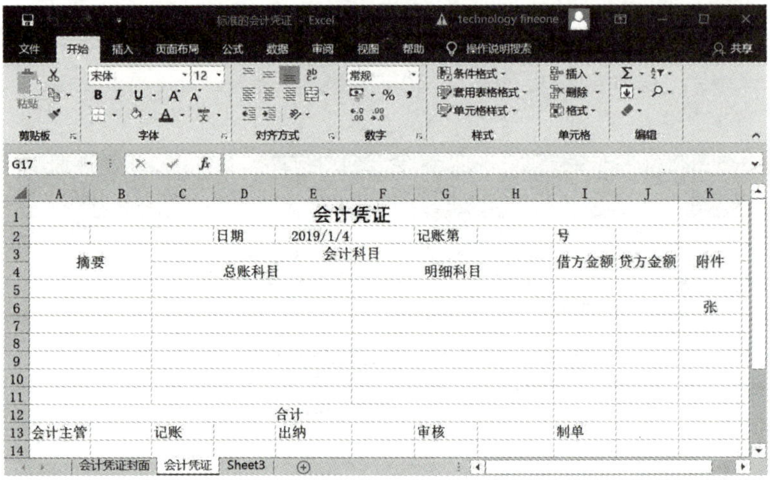

图 1–41

4. 选择 A3：J12 单元格区域，右击选中的单元格区域，点击“设置单元格格式”，弹出“设置单元格格式”对话框，切换到“边框”选项卡，设置内框和外框，得到的结果如图 1–42 所示。

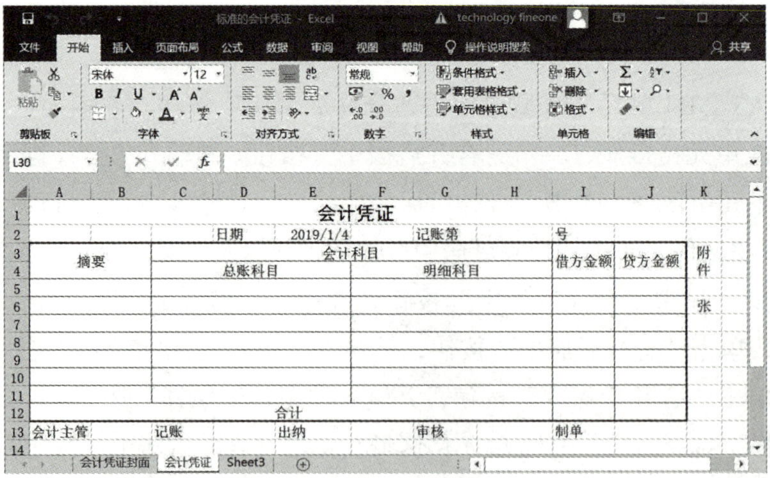

图 1–42

5. 选择 A5 : H11 单元格区域，按住 Ctrl 键，选中单元格 K5、B13、D13、F13、H2、H13 和 J13 后，按住【Ctrl+1】组合键，弹出“设置单元格格式”对话框，切换到“数字”选项卡，在“分类”列表框中选择“文本”类型，单击“确定”，如图 1–43 所示。

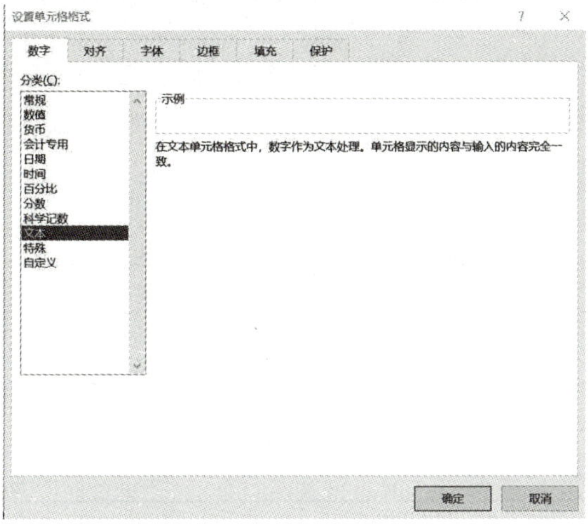

图 1–43

6. 选中 I5 : J12 单元格区域后，按住【Ctrl+1】组合键，弹出“设置单元格格式”对话框，切换到“数字”选项卡，在“分类”列表框中选择“货币”类型，在“负数”列表框中选择“¥–1,234.10”类型，同时设置“小数位数”为“2”，单击“确定”按钮，如图 1–44 所示。

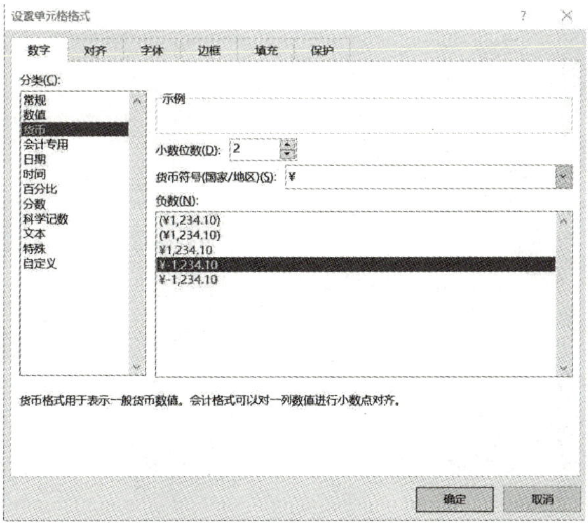

图 1–44

7. 选中 I12 单元格，并输入“=SUM(I5:I11)”函数后，按 Enter 键。选中 J12 单元格，并输入“=SUM(J5:J11)”函数后，按 Enter 键。得到的结果如图 1–45 所示。

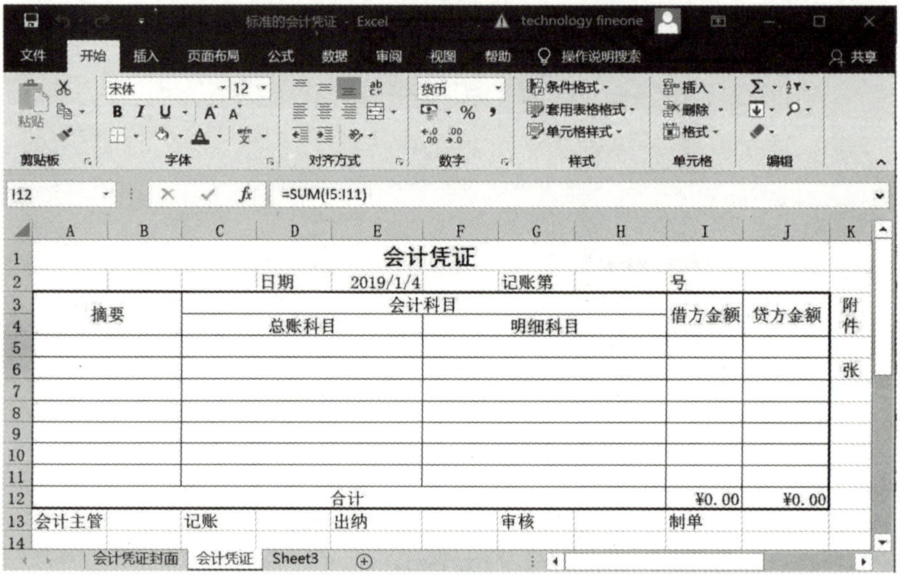

图 1–45

8. 把记账凭证保存为模板。当设计好一张完整的记账凭证格式后，点击“文件”菜单，选择“另存为”命令，如图 1–46 所示，存储位置可以选择“这台电脑”的当前文件夹”下所显示的文件夹位置，点击后弹出如图 1–47 所示的“另存为”对话框。

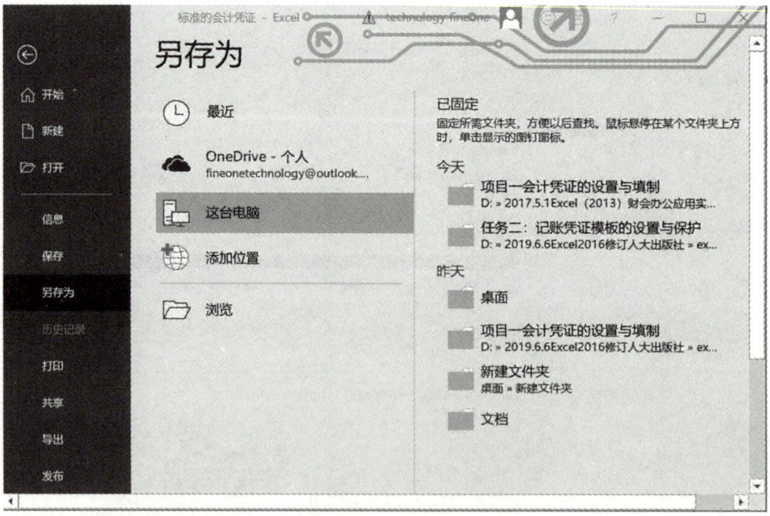

图 1–46

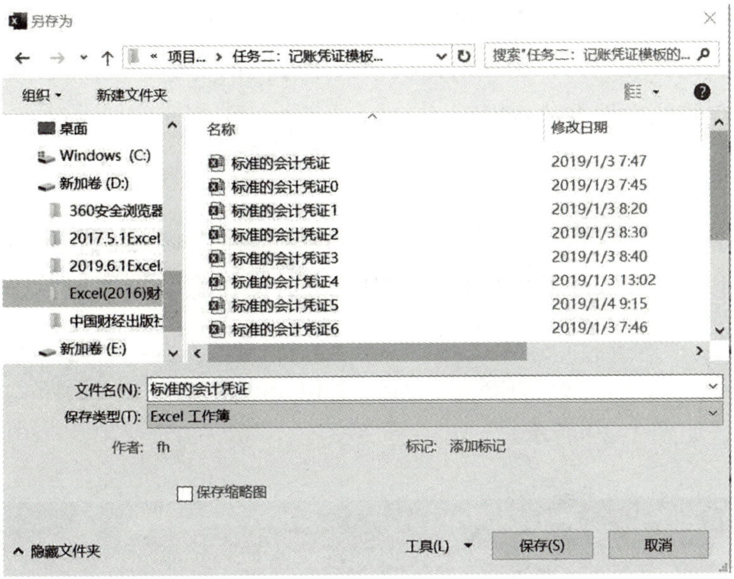

图 1–47

在对话框中的“文件名”处输入“记账凭证模板”，单击“保存类型”框右边的下拉箭头，从弹出的下拉列表中选择“Excel 模板”类型，此时“保存位置”框自动切换到“(我的) 文档—自定义 Office 模板”文件夹，如图 1–48 所示。在图 1–48 中单击“保存”按钮，这样所设置的记账凭证模板就被保存在默认的 C:\Users\fh(此处文件夹名为用户账户的名称，不同用户可能不相同)\Documents\ 自定义 Office 模板。

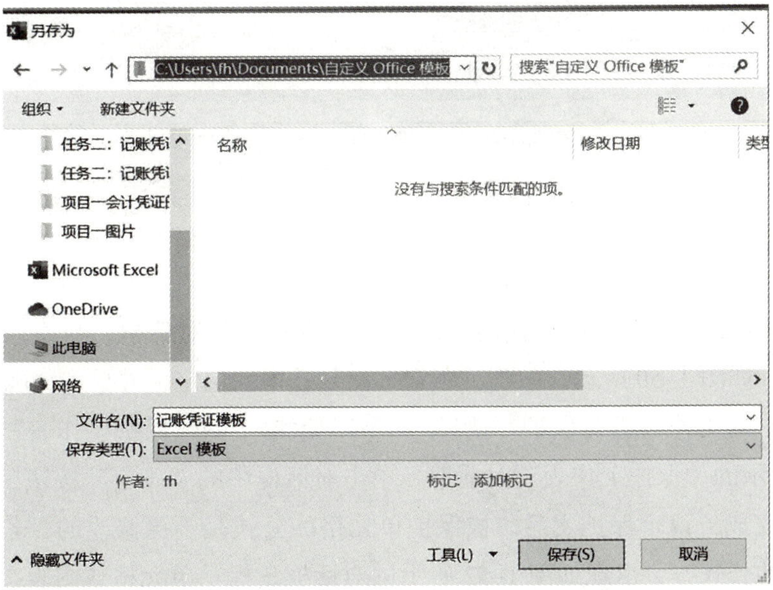

图 1–48

需要注意的是：为防止模板数据丢失，建议你把模板保存到你建立的会计数据文件夹中。其方法是：在“另存为”对话框中选定存储的类型为“Excel 模板”后，在界面左侧选择要存储的文件夹位置即可。

第三步

会计凭证模板的保护。为了防止模板中有些单元格的内容中的文本、公式、格式被破坏，可以利用 Excel 的保护功能，对设计好的记账凭证模板进行保护。其程序如下：

1. 先选定不需要保护的单元区域。选定不相邻的单元区域时按住 Ctrl 键，用鼠标左键进行选择，如图 1–49 所示。

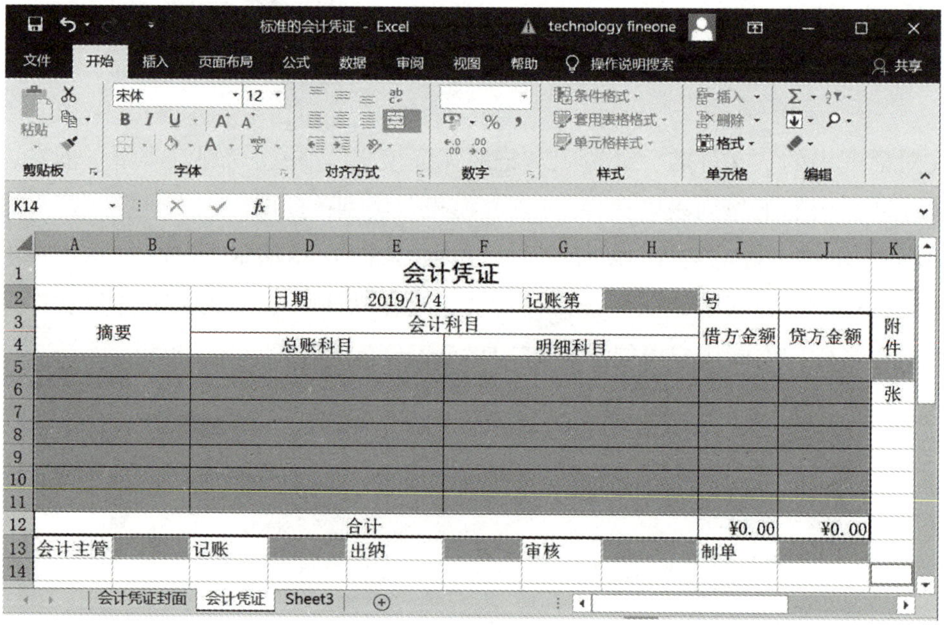

图 1–49

2. 按住【Ctrl+1】组合键，弹出“设置单元格格式”对话框，单击该对话框“保护”选项卡，如图 1–50 所示。取消“锁定”前复选框的选定，并单击“确定”按钮。

3. 接下来对工作表进行保护。选择“审阅”菜单中的“保护工作表”命令，弹出如图 1–51 所示的“保护工作表”对话框，单击对话框中的“确定”按钮后，设定对工作表的保护完成。设定保护之后，被保护单元格的公式是不可修改的，若要修改已被保护单元格的公式，会出现如图 1–52 所示的对话框，提示单元格或图表在受保护的工作表中。

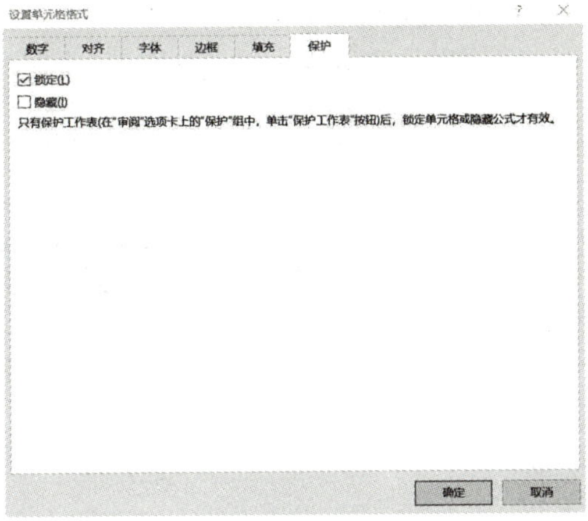

图 1–50

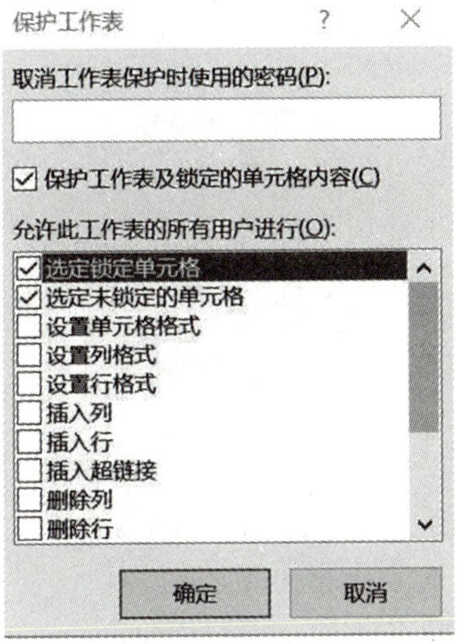

图 1–51

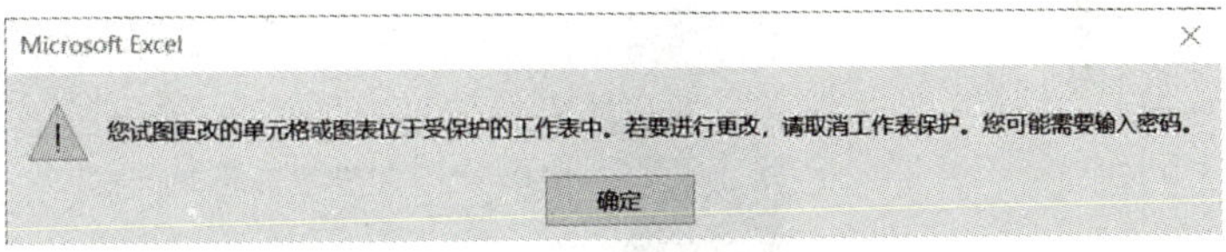

图 1–52

4. 在图 1–51 中输入保护密码，单击“确定”按钮，即可设定相关单元格内容的保护。单击工具栏中的“保存”按钮，模板保护就完成了。

第四步

记账凭证的填制。记账凭证是根据审核无误的原始凭证或原始凭证汇总表填制的，其填制程序是：

1. 审核原始凭证的真实性、合法性、正确性和完整性；根据原始凭证或原始凭证汇总表中所反映的经济业务内容，按照会计制度的规定，运用复式记账原理，确定应借、应贷的会计科目和金额。

2. 按照记账凭证的内容、格式及填制方法，填制记账凭证。

3. 将填制好的记账凭证交由审核人员进行审核，审核通过后作为登记账簿的依据。

现以北京光大公司 2019 年 1 月份发生的经济业务为例进行介绍。其中一笔业务描述如下：

1 月 4 日，向华夏公司购进 A 材料 100 千克，每千克 1 000 元，增值税的进项税额①为 13 000 元；向蓝赢公司购进 B 材料 500 千克，每千克 400 元，增值税的进项税额为 26 000 元，材料已验收入库，货款及税款尚未支付。假定制单人为王小微，所做的会计记录如下：

借：原材料——A 材料	100 000
——B 材料	200 000
应交税费——应交增值税（进项税额）	39 000
贷：应付账款——华夏公司	113 000
——蓝赢公司	226 000

上述记录在会计凭证模板中填制的具体操作步骤如下：

1. 打开原来设置好并保存为模板的记账凭证。填制记账凭证时，单击“文件”菜单，选择“新建”命令，在右侧的面板中选择“个人”，即可看到之前存储的“记账凭证模板”，如图 1–53 所示。单击“记账凭证模板”按钮后，就产生我们预先设置好的“记账凭证模板”文件，如图 1–54 所示。

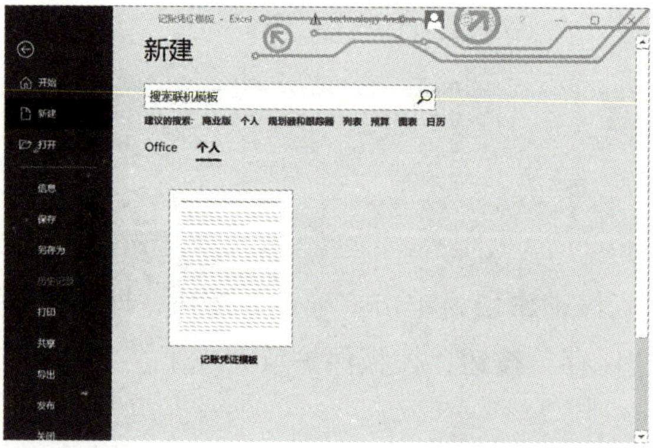

图 1–53

① 2019 年 3 月 21 日，财政部、国家税务总局、海关总署发布《关于深化增值税改革有关政策的公告》。增值税一般纳税人发生增值税应税销售行为或者进口货物，原适用 16% 税率的，税率调整为 13%；原适用 10% 税率的，税率调整为 9%，并自 2019 年 4 月 1 日起执行。为便于教学和学员学习，本教材中所有涉及增值税的假定按调整后的税率（13%）执行。

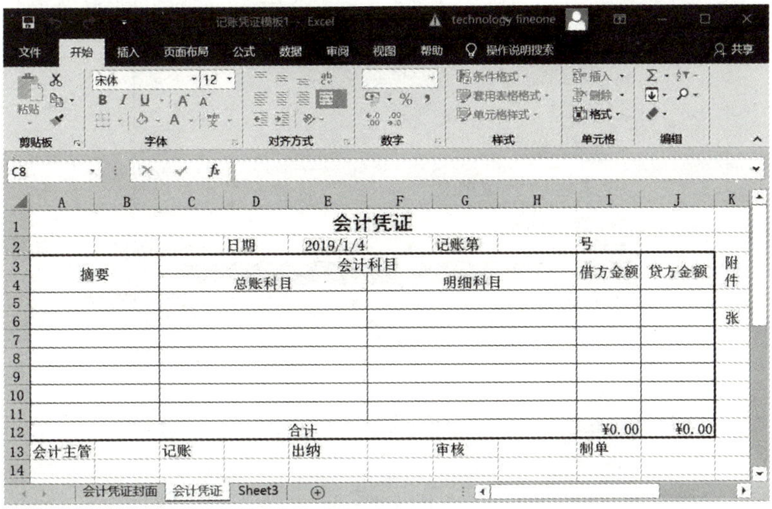

图 1–54

需要注意的是：从模板凭证中产生的文件是一个临时文件，产生的文件名是在模板文件名后加一个数字组成的，如图 1–54 中的“记账凭证模板 1”。

2. 复制经济业务所需的记账凭证。在图 1–54 中，根据业务所需填制记账凭证的张数，复制一定数量的工作表，其程序是：按照图 1–55 所示，将鼠标移到左下角打开“会计凭证”，右键单击“会计凭证”，单击菜单中的“移动或复制”，弹出“移动或复制工作表”对话框；选择将选定工作表移到的位置，并勾选“建立副本”，如图 1–56 所示；最后单击“确定”按钮，结果如图 1–57 所示。

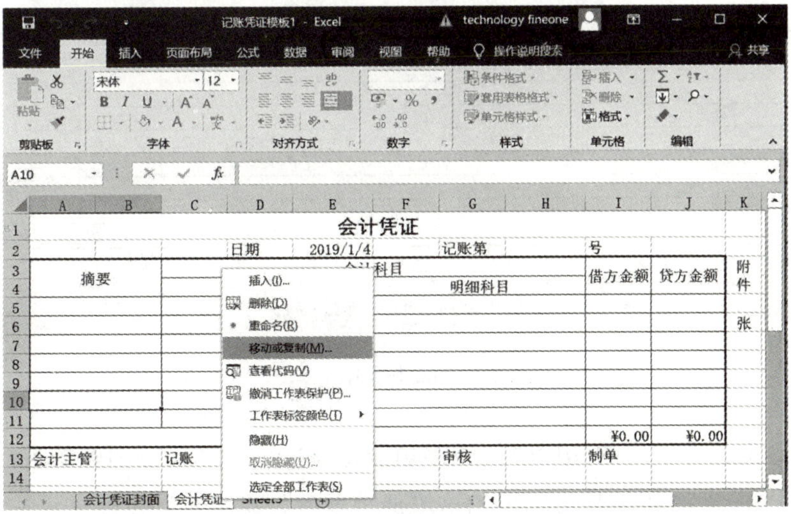

图 1–55

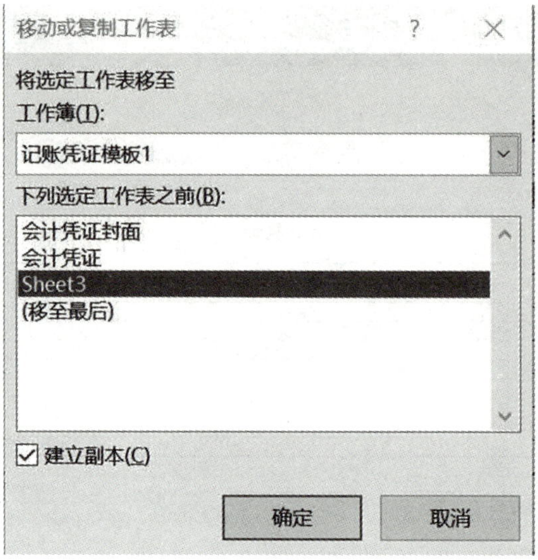

图 1–56

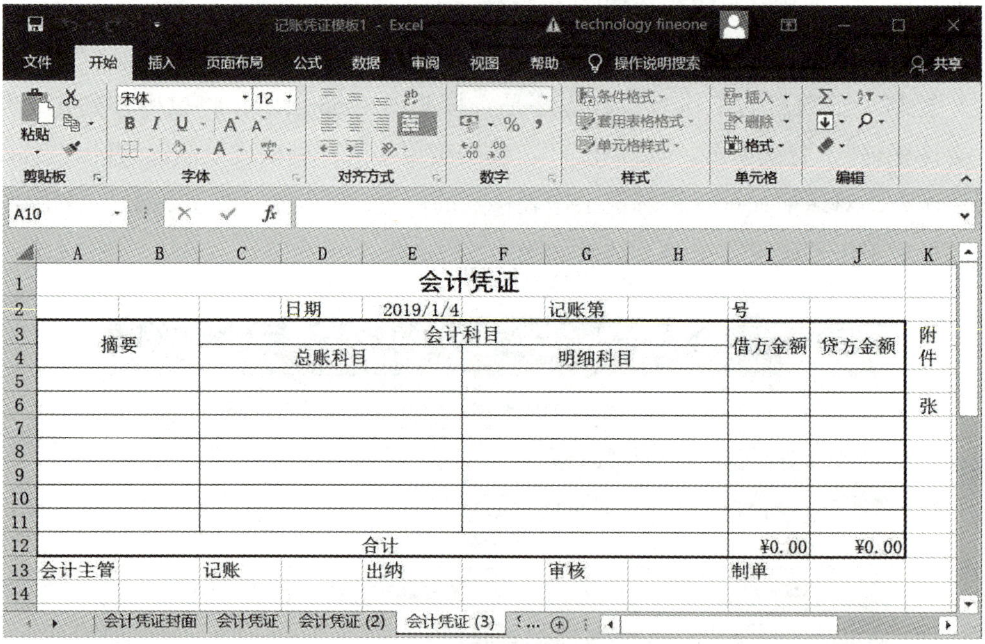

图 1–57

3. 根据经济业务发生的先后时间顺序填制记账凭证。选择复制好的空白记账凭证，把北京光大公司 2019 年 1 月份发生的这笔经济业务记录填制到记账凭证中，填列的详细内容如图 1–58 所示。

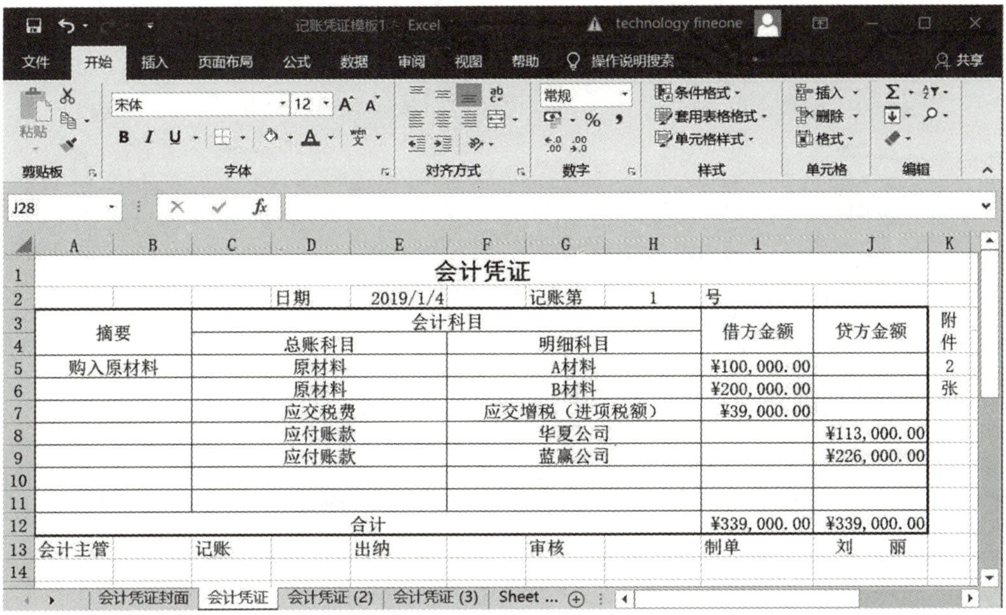

图 1–58

4. 保存填制完成的记账凭证。在所有记账凭证填制完成后，单击“文件”菜单，选择“另存为”命令，在右侧单击“浏览”按钮，如图 1–59 所示。在弹出的“另存为”界面左侧选择文件保存的位置，并在“文件名”栏中输入保存的文件名“2019 年 1 月份记账凭证”，再单击“保存”按钮，如图 1–60 所示，这样 1 月份填制记账凭证的工作就结束了。

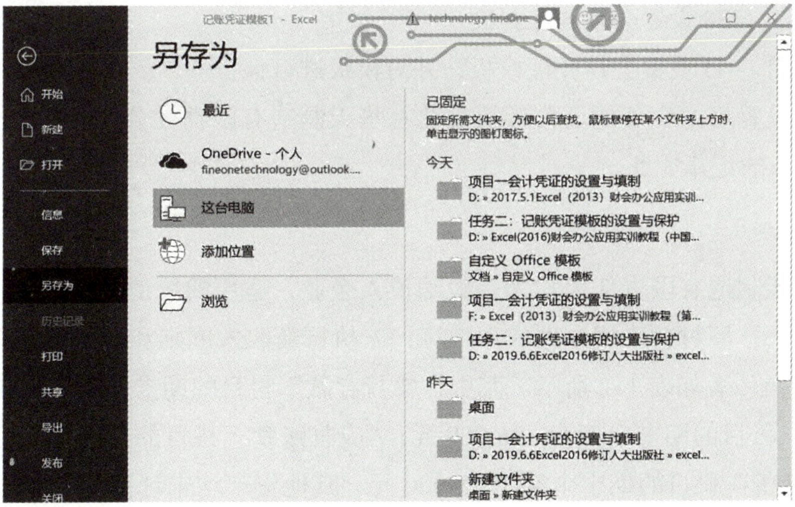

图 1–59

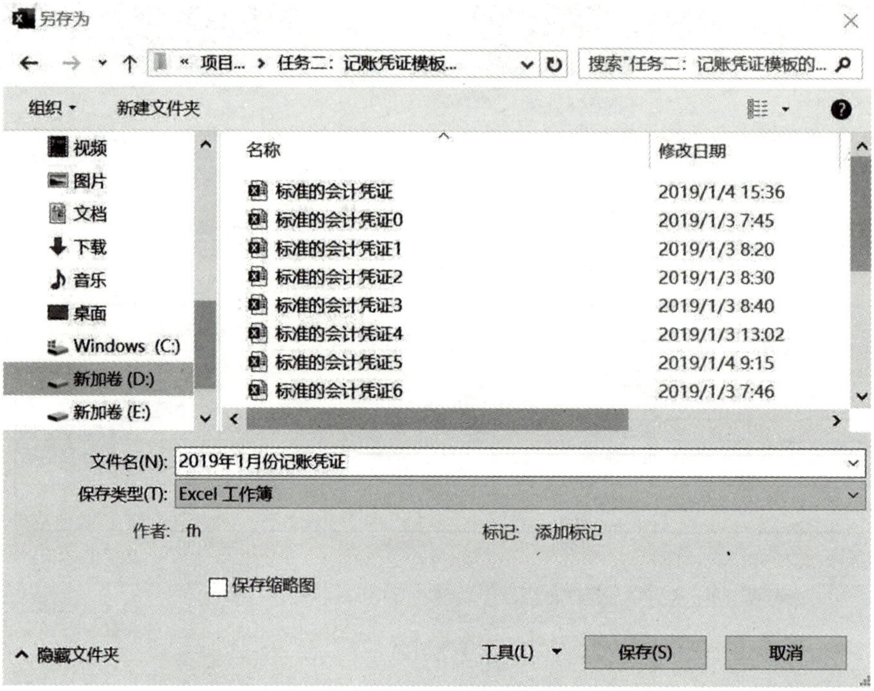

图 1–60

任务驱动

1. 依照图 1–28 设置一张完整的会计科目表，输入各科目的期初余额，并进行期初余额平衡试算。

2. 依照图 1–38 设置会计凭证封面。

3. 依照图 1–45 设置会计凭证模板，并对模板进行保护。

4. 利用设置好的会计凭证模板填制北京华天制造有限责任公司 2018 年 12 月份发生的经济业务的记账凭证。

资料如下：

北京华天制造有限责任公司为一般纳税人企业，适用的增值税税率为 13%，所得税税率为 25%；原材料采用计划成本核算；未执行新收入准则和新租赁准则。2018 年 12 月的资产负债表如表 1–2 所示。其中，“银行存款”科目的期末余额为 28 000 000 元；“库存现金”科目的期末余额为 126 000 元；“应收账款”科目的期末余额为 8 000 000 元，“坏账准备”科目的期末余额为 18 000 元，其他资产均未计提资产减值准备；“应交税费——未交增值税”科目的期末余额为 732 000 元。

企会 01 表

表 1-2　资产负债表

编制单位：北京华天制造有限责任公司　　2018年11月30日　　单位：元

资产	期末余额	上年年末余额	负债和所有者权益（股东权益）	期末余额	上年年末余额
流动资产：		（略）	流动负债：		（略）
货币资金	28 126 000		短期借款	6 000 000	
以公允价值计量且其变动计入当期损益的金融资产	300 000		以公允价值计量且其变动计入当期损益的金融负债		
衍生金融资产			衍生金融负债		
应收票据	4 920 000		应付票据	4000 000	
应收账款	7 982 000		应付账款	19 096 000	
预付款项	2 000 000		预收账款		
其他应收款	6100 000		应付职工薪酬	2 200 000	
存货	51 600 000		应交税费	732 000	
持有待售资产			其他应付款	1 000 000	
一年内到期的非流动资产			持有待售负债		
其他流动资产			一年内到期的非流动负债	20 000 000	
流动资产合计	95 028 000		其他流动负债		
非流动资产：			流动负债合计	53 028 000	
可供出售金融资产			非流动负债：		
持有至到期投资			长期借款	12 000 000	
长期应收款			应付债券		
长期股权投资	5 000 000		其中：优先股		

续表

资产	期末余额	上年年末余额	负债和所有者权益（股东权益）	期末余额	上年年末余额
投资性房地产			永续债		
固定资产	16 000 000		长期应付款		
在建工程	30 000 000		预计负债		
生产性生物资产			递延收益		
油气资产			递延所得税负债		
无形资产	12 000 000		其他非流动负债		
开发支出			非流动负债合计	12 000 000	
商誉			负债合计	65 028 000	
长期待摊费用			所有者权益(或股东权益)：		
递延所得税资产			实收资本(或股本)	100 000 000	
其他非流动资产	4 000 000		其他权益工具		
非流动资产合计	73 000 000		其中：优先股		
			永续债		
			资本公积		
			减：库存股		
			其他综合收益		
			专项储备		
			盈余公积	2000 000	
			未分配利润	1000 000	
			所有者权益(或股东权益)合计	103 000 000	
资产总计	168 028 000		负债和所有者权益(或股东权益)总计	168 028 000	

补充资料：略

单位负责人　王东升　　　　财会负责人　刘强　　　　复核　华烨　　　　制表　王梅

2019 年 1 月，北京华天制造有限责任公司发生如下经济业务：

1. 1 日，收到银行通知，支付到期的商业承兑汇票 2 000 000 元。

2. 3 日，购入原材料一批，收到的增值税专用发票上注明的原材料价款为 3 000 000 元，增值税进项税额为 390 000 元，款项通过银行收讫，材料尚未入库。

3. 4 日，收到原材料一批，实际成本 2 000 000 元，计划成本 1 900 000 元，材料已验收入库，货款已于上月支付。

4. 4 日，用银行汇票支付采购材料价款，公司收到开户银行转来银行汇票多余款收款通知，余款为 4 680 元。购入材料及运费 1 996 000 元，支付增值税进项税额 259 480 元，材料已入库。计划成本为 2 000 000 元。

5. 5 日，销售产品一批，价款为 6 000 000 元，增值税销项税额 780 000 元，款项尚未收回，该批产品的实际成本为 3 600 000 元，产品已发出。

6. 6 日，将交易性金融资产（股票投资）兑现 330 000 元，该项投资的成本为 26 0000 元，公允价值变动为增值 40 000 元，处置收益为 30 000 元，均存入银行。

7. 6 日，购入不需要安装的设备一台，价款为 1 709 400 元，增值税进项税额 222 222 元，支付运杂费 20 000 元，款项通过银行支付，设备已交付使用。

8. 8 日，购入工程物资一批，收到并验收入库，价税合计 3 000 000 元，款项通过银行付讫。

9. 8 日，结算工程人员职工薪酬 4 560 000 元。

10. 9 日，一工程完工，交付使用，该工程总价值为 28 000 000 元。

11. 10 日，车间机床报废，原价 4 000 000 元，已计提折旧 3 600 000 元，清理费用 10 000 元，残值收入 16 000 元，款项通过银行收讫。固定资产清理完毕。

12. 11 日，从银行借入期限为 3 年的借款 20 000 000 元。

13. 12 日，销售产品一批，价款为 14 000 000 元，增值税销项税额 1 820 000 元，款项存入银行，产品的实际成本为 8 400 000 元。

14. 13 日，公司将一张到期的无息银行承兑汇票 4 000 000 元（不含增值税）向银行办理转账，款项已存入银行。

15. 13 日，公司出售一台不需用设备，价款 6 000 000 元，该设备原价 8 000 000 元，已提折旧 3 000 000 元，该设备已运走。

16. 14 日，取得交易性金融资产（股票投资），价款 2 060 000 元，交易费用 40 000 元，已用银行存款支付。

17. 15 日，支付工资 10 000 000 元。

18. 15 日，分配应付职工工资 6 000 000 元，其中生产人员 5 500 000 元，车间管理人员 200 000 元，行政管理人员 300 000 元。

19. 15 日，分配职工福利 840 000 元，其中生产人员 770 000 元，车间管理人员 28 000 元，行政管理人员 21 000 元。

20. 16 日，基本生产车间领用原材料，计划成本 14 000 000 元；领用低值易耗品，计划成本 1 000 000 元，采用一次摊销法。

21. 16 日，结转领用原材料应分摊的成本差异，差异率为 5%。

22. 17 日，计提无形资产摊销 1 200 000 元。

23. 18 日，以银行存款支付生产车间水电费 1 800 000 元。

24. 20 日，计提固定资产折旧 2 000 000 元，其中生产车间折旧 1 600 000 元，行政管理部门折旧 400 000 元，计提固定资产减值准备 600 000 元。

25. 20 日，收回应收账款 1 020 000 元，存入银行。计提应收账款坏账准备 18 000 元。

26. 20 日，用银行存款支付产品展览费 200 000 元。

27. 21 日，计算并结转完工产品成本 25 648 000 元。

28. 22 日，支付广告费 200 000 元，银行转账支付。

29. 23 日，销售产品一批，价款 5 000 000 元，增值税销项税额 650 000 元，收到商业汇票。该批产品的实际成本为 3 000 000 元。

30. 24 日，支付银行承兑汇票贴现利息 400 000 元。

31. 30 日，计算应缴纳教育费附加 40 000 元。

32. 30 日，用银行存款缴纳增值税 2 000 000 元，其中：期初未交增值税 732 000 元，其余为本期应交增值税；教育费附加 40 000 元。

33. 30 日，计算本期在建工程应负担的分期付息长期借款利息 4 000 000 元，计入当期损益的分期付息长期借款利息 200 000 元。

34. 30 日，归还短期借款本金 5 000 000 元。

35. 30 日，支付长期借款利息 4 200 000 元。

36. 30 日，归还长期借款 20 000 000 元。

37. 30 日，上年度采用商业承兑汇票方式销售的产品，价款 200 000 元，增值税销项税额 26 000 元，因购货方发生财务困难，经双方协商，公司同意购货方用产品抵偿应收票据款，用于抵债的产品市价为 160 000 元，增值税税率为 13%。

38. 31 日，期末持有的交易性金融资产的公允价值为 2 100 000 元。

39. 31 日，结转本期销售产品成本 15 000 000 元。

40.31 日，企业按照税法规定计算确定的应交所得税为 2 504 436 元，递延所得税资产为 198 000 元。

41.31 日，结转本期损益类科目及本年利润。

42.31 日，按净利润的 10% 提取法定盈余公积金。

43.31 日，结转利润分配明细账。

44.31 日，用银行存款缴纳当年应交所得税。

项目二

会计账簿的设置与登记

项目综述：

账簿就是由若干张具有一定格式的账页联结在一起的，按照会计科目开设户头，用来序时、分类地记录和反映经济业务的簿籍。每家企业在一定时期内都会发生众多的经济业务，这些经济业务首先是通过会计凭证来反映的。由于会计凭证数量、种类繁多，又很分散，而且只能零星地反映个别的经济业务，因而不能把企业在一定时期内发生的全部经济业务全面、连续、系统、分门别类地反映。为了能够全面、系统、连续地反映企业在某一时期内的资产、负债和所有者权益的增减变动情况和资金运动的过程及结果，为企业的经营管理提供所需要的会计核算资料，企业必须设置和登记各种账簿。

设置和登记账簿，是企业会计的一项核心工作，是会计核算工作的一个重要环节。账簿作为企业的会计资料信息库，是极为重要的。

项目要求：

在会计账簿体系中，有各种不同功能和作用的账簿，它们各自独立又相互补充。会计账簿按其用途不同，可分为序时账簿（日记账）、分类账簿（总分类账及明细分类账）和备查账簿。

本项目要求利用 Excel 设置并登记日记账、明细分类账和总分类账。

任务一　日记账的设置与登记

序时账簿，也称日记账，是按照经济业务发生的时间先后顺序，逐日逐笔登记经济业务的账簿。日记账按其记录内容的不同又分为普通日记账和特种日记账。普通日记账，也称通用日记账，是用来登记企业所发生的全部经济业务的日记账。在普通日记账中，按照每日所发生的经济业务的先后顺序，逐笔编制会计分录，因而这种日记账也称分录日记账或分录簿。

普通日记账的优点是可将每天发生或完成的经济业务逐笔地加以反映。在实现会计电算化的条件下，可以利用有关的数据处理工具从普通日记账中提取各种需要的信息。

背景资料：

北京光华制造有限责任公司为增值税一般纳税人制造业企业，适用的增值税税率为 13%，所得税费用采用应付税款法核算（不考虑纳税调整项目），税率为 25%，未执行新收入准则和新租赁准则。企业采用记账凭证核算形式，记账凭证采用专用记账凭证。所有的资产均不计提资产减值准备。2019 年 1 月企业的经济活动资料如下：

1. 2019 年 1 月初总分类账户余额如表 2–1 所示。

表 2–1　总分类账户余额表　　单位：元

账户名称	余额（借方）	账户名称	余额（贷方）
库存现金	10 760	累计折旧	82 160
银行存款	73 280	短期借款	28 000
原材料（A材料）	79 400	应付职工薪酬	16 400
库存商品	159 729	应付账款	37 592
应收账款	24 000	应交税费	34 721.22
固定资产	4 500 000	应付股利	14 600
利润分配	5 845.64	实收资本	4 440 000
		盈余公积	160 154.36
		本年利润	39 387.06
合计	4 853 014.64	合计	4 853 014.64

2. 本月发生下列经济业务（由于原始凭证占用的篇幅较大，用经济业务描述代替）：

（1）4 日，收到大华公司一笔资产 600 000 元的货币投资，全部款项存入银行。

（2）4 日，收到越港公司投入的设备一台，双方协商的价值为 200 000 元。

（3）4 日，向广发银行借入流动资金 400 000 元，存入银行，期限 3 个月。

（4）5 日，向建设银行借入改扩建专项借款 1 200 000 元，存入专用账户。

（5）5 日，购入不需要安装设备一台，价款 77 000 元，运杂费 3 000 元，已用银行存款支付。

（6）6 日，购入 A 材料 10 千克，价款 3 000 元，增值税进项税额 390 元，运杂费 100 元，材料已验收入库，货款及税款银行转账支付，运杂费现金付讫。

（7）7 日，从华泰公司购入 B 材料 20 千克，价款 4 000 元，增值税进项税额 520 元，材料已验收入库，款项未付。

（8）7 日，结转验收入库材料采购成本。

（9）8 日，以银行存款支付前欠华泰公司购入 B 材料价款 4 520 元。

（10）8 日，仓库发出 A 材料 6 000 元，其中生产甲产品消耗 4 000 元，车间消耗 1 600 元，管理部门消耗 400 元。

（11）10 日，从银行提取现金 10 000 元并发放工资。

（12）15 日，销售甲产品 20 件，单价 500 元，货款及税款通过银行收讫。

（13）20 日，向广夏公司销售甲产品 40 件，单价 500 元，货款及税款尚未收回。

（14）25 日，以银行存款支付广告费 1 000 元。

（15）26 日，销售多余 B 材料，价值 400 元，税款 52 元，款项存入银行。

（16）28 日，收到购货单位的违约金 1 200 元，款项存入银行。

（17）31 日，按工资用途计算并分配本月职工工资，其中生产工人工资 6 000 元，车间管理人员工资 2 000 元，厂部管理人员工资 2 000 元。

（18）31 日，支付银行贷款手续费 500 元。

（19）31 日，计提固定资产折旧，其中生产车间负担 7 300 元，行政管理部门负担 2 900 元。

（20）31 日，结转本月制造费用 10 900 元。

（21）31 日，结转本月完工入库产品成本 20 900 元。

（22）31 日，按规定计算应交城市维护建设税 357 元，应交教育费附加 153 元。

（23）31 日，结转本月已售产品成本，单位成本 200 元。共计 12 000 元。

（24）31 日，结转本月已售多余 B 材料成本 300 元。

（25）31 日，捐赠赈灾款 6 000 元，银行转账付讫。

（26）31 日，结转本月各项收入。

（27）31 日，结转本月各项费用。

（28）31 日，按本月实现利润的 25% 计算应交所得税并结转。

（29）31 日，按实现净利润 4 492.5 元的 25% 提取法定盈余公积金。

（30）31 日，经股东大会决定，按实现净利润 4 492.5 元的 8% 向投资者分配利润。

普通日记账中包含的字段名有日期、凭证编号、摘要、总账科目、明细科目、借方金额、贷方金额、会计主管和过账。利用 Excel 设置与登记日记账的具体程序如下：

第一步

新建一个名为“会计账簿”的工作簿，在工作表名“Sheet1”处，右击弹出快捷菜单，选择“重命名”，把工作表名改为“日记账”。选中 A1 : I1 单元格区域，然后单击“合并后居中”按钮，合并单元格并输入表格标题文本“日记账簿”，然后设置字体为“黑体”，字号为 18 号，如图 2–1 所示。

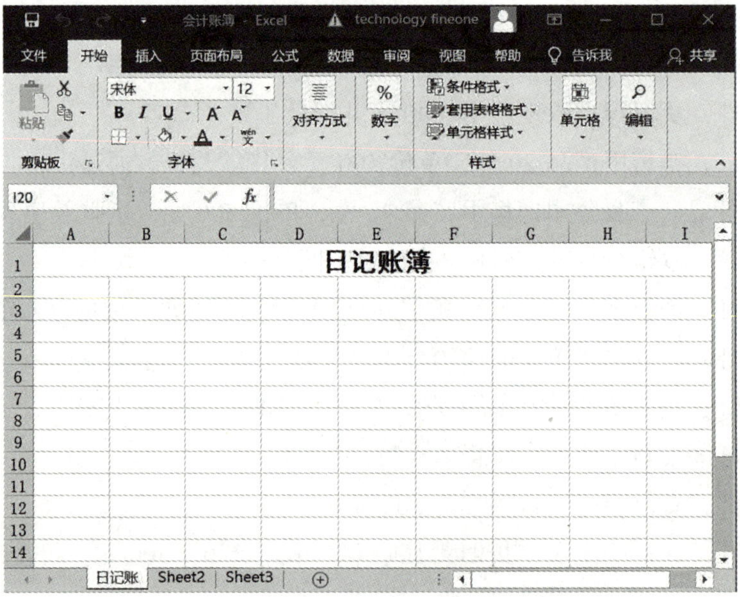

图 2–1

第二步

分别输入“日记账簿”的相关字段名，并将字体设置为“黑体”，字号设置为“12”号，如图 2–2 所示。

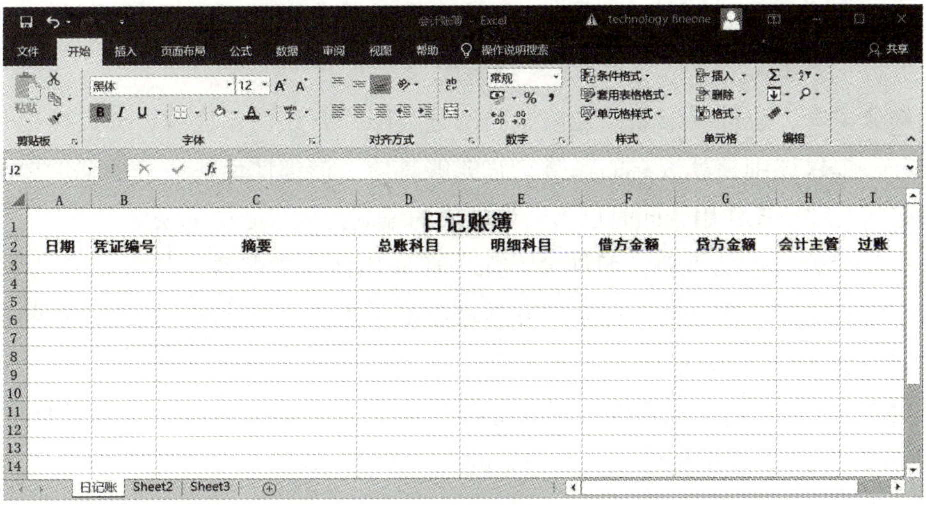

日记账簿

日期	凭证编号	摘要	总账科目	明细科目	借方金额	贷方金额	会计主管	过账

图 2–2

第三步

快速输入（关于快速输入数据在项目一中已详细说明）北京光华制造有限责任公司 2019 年 1 月份发生的经济业务数据，并加上边框和内框以及相关的修饰，这样日记账簿就制作完毕了，如图 2–3 所示。

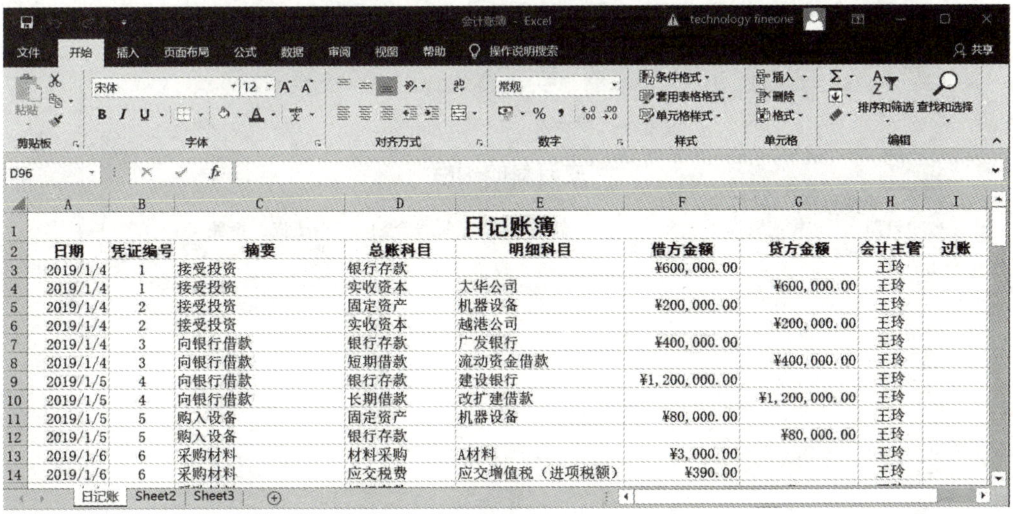

日记账簿

日期	凭证编号	摘要	总账科目	明细科目	借方金额	贷方金额	会计主管	过账
2019/1/4	1	接受投资	银行存款		¥600, 000. 00		王玲	
2019/1/4	1	接受投资	实收资本	大华公司		¥600, 000. 00	王玲	
2019/1/4	2	接受投资	固定资产	机器设备	¥200, 000. 00		王玲	
2019/1/4	2	接受投资	实收资本	越港公司		¥200, 000. 00	王玲	
2019/1/4	3	向银行借款	银行存款	广发银行	¥400, 000. 00		王玲	
2019/1/4	3	向银行借款	短期借款	流动资金借款		¥400, 000. 00	王玲	
2019/1/5	4	向银行借款	银行存款	建设银行	¥1, 200, 000. 00		王玲	
2019/1/5	4	向银行借款	长期借款	改扩建借款		¥1, 200, 000. 00	王玲	
2019/1/5	5	购入设备	固定资产	机器设备	¥80, 000. 00		王玲	
2019/1/5	5	购入设备	银行存款			¥80, 000. 00	王玲	
2019/1/6	6	采购材料	材料采购	A材料	¥3, 000. 00		王玲	
2019/1/6	6	采购材料	应交税费	应交增值税（进项税额）	¥390. 00		王玲	

图 2–3

库存现金日记账和银行存款日记账的设置与登记的程序和普通日记账一致，在此不再赘述。

任务二　明细账的设置与登记

明细分类账，也称明细账，是按照明细分类账户开设的，连续、分类登记某一类经济业务，提供详细核算资料的账簿。它能够具体、详细地反映经济活动情况，对总分类账起辅助和补充作用，同时也为会计报表的编制提供了必要的明细资料。

根据经营管理上的需要，明细分类账一般采用活页式账簿，其账页格式主要有：三栏式明细分类账、数量金额式明细分类账和多栏式明细分类账。但最基本的账页格式是设有“借方”“贷方”“余额”的三栏式。

利用 Excel 制作明细账可以利用日记账数据库生成明细分类账。现以制作“原材料”明细账为例，介绍明细账设置与登记的具体程序。

第一步

新建一个名为“明细账簿”的工作簿，在工作表名“Sheet1”处，右击弹出快捷菜单，选择“重命名”，把工作表名改为“原材料”，并在工作表中输入如图 2–4 所示的内容后保存。

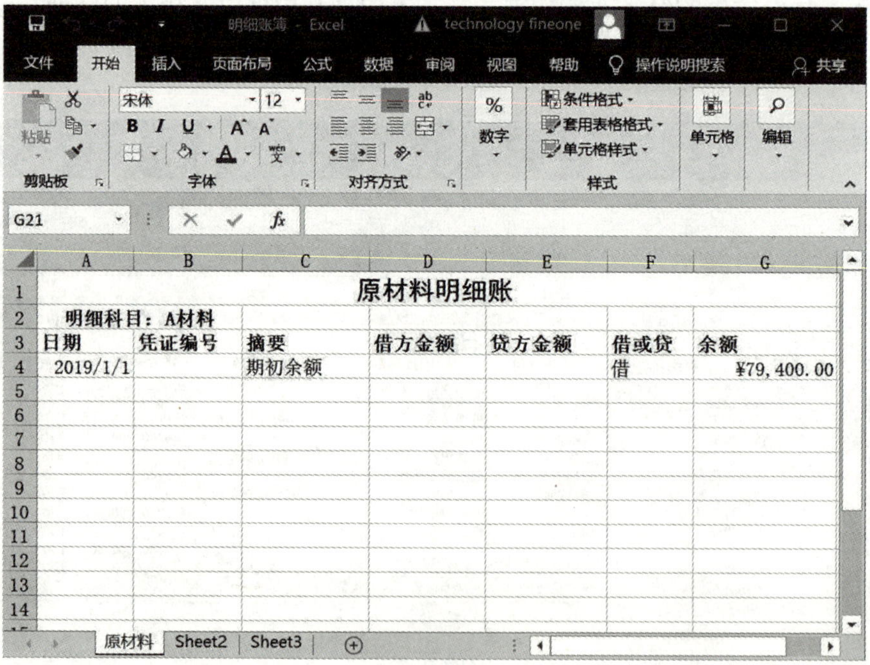

图 2–4

第二步

打开“日记账”工作表，并在单元格区域 C91：D92 中输入筛选条件，使其成为筛选条件区域，如图 2–5 所示。

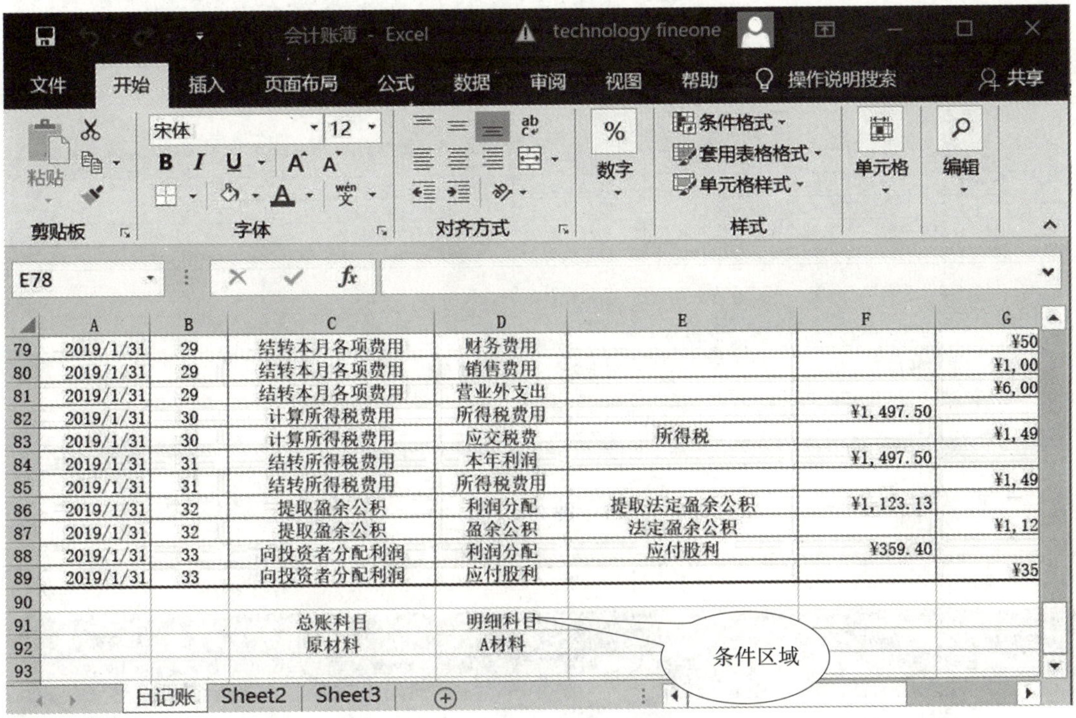

图 2–5

第三步

打开“日记账”工作表，在单元格区域 A94：E94 中输入明细账将要显示的“日期”“凭证编号”“摘要”“借方金额”“贷方金额”字段，用来限定筛选结果输出的字段内容，如图 2–6 所示。

第四步

打开“日记账”工作表，单击数据清单中的任何一个单元格。在“数据”菜单中，选择“高级”命令，如图 2–7 所示。弹出“高级筛选”对话框，在“方式”框中选中“将筛选结果复制到其他位置”项，“列表区域”则自动产生，然后根据实际确定“条件区域”和“复制到”的引用区域参数，如图 2–8 所示。单击“确定”按钮，显示高级筛选结果，如图 2–9 所示。

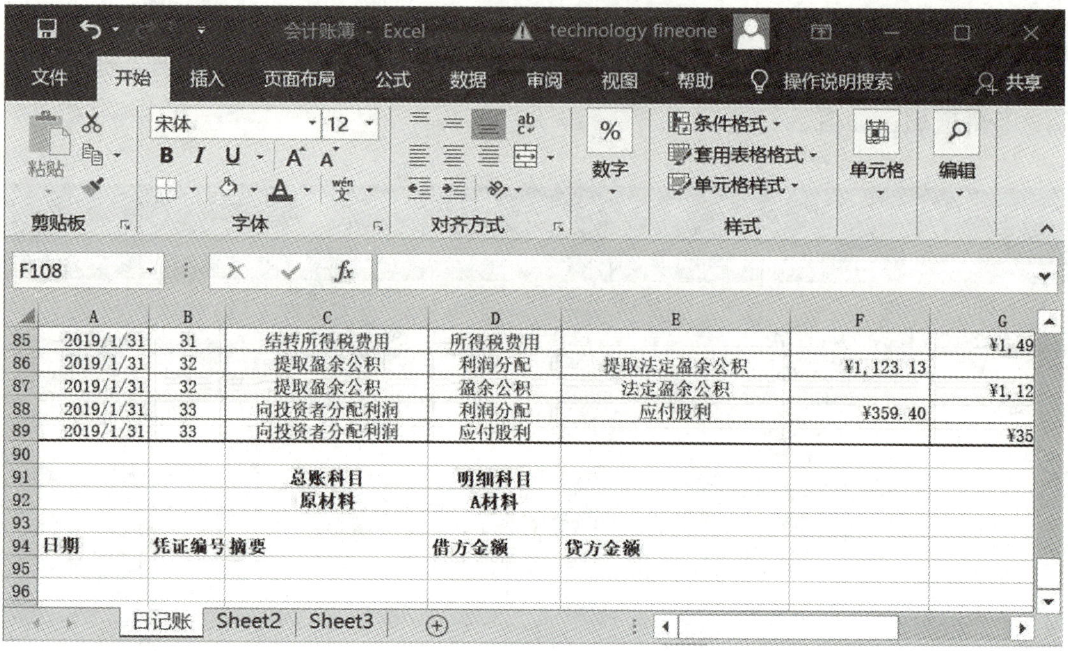
会计账簿 - Excel
technology fineone
文件 开始 插入 页面布局 公式 数据 审阅 视图 帮助 操作说明搜索 共享
粘贴 剪贴板
宋体 12
字体
对齐方式
数字
条件格式
套用表格格式
单元格样式
样式
单元格
编辑
F108
85 2019/1/31 31 结转所得税费用 所得税费用 ¥1,49
86 2019/1/31 32 提取盈余公积 利润分配 提取法定盈余公积 ¥1,123.13
87 2019/1/31 32 提取盈余公积 盈余公积 法定盈余公积 ¥1,12
88 2019/1/31 33 向投资者分配利润 利润分配 应付股利 ¥359.40
89 2019/1/31 33 向投资者分配利润 应付股利 ¥35
91 总账科目 明细科目
92 原材料 A材料
94 日期 凭证编号 摘要 借方金额 贷方金额
日记账 Sheet2 Sheet3

图 2–6

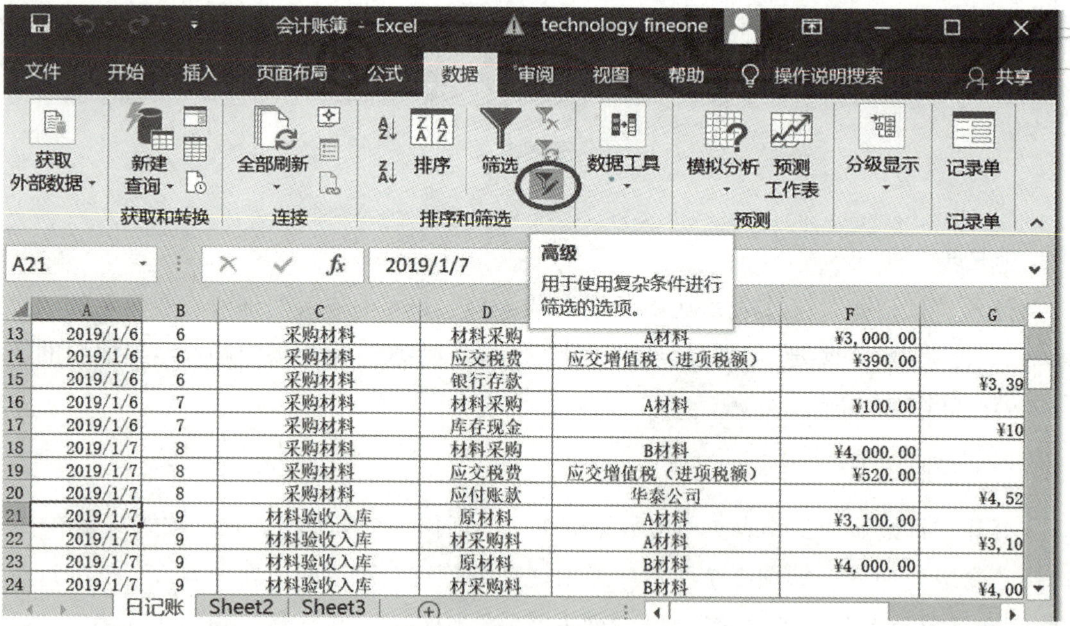
会计账簿 - Excel
technology fineone
文件 开始 插入 页面布局 公式 数据 审阅 视图 帮助 操作说明搜索 共享
获取外部数据
新建查询
获取和转换
全部刷新
连接
排序 筛选
排序和筛选
数据工具
模拟分析 预测工作表
预测
分级显示
记录单
高级
用于使用复杂条件进行筛选的选项。
A21 2019/1/7
13 2019/1/6 6 采购材料 材料采购 A材料 ¥3,000.00
14 2019/1/6 6 采购材料 应交税费 应交增值税（进项税额） ¥390.00
15 2019/1/6 6 采购材料 银行存款 ¥3,39
16 2019/1/6 7 采购材料 材料采购 A材料 ¥100.00
17 2019/1/6 7 采购材料 库存现金 ¥10
18 2019/1/7 8 采购材料 材料采购 B材料 ¥4,000.00
19 2019/1/7 8 采购材料 应交税费 应交增值税（进项税额） ¥520.00
20 2019/1/7 8 采购材料 应付账款 华泰公司 ¥4,52
21 2019/1/7 9 材料验收入库 原材料 A材料 ¥3,100.00
22 2019/1/7 9 材料验收入库 材采购料 A材料 ¥3,10
23 2019/1/7 9 材料验收入库 原材料 B材料 ¥4,000.00
24 2019/1/7 9 材料验收入库 材采购料 B材料 ¥4,00
日记账 Sheet2 Sheet3

图 2–7

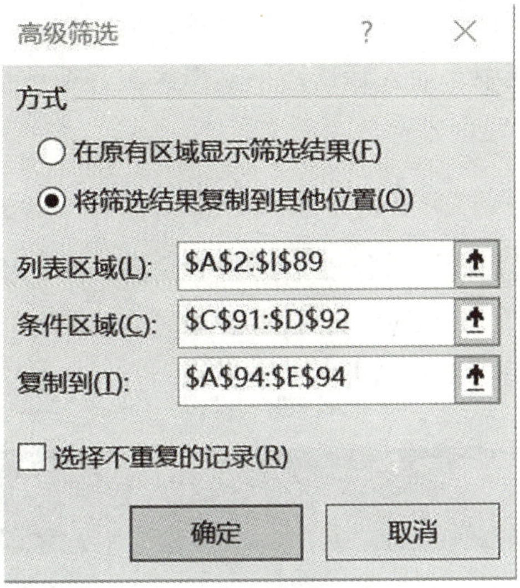

图 2–8

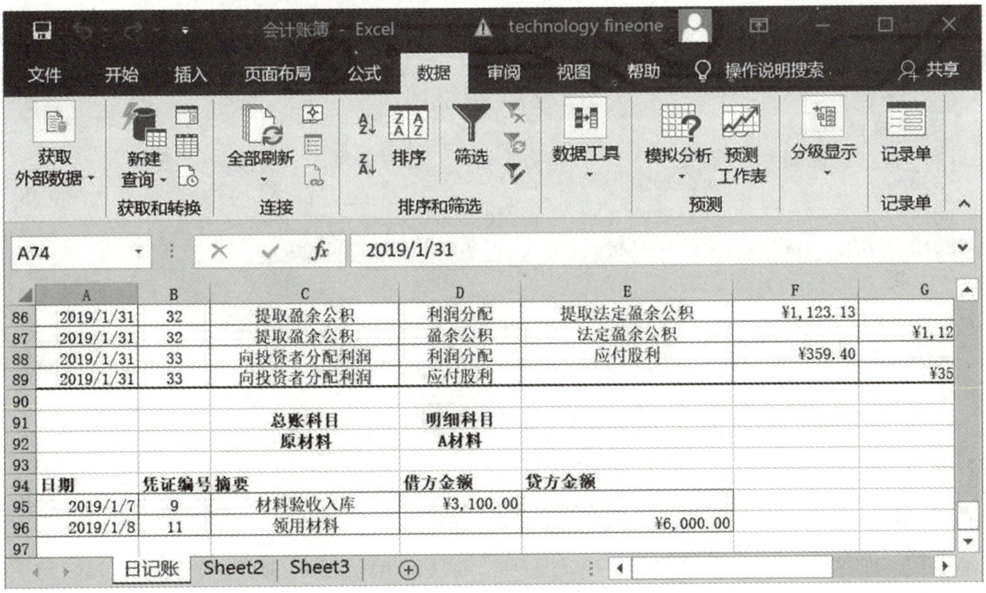

图 2–9

注意：

“高级筛选”对话框中提供了“在原有区域显示筛选结果”和“将筛选结果复制到其他位置”两种筛选方式。如果希望通过在原有数据区域隐藏不符合条件的数据行来筛选数据清单，应选中“在原有区域显示筛选结果”项；如果希望通过将符合条件的数据行复制到工作表的其他位置来筛选数据清单，应选中“将筛选结果复制到其他位置”项。在“复制到”项中，输入筛选结果输出区域必须包括筛选结果输出字段，否则会将符合条件的所有字段内容都显示出来。

第五步

在图 2–9 所示的“日记账”工作表中选取单元格区域 A95 : E96，并单击“复制”按钮，切换到“明细账簿”工作簿，打开“原材料”工作表，单击 A5 单元格，然后单击“粘贴”按钮，粘贴筛选结果，如图 2–10 所示。

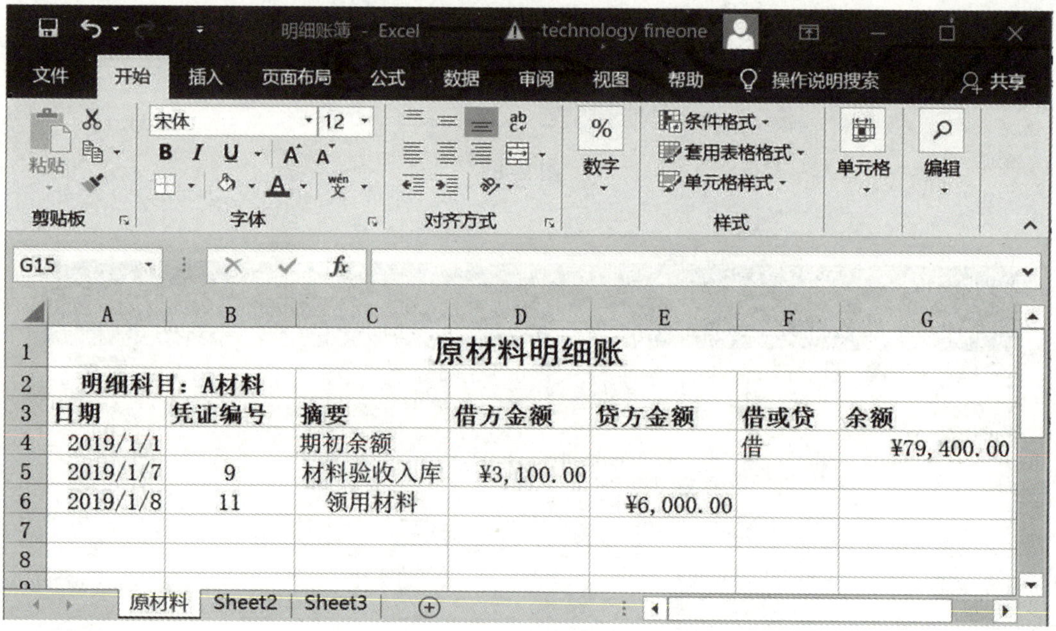

图 2–10

第六步

在图 2–10 所示的“原材料”工作表中，在 G5 单元格中输入公式“=G4+D5”，在 G6 单元格中输入公式“=G5–E6”，结果如图 2–11 所示。

第七步

在图 2–11 所示的“原材料”工作表中，在 F5 单元格中输入公式“=IF(G5>0," 借 ",IF(G5=0," 平 ",IF(G5<0," 贷 ")))”。再选中 F5 单元格，鼠标指向该单元格的右下角，出现填充柄时拖动鼠标至 F6 单元格，这样就会将 F5 单元格的公式复制到 F6 单元格，结果如图 2–12 所示。

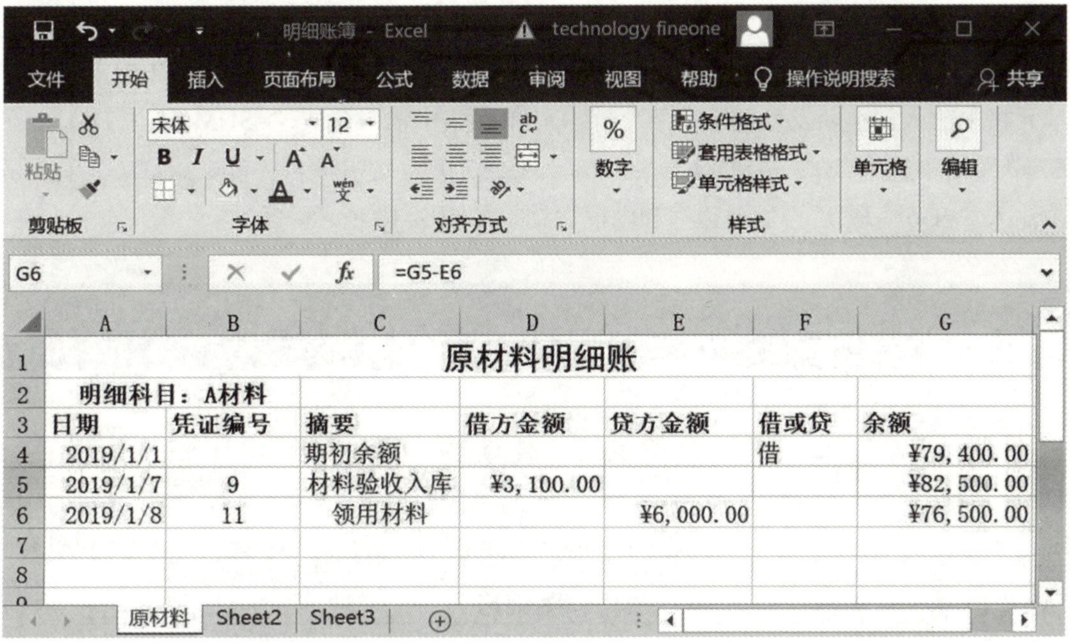
明细账簿 - Excel
technology fineone
文件 开始 插入 页面布局 公式 数据 审阅 视图 帮助 操作说明搜索 共享
宋体 12
条件格式
套用表格格式
单元格样式
数字 单元格 编辑
剪贴板 字体 对齐方式 样式
G6
=G5-E6
原材料明细账
明细科目：A材料
日期 凭证编号 摘要 借方金额 贷方金额 借或贷 余额
2019/1/1 期初余额 借 ¥79,400.00
2019/1/7 9 材料验收入库 ¥3,100.00 ¥82,500.00
2019/1/8 11 领用材料 ¥6,000.00 ¥76,500.00
原材料 Sheet2 Sheet3

图 2–11

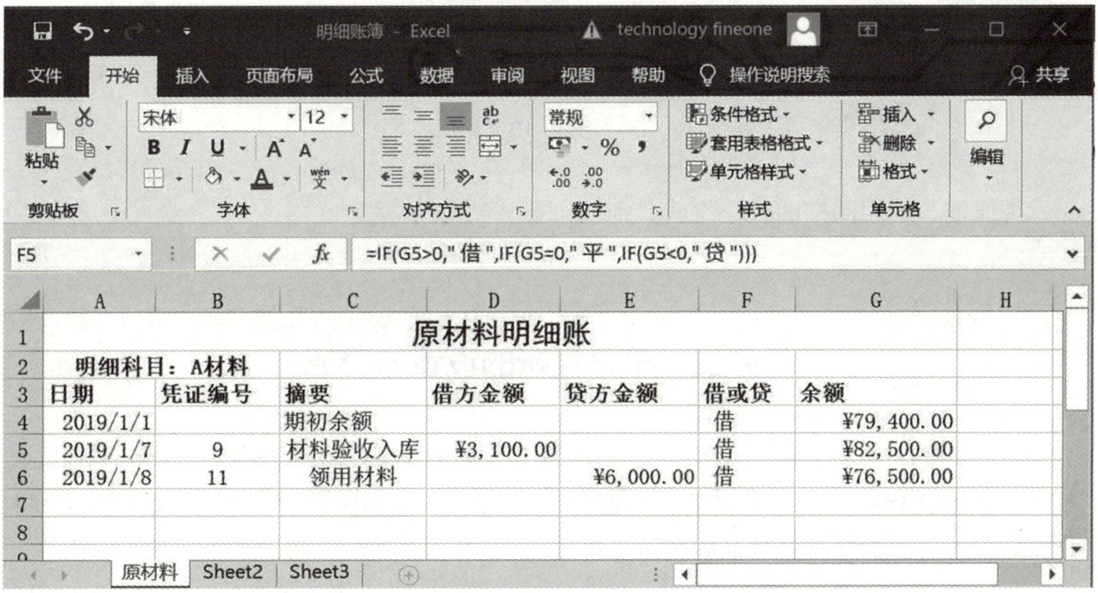
明细账簿 - Excel
technology fineone
文件 开始 插入 页面布局 公式 数据 审阅 视图 帮助 操作说明搜索 共享
宋体 12 常规
条件格式
套用表格格式
单元格样式
插入 删除 格式
编辑
剪贴板 字体 对齐方式 数字 样式 单元格
F5
=IF(G5>0," 借 ",IF(G5=0," 平 ",IF(G5<0," 贷 ")))
原材料明细账
明细科目：A材料
日期 凭证编号 摘要 借方金额 贷方金额 借或贷 余额
2019/1/1 期初余额 借 ¥79,400.00
2019/1/7 9 材料验收入库 ¥3,100.00 借 ¥82,500.00
2019/1/8 11 领用材料 ¥6,000.00 借 ¥76,500.00
原材料 Sheet2 Sheet3

图 2–12

第八步

在图 2–12 所示的“原材料”工作表中，在 A7 单元格中输入“2019/1/31”，在 C7 单元格中输入“本期发生额及余额”，在 D7 单元格中输入公式“=SUM(D5：D6)”，在 E7 单元格中输入公式“=SUM(E5：E6)”，在 F7 单元格中输入“=F6”，在 G7 单元格中输入“=G6”，然后再加上边框和内框，结果如图 2–13 所示。

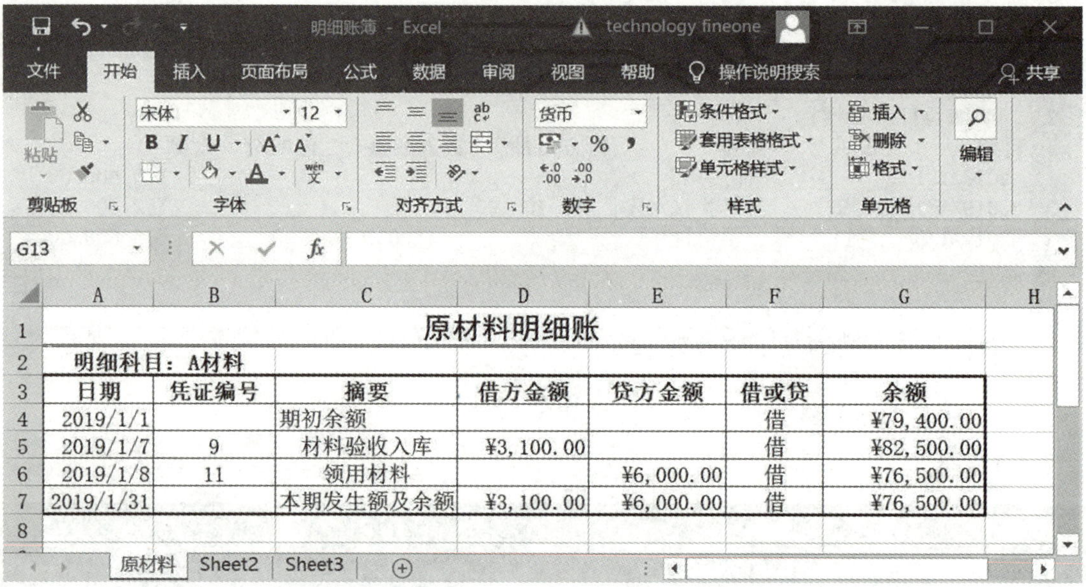

原材料明细账

明细科目：A材料

日期	凭证编号	摘要	借方金额	贷方金额	借或贷	余额
2019/1/1		期初余额			借	¥79,400.00
2019/1/7	9	材料验收入库	¥3,100.00		借	¥82,500.00
2019/1/8	11	领用材料		¥6,000.00	借	¥76,500.00
2019/1/31		本期发生额及余额	¥3,100.00	¥6,000.00	借	¥76,500.00

图 2–13

类似地，采用同样的程序生成其他明细账。

任务三　总分类账的设置与登记

总分类账，也称总账，是根据总账科目开设账页，用来分类登记企业全部经济业务，提供综合和总括核算资料的分类账簿。它对明细分类账起着统驭和控制作用，同时为编制会计报表提供总括的资料。

总分类账的格式有两种：一种是用总账科目余额表代替总账，即科目汇总表式总账；另一种是“借方”“贷方”“余额”三栏式总账。前者一个月一张账页，反映所有总账科目在某月份的发生额和余额；后者每个一级科目一张账页，反映某一总账科目在一年内各月份的发生额和余额。三栏式总账既可以根据记账凭证逐笔登记，也可以通过汇总的方式定期或分次汇总登记。在 Excel 中，可以利用日记账（分录簿）生成总分类账，也可以利用汇总明细账生成总分类账，还可以利用函数取数生成总分类账。

一、利用日记账（分录簿）生成总分类账

现以“生产成本”总账（北京光华制造有限责任公司 2019 年 1 月份发生的经济业务数据）为例，说明在 Excel 中利用日记账（分录簿）生成总分类账的程序。

第一步

新建一个名为“总分类账”的工作簿，在工作表名“Sheet1”处，右击弹出快捷菜单，选择“重命名”，把工作表名改为“生产成本”，并在工作表中输入如图 2–14 所示的内容后保存。

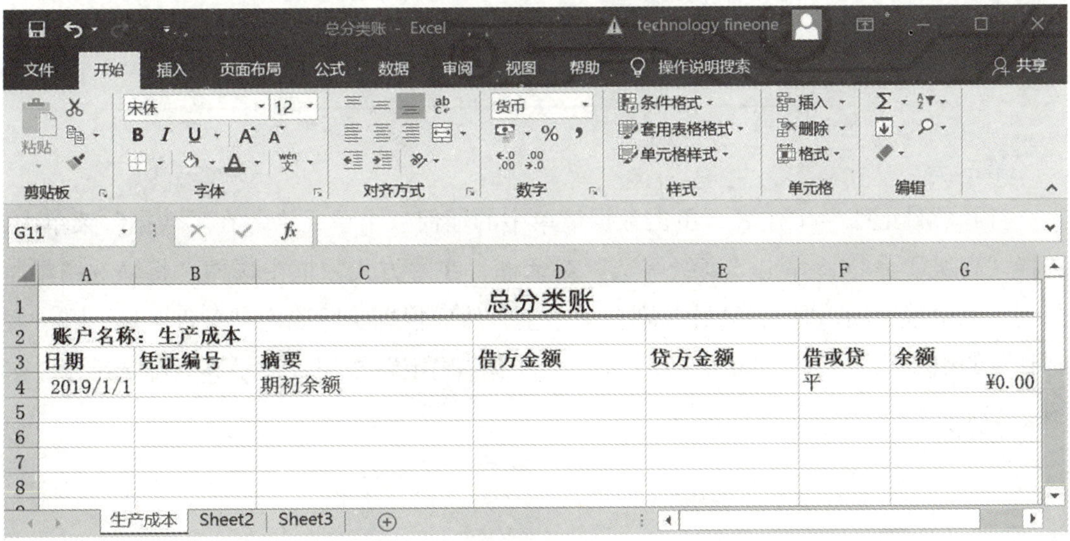

图 2–14

第二步

打开“日记账”工作表，并在单元格区域 C98：D99 中输入筛选条件，使其成为筛选条件区域，并在单元格区域 A101：E101 中输入明细账将要显示的“日期”“凭证编号”“摘要”“借方金额”“贷方金额”字段，用来限定筛选结果输出的字段内容，如图 2–15 所示。

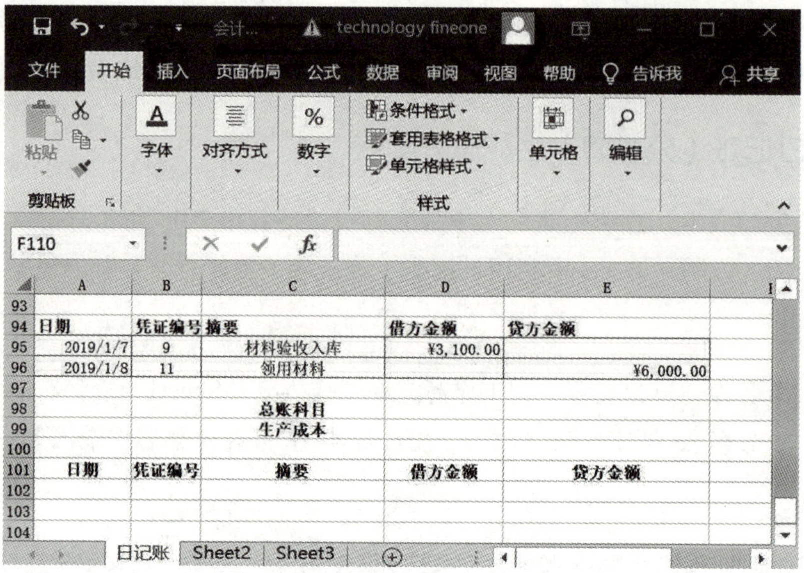

图 2–15

第三步

打开“日记账”工作表，单击数据清单中的任何一个单元格。在“数据”菜单中，选择“高级”命令，弹出“高级筛选”对话框，在“方式”框中选中“将筛选结果复制到其他位置”项，“列表区域”则自动产生，然后根据实际确定“条件区域”和“复制到”的引用区域参数，如图 2–16 所示。单击“确定”按钮，显示高级筛选结果，如图 2–17 所示。

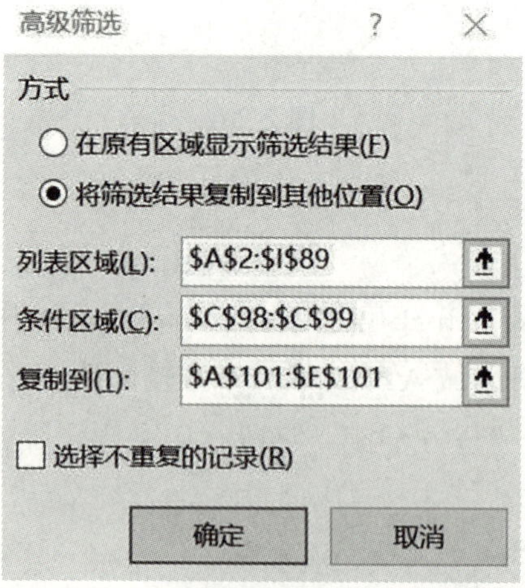

图 2–16

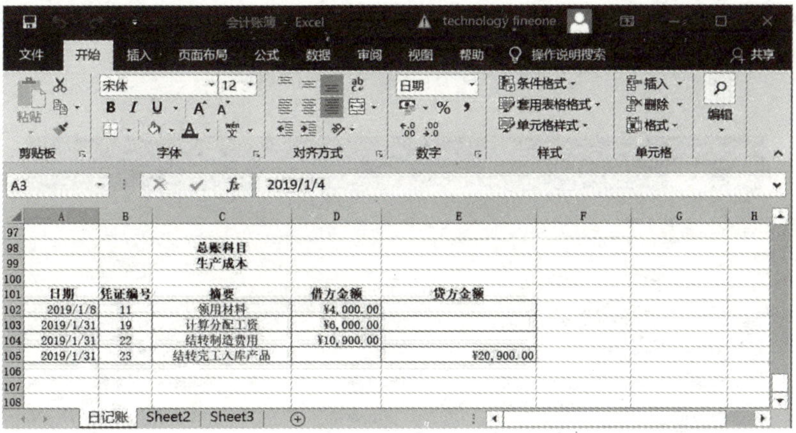

图 2–17

第四步

在图 2–17 所示的“日记账”工作表中选取单元格区域 A102：E105，并单击“复制”按钮，切换到“总分类账”工作簿，打开“生产成本”工作表，单击 A5 单元格，然后单击“粘贴”按钮，粘贴筛选结果如图 2–18 所示。

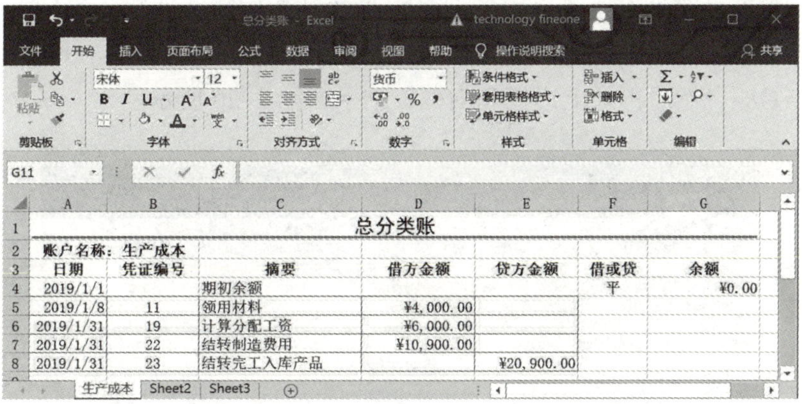

图 2–18

第五步

在图 2–18 所示的“生产成本”工作表中，在 G5 单元格中输入公式“=G4+D5–E5”，再选中 G5 单元格，鼠标指向该单元格的右下角，出现填充柄时拖动鼠标至 G8 单元格，就会将 G5 单元格的公式复制到 G6、G7、G8 单元格。然后在 F5 单元格中输入公式“=IF(G5>0，" 借 "，IF(G5=0，" 平 "，IF(G5<0，" 贷 ")))”，再选中 F5 单元格，

鼠标指向该单元格的右下角，出现填充柄时拖动鼠标至 F8 单元格，就会将 F5 单元格的公式复制到 F6、F7、F8 单元格，结果如图 2–19 所示。

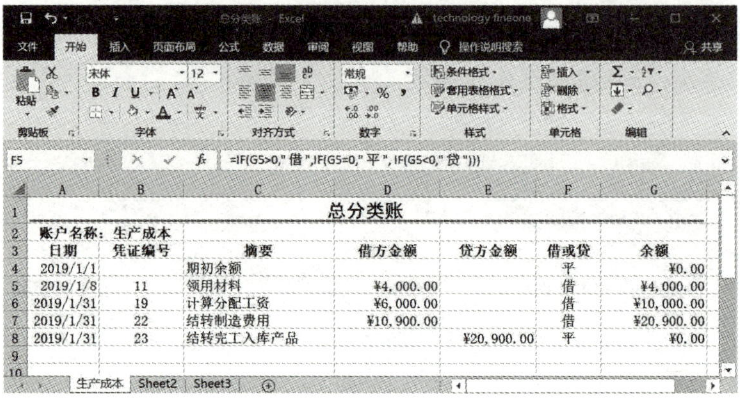

	A	B	C	D	E	F	G
1	总分类账						
2	账户名称：生产成本						
3	日期	凭证编号	摘要	借方金额	贷方金额	借或贷	余额
4	2019/1/1		期初余额			平	¥0.00
5	2019/1/8	11	领用材料	¥4,000.00		借	¥4,000.00
6	2019/1/31	19	计算分配工资	¥6,000.00		借	¥10,000.00
7	2019/1/31	22	结转制造费用	¥10,900.00		借	¥20,900.00
8	2019/1/31	23	结转完工入库产品		¥20,900.00	平	¥0.00

图 2–19

第六步

在图 2–18 所示的“生产成本”工作表中，在 A9 单元格中输入“2019/1/31”，在 C9 单元格中输入“本期发生额及余额”，在 D9 单元格中输入公式“=SUM(D5：D8)”，在 E9 单元格中输入公式“=SUM(E5：E8)”，在 F9 单元格中输入“=F8”，在 G9 单元格中输入“=G8”，然后再加上边框和内框，结果如图 2–20 所示。

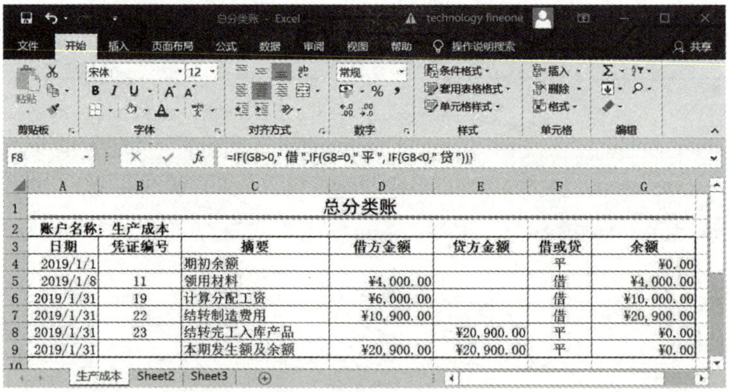

	A	B	C	D	E	F	G
1	总分类账						
2	账户名称：生产成本						
3	日期	凭证编号	摘要	借方金额	贷方金额	借或贷	余额
4	2019/1/1		期初余额			平	¥0.00
5	2019/1/8	11	领用材料	¥4,000.00		借	¥4,000.00
6	2019/1/31	19	计算分配工资	¥6,000.00		借	¥10,000.00
7	2019/1/31	22	结转制造费用	¥10,900.00		借	¥20,900.00
8	2019/1/31	23	结转完工入库产品		¥20,900.00	平	¥0.00
9	2019/1/31		本期发生额及余额	¥20,900.00	¥20,900.00	平	¥0.00

图 2–20

二、利用汇总明细账生成总分类账

现以原材料总账（北京光华制造有限责任公司 2019 年 1 月份发生的经济业务数据）

为例，说明在 Excel 中利用汇总明细账生成总分类账的程序。

第一步

打开“原材料明细账薄”工作簿，其中包括 A 材料明细账和 B 材料明细账，而当前工作表为 A 材料明细账，如图 2–21 所示。

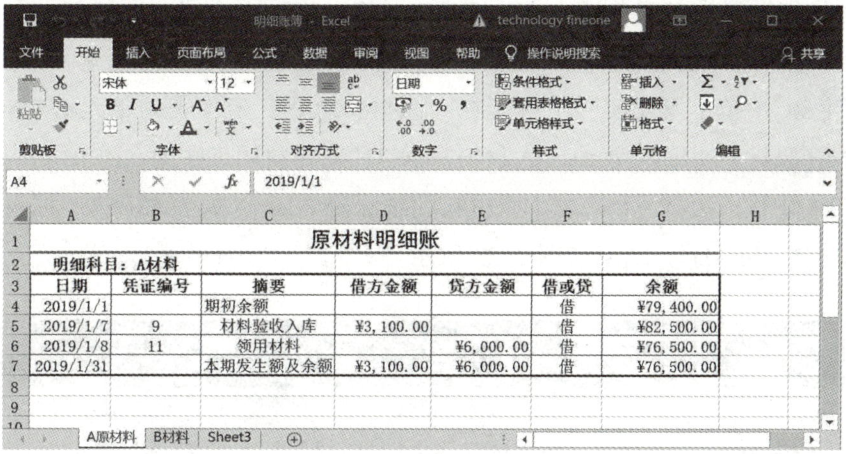

原材料明细账

明细科目：A材料

日期	凭证编号	摘要	借方金额	贷方金额	借或贷	余额
2019/1/1		期初余额			借	¥79, 400. 00
2019/1/7	9	材料验收入库	¥3, 100. 00		借	¥82, 500. 00
2019/1/8	11	领用材料		¥6, 000. 00	借	¥76, 500. 00
2019/1/31		本期发生额及余额	¥3, 100. 00	¥6, 000. 00	借	¥76, 500. 00

图 2–21

第二步

打开“总分类账”工作簿，在工作表名“Sheet2”处，右击弹出快捷菜单，选择“重命名”，把工作表名改为“原材料”并在工作表中输入如图 2–22 所示的内容后保存。

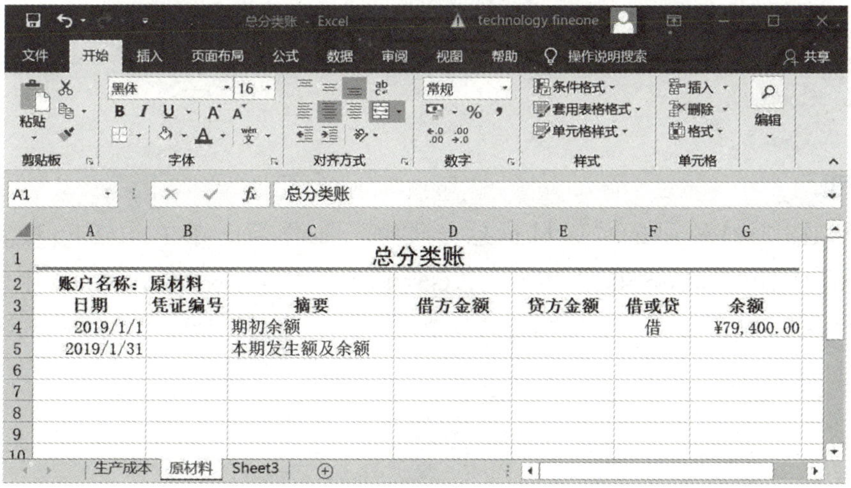

总分类账

账户名称：原材料

日期	凭证编号	摘要	借方金额	贷方金额	借或贷	余额
2019/1/1		期初余额			借	¥79, 400. 00
2019/1/31		本期发生额及余额				

图 2–22

第三步

汇总各明细账的月结，形成总分类账的本月发生额。打开如图 2–22 所示的“原材料”工作表，在工作表中选取 D5 单元格，单击自动求和按钮∑，然后切换到如图 2–21 所示的“原材料明细账薄”工作簿，单击工作表标签“A 材料”，激活“A 材料明细账”所在的工作表，单击 D7 单元格，键入“+”，再单击工作表标签“B 材料”，激活“B 材料明细账”所在的工作表，单击 D7 单元格，之后再返回“原材料总账薄”工作簿，按回车键，这样就汇总了本月的借方发生额。用同样的方法来汇总 E5 单元格的本月贷方发生额。（按本操作实际上等于在“原材料总账”工作表的单元格 D5 中输入公式“=SUM([原材料明细账簿 .xlsx]A 材料 !$D$7+[原材料明细账簿 .xlsx]B 材料 !$D$7)”，在单元格 E5 中输入公式“=SUM([原材料明细账簿 .xlsx]A 材料 !$E$7+[原材料明细账簿 .xlsx]B 材料 !$E$7)”，结果如图 2–23 所示。

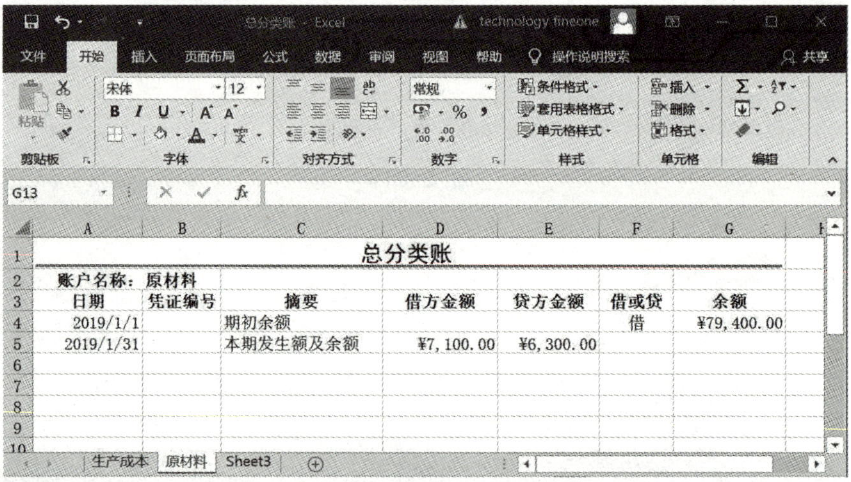

图 2–23

第四步

打开如图 2–23 所示的“原材料总分类账”工作簿，在单元格 F5 中输入公式“=IF(G5>0，" 借 "，IF(G5=0，" 平 "，IF(G5<0，" 贷 ")))”，在单元格 G5 中输入公式“=G4+D5–E5”，然后再加上边框和内框，最终生成“结果”如图 2–24 所示。

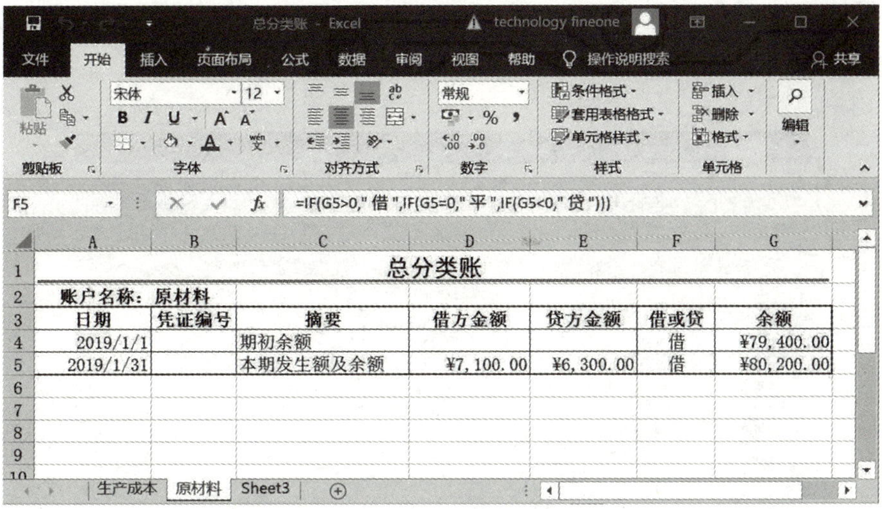

图 2–24

三、利用函数取数生成总分类账

在实际工作中，有些单位用总账科目余额表代替总账，即科目汇总表式总账，下面利用函数取数方法说明科目汇总表式总账生成的步骤。

第一步

打开“记账凭证清单”工作簿，如图 2–25 所示。

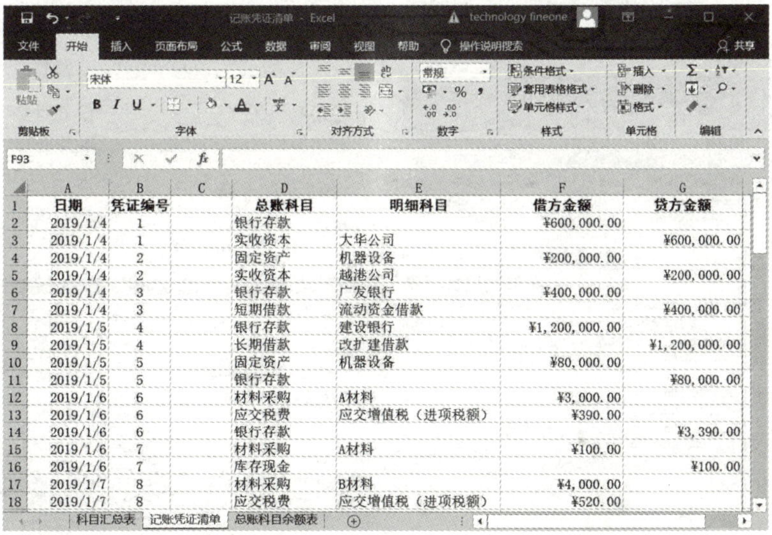

图 2–25

将“Sheet3”工作表重命名为“总账科目余额表”并设置如图 2–26 所示的总账科目余额表。

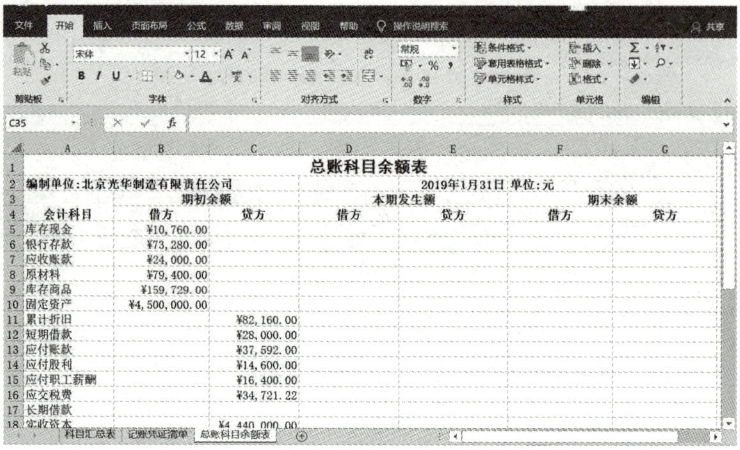

图 2–26

第二步

打开如图 2–26 所示的“总账科目余额表”，选定 D5 单元格，即“库存现金”科目的“本期借方发生额”栏。单击“公式”菜单中的“插入函数”命令，如图 2–27 所示，这时会出现“插入函数”对话框，如图 2–28 所示，或者直接单击工具栏的“插入函数”按钮 fx 即可。单击“选择函数”列表框中的 SUMIF 函数，然后单击“确定”按钮，这时会出现一个“函数参数”对话框，如图 2–29 所示。

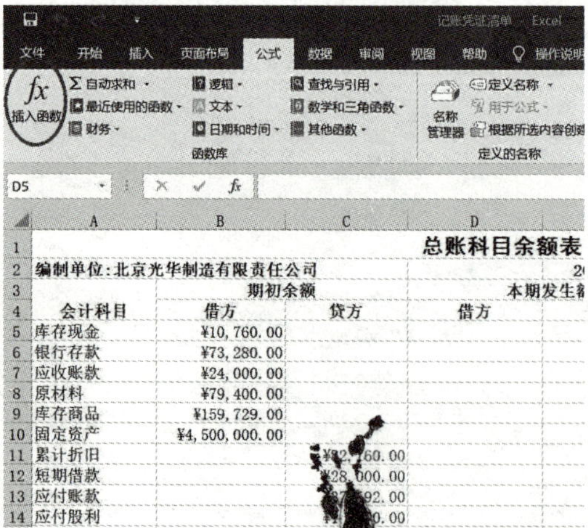

图 2–27

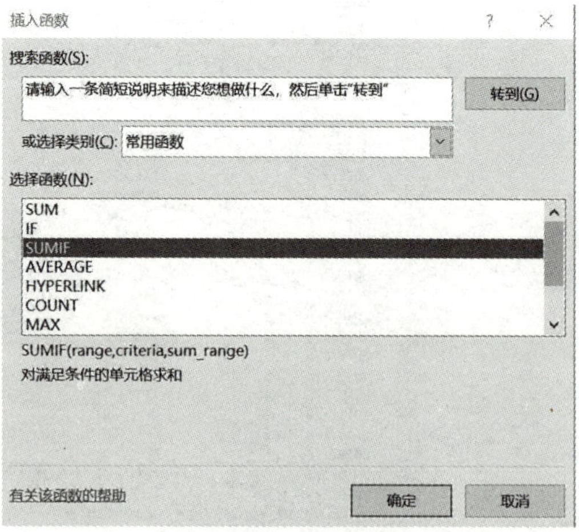

图 2–28

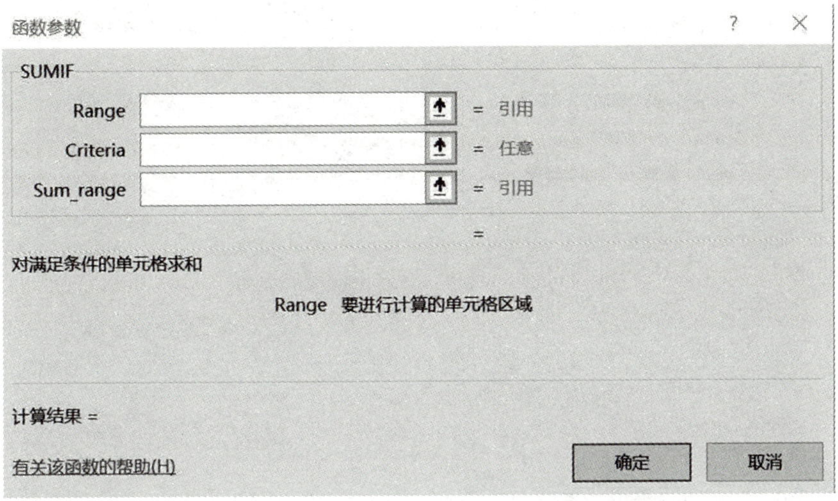

图 2–29

第三步

单击数据范围“Range”框右侧的折叠按钮 ，可以直接选择数据区域。单击“记账凭证清单”工作表，按住鼠标左键向下拖动选中该表中的单元格 D2 至 D88，即数据区域为 D2：D88，数据区域栏如图 2–30 所示。然后单击折叠按钮，返回“函数参数”对话框。

图 2–30

第四步

在统计条件“Criteria”框中输入条件“库存现金”，再单击计数区域“Sum_range”框右侧的折叠按钮，选中“记账凭证清单”工作表中的数据求和区域 F2：F88，然后单击按钮返回“函数参数”对话框，如图 2–31 所示。单击“函数参数”对话框中的“确定”按钮，可以看到在“总账科目余额表”中的 D5 单元格中显示库存现金合计数的计算结果为“¥10,000.00”。而在公式栏内显示利用函数取数的 D5 单元格的公式为“=SUMIF(记账凭证清单 !D2：D88，" 库存现金 "，记账凭证清单 !F2：F88)”，如图 2–32 所示。

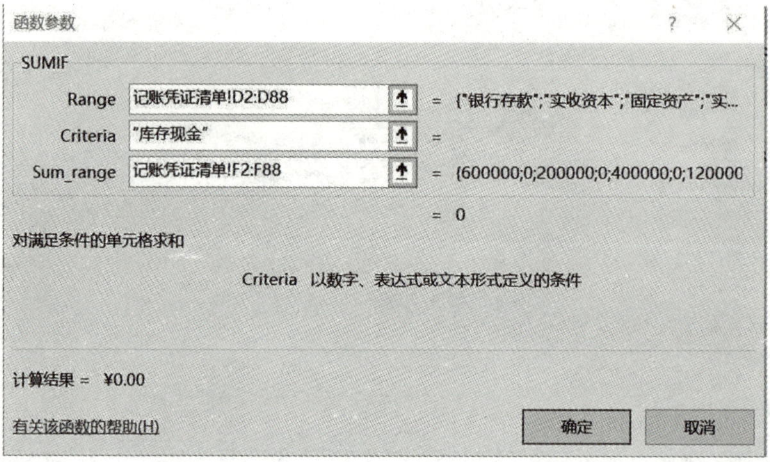

图 2-31

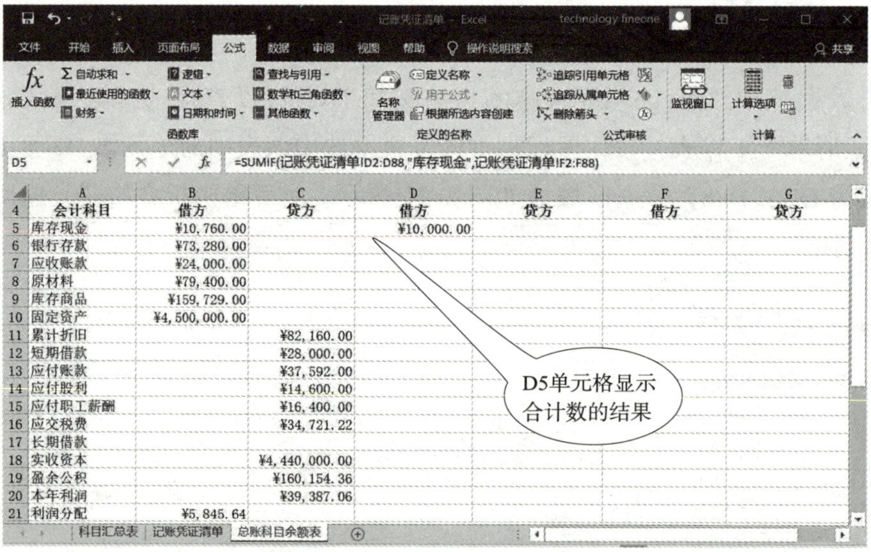

图 2-32

用同样的方法，可以编辑各个科目对应的“本期借方发生额”和“本期贷方发生额”公式，也可以利用公式的复制功能进行公式复制然后加以修改，将统计条件改为数据区域内各对应科目，完成本期所有科目的借方发生额和贷方发生额的取数。

第五步

完成本期借、贷方发生额的取数工作之后，利用简单的公式求和得到各科目期末余额，并进行余额和发生额试算平衡，最终生成总账科目余额表如图 2-33 所示。

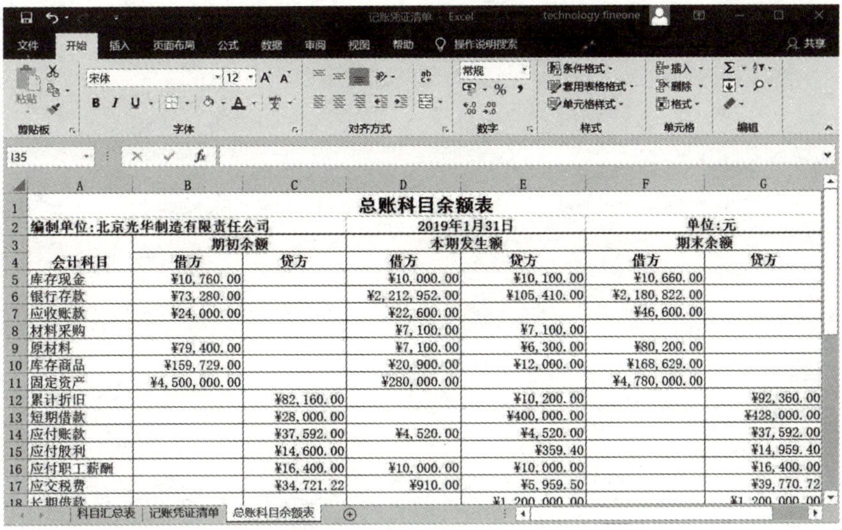

会计科目	期初余额		本期发生额		期末余额	
总账科目余额表						
编制单位：北京光华制造有限责任公司			2019年1月31日		单位：元	
	借方	贷方	借方	贷方	借方	贷方
库存现金	¥10,760.00		¥10,000.00	¥10,100.00	¥10,660.00	
银行存款	¥73,280.00		¥2,212,952.00	¥105,410.00	¥2,180,822.00	
应收账款	¥24,000.00		¥22,600.00		¥46,600.00	
材料采购			¥7,100.00	¥7,100.00		
原材料	¥79,400.00		¥7,100.00	¥6,300.00	¥80,200.00	
库存商品	¥159,729.00		¥20,900.00	¥12,000.00	¥168,629.00	
固定资产	¥4,500,000.00		¥280,000.00		¥4,780,000.00	
累计折旧		¥82,160.00		¥10,200.00		¥92,360.00
短期借款		¥28,000.00		¥400,000.00		¥428,000.00
应付账款		¥37,592.00	¥4,520.00	¥4,520.00		¥37,592.00
应付股利		¥14,600.00		¥359.40		¥14,959.40
应付职工薪酬		¥16,400.00	¥10,000.00	¥10,000.00		¥16,400.00
应交税费		¥34,721.22	¥910.00	¥5,959.50		¥39,770.72
长期借款				¥1,200,000.00		¥1,200,000.00

图 2–33

任务驱动

根据项目一任务驱动中北京华天制造有限责任公司 2019 年 1 月份发生的经济业务数据，利用 Excel 设置北京华天制造有限责任公司 2019 年 1 月份的日记账、明细分类账和总分类账。

项目三

财务报表的设置与编制

项目综述：

财务报表是以日常核算资料为主要依据编制的，综合反映企业某一特定日期的资产、负债及所有者权益状况，以及一定期间的经营成果和现金流量情况的书面文件，是整个会计工作的最终成果。

企业日常发生的经济业务，按照一定的会计处理程序和方法，已经在有关凭证、账簿中进行了全面、连续、系统的记录和反映。但这些日常记录所提供的日常资料是比较分散的，不能集中概括地说明企业经济活动的全貌。所以，系统地整理这些资料，并据此编制财务报表，才能向有关方面提供有用的决策信息。财务报表是提供会计信息的载体，是会计信息经过系统加工和处理的最终产物。

项目要求：

按照《企业会计准则第 30 号——财务报表列报》中的规定，企业编制的财务报表至少应当包括：资产负债表、利润表、现金流量表和所有者权益（股东权益）变动表。

2017 年以来，我国税收法规变化频繁，会计准则不断地修订与发布，企业财务报表的格式也基本上年年有调整，根据财政部《关于修订印发 2019 年度一般企业财务报表格式的通知（财会〔2019〕6 号）》的规定，一般企业财务报表格式有：适用于未执行新金融准则、新收入准则和新租赁准则的企业和适用于已执行新金融准则、新收入准则和新租赁准则的企业两种。本教材重点介绍适用于未执行新金融准则、新收入准则和新租赁准则的企业财务报表的格式与编制。

本项目要求利用 Excel 设置并编制资产负债表、利润表、现金流量表。

任务一　资产负债表的设置与编制

一、资产负债表的作用

资产负债表是反映企业某一特定日期（月末、季末或年末）财务状况的财务报表。它是根据资产、负债及所有者权益之间的相互关系，按照一定的分类标准和一定的顺序，把企业一定日期的资产、负债及所有者权益项目予以适当排列，并对日常工作中形成的大量数据进行综合、总括整理后编制而成的，是月报表、主要报表之一。

企业的资产负债表是以“资产 = 负债 + 所有者权益”这一会计基本等式为基础进行编制的，是反映本企业静态财务状况的主要报表。资产负债表既可以全面反映企业在某一特定日期所拥有或控制的经济资源，也可以反映企业所承担的义务及所有者对企业净资产的要求权，具有重要的作用。概括地说，资产负债表的作用主要表现在以下几个方面：

（1）资产负债表可以提供企业某一特定日期的资产总额、资产结构和分布情况，表明企业的生产经营规模，反映企业经济资源的分布状况，据此可以分析企业资产结构的合理性、资产的流动性和清偿债务的能力。

（2）资产负债表可以反映企业某一特定日期的负债总额、债务结构，表明企业未来需要多少资产或劳务来清偿债务，据此可以分析企业债务是否适度，结构是否合理。

（3）资产负债表可以反映企业所拥有的所有者权益总额及构成，表明投资者投入资产在企业资产中所占的份额。与负债相对比，可以分析企业融资结构的优劣和财务风险的大小。

（4）资产负债表还能提供财务分析的基本资料，通过对相同时期不同项目的横向比较和不同时期相同项目的纵向比较，可以分析和预测企业未来的财务状况的变动趋势和经营潜力。

二、资产负债表的格式

资产负债表由表首、表身和补充资料三部分组成。表首部分列示报表的名称、编制单位、编制日期和货币计量单位等内容；表身部分以若干个报表项目反映编表日企业资产、负债及所有者权益的具体组成内容与总额；补充资料部分列示表中未予提供的或未予充分揭示的一些重要会计信息，如会计政策的变更等。

资产负债表的格式有账户式和报告式两种。我国企业资产负债表按企业会计准则的规定采用账户式，即资产负债表分为左右两方，左方列示资产各项目，右方列示负债及所有者权益各项目，根据会计等式的基本原理，左方的资产总额等于右方的负债和所有者权益总额。同时，资产负债表还提供年初数和期末数的比较资料。

资产负债表左、右两方资产和负债各项目的前后顺序是按其流动性排列的，所有者权益一般按实收资本（股本）、资本公积、盈余公积和未分配利润项目列示。其基本结构见表 3–1。

表 3–1 资产负债表基本结构

编制单位： 年 月 日 单位： 元

资产	金额	负债和所有者权益	金额
流动资产非流动资产		流动负债非流动负债	
		所有者权益	
资产总计		负债和所有者权益总计	

三、资产负债表的编制方法

根据财政部《关于修订印发 2019 年度一般企业财务报表格式的通知（财会〔2019〕6 号）》的规定，一般企业资产负债表（适用于未执行新金融准则、新收入准则和新租赁准则的企业）（见表 1–2），各项目均应分别填列上年年末余额和期末余额。其中，“上年年末余额”栏的各项数字应根据上年末资产负债表“期末余额”栏内所列数字填列。如果本年度资产负债表各项目的名称和内容与上年度不一致，应对上年年末资产负债表各项目的名称和数字按本年度的规定进行调整，填入本年的“上年年末余额”栏。“期末余额”栏内各项数字一般根据相关的资产、负债和所有者权益总账科目或明细科目期末余额填列。报表项目与会计科目并不完全一致，企业的资产负债表的期末余额各项目有下列填列方法：

（1）根据总账科目的期末余额填列。资产负债表中的有些项目，可以直接根据有关总账科目的余额填列，如“短期借款”“资本公积”等项目；有些项目则需要根据几个总账科目余额计算填列，如“货币资金”项目。

（2）根据有关明细科目的期末余额计算填列。如“预付账款”“应付账款”“预收账款”等项目。

（3）根据总账科目和明细科目余额分析、计算填列。如“长期借款”项目，根据

“长期借款”总账科目余额扣除“长期借款”科目所属的明细科目中反映的将于一年内到期的长期借款部分分析、计算填列。

（4）根据有关科目余额减去其备抵项目后的净额填列。如“无形资产”项目，按照“无形资产”科目的期末余额，减去“累计摊销”“无形资产减值准备”科目期末余额后的净额填列。

（5）综合运用上述填列方法分析填列。如“存货”项目，应根据“在途物资”“材料采购”“原材料”“库存商品”“周转材料”“材料成本差异”等科目的期末借方余额合计数，减去“存货跌价准备”科目的期末余额后的金额填列。

企业资产负债表中各项目期末栏数字，具体计算填列方法如下：

（一）资产项目的填列方法

（1）“货币资金”项目，反映企业库存现金、银行结算户存款、外埠存款、银行汇票存款、银行本票存款和在途资金等货币资金的合计数。本项目应根据“库存现金”“银行存款”“其他货币资金”科目的期末余额合计填列。

（2）“以公允价值计量且其变动计入当期损益的金融资产”项目，反映资产负债表日企业分类为以公允价值计量且变动计入当期损益的金融资产，以及企业持有的指定为以公允价值计量且其变动计入当期损益的金融资产的期末账面价值。本项目应根据“交易性金融资产”科目的相关明细科目的期末余额分析填列。

（3）“衍生金融资产”项目，反映资产负债表日企业分类为以公允价值计量且其变动计入当期损益的远期合同、期货、互换和期权（认股权证、股票期权等都是期权）等衍生的金融资产，以及企业持有的指定为以公允价值计量且其变动计入当期损益的衍生金融资产的期末账面价值。本项目应根据“衍生工具”科目的相关明细科目的期末余额分析填列。

（4）“应收票据”项目，反映资产负债表日以摊余成本计量的，企业因销售商品、提供服务等收到的商业汇票，包括银行承兑汇票和商业承兑汇票。本项目应根据“应收票据”科目的期末余额，减去“坏账准备”科目中相关坏账准备期末余额后的金额填列。

（5）“应收账款”项目，反映资产负债表日以摊余成本计量的，企业因销售商品、提供服务等经营活动应收取的款项。本项目应根据“应收账款”科目的期末余额，减去“坏账准备”科目中相关坏账准备期末余额后的金额填列。

（6）“预付账款”项目，反映企业预收的款项，减去已计提的坏账准备后的净额。本项目根据“预付账款”和“应付账款”账户所属各明细账户的期末借方余额合计，减去“坏账准备”账户中有关预付账款计提的坏账准备期末余额后的金额填列。如果“预付账款”账户所属明细账户的期末为贷方余额的，应在本表“应付账款”项目填列。

（7）“其他应收款”项目，应根据“应收利息”、“应收股利”和“其他应收款”科目的期末余额合计数，减去“坏账准备”科目中相关坏账准备期末余额后的金额填列。

（8）“存货”项目，反映企业期末在库、在途和在加工中的各项存货的可变现净值，包括各种原材料、商品、在产品、半成品、发出商品、包装物、低值易耗品和委托代销商品等。本项目应根据“在途物资（材料采购）”、“原材料”、“低值易耗品”、“库存商品”、“周转材料”、“委托加工物资”、“委托代销商品”、“生产成本”和“劳务成本”等账户的期末余额合计，减去“受托代销商品款”“存货跌价准备”账户期末余额后的金额填列。材料采用计划成本核算以及库存商品采用计划成本或售价核算的小企业，应按加或减材料成本差异、减商品进销差价后的金额填列。

（9）“持有待售资产”项目，反映资产负债表日划分为持有待售类别的非流动资产及划分为持有待售类别的处置组中的流动资产和非流动资产的期末账面价值。本项目应根据“持有待售资产”科目的期末余额，减去“持有待售资产减值准备”科目的期末余额后的金额填列。

（10）“一年内到期的非流动资产”项目，通常反映预计自资产负债表日起一年内变现的非流动资产。对于按照相关会计准则采用折旧（或摊销、折耗）方法进行后续计量的固定资产、无形资产和长期待摊费用等非流动资产，折旧（或摊销、折耗）年限（或期限）只剩一年或不足一年的，或预计在一年内（含一年）进行折旧（或摊销、折耗）的部分，不得归类为流动资产，仍在各该非流动资产项目中填列，不转入“一年内到期的非流动资产”项目。

（11）“其他流动资产”项目，反映企业除以上流动资产项目外的其他流动资产。本项目应根据有关账户的期末余额填列。如果其他流动资产价值较大的，应在财务报表附注中披露其内容和金额。

（12）“流动资产合计”项目，将以上各项流动资产项目相加计算出的数额填入本项目。

（13）“可供出售金融资产”项目，反映企业持有的以公允价值计量可供出售的债券投资、股票投资、基金投资等金融资产。本项目应根据“可供出售金融资产”科目的期末余额，减去“可供出售金融资产减值准备”科目的期末余额后的金额填列。

（14）“持有至到期投资”项目，反映企业持有的以摊余成本计量的持有至到期投资。本项目应根据“持有至到期投资”科目的期末余额，减去“持有至到期投资减值准备”科目的期末余额后的金额填列。

（15）“长期应收款”项目，反映企业融资租赁产生的应收款项、采用递延方式具有融资性质的销售商品和提供劳务等产生的长期应收款项。本项目根据“长期应收款”科目期末余额，减去相应的“未实现融资收益”科目和“坏账准备”科目所属相关明细科目余额后的金额填列。

（16）“长期股权投资”项目，反映企业持有的对子公司、联营企业和合营企业长期股权投资。本项目应根据“长期股权投资”科目的期末余额，减去“长期股权投资减值准备”科目期末余额后的金额填列。

（17）“投资性房地产”项目，反映企业持有的投资性房地产。企业采用成本模式计量投资性房地产的，本项目根据“投资性房地产”科目的期末余额，减去“投资性房地产累计摊销”和“投资性房地产减值准备”科目期末余额后的金额填列。

（18）“固定资产”项目，反映资产负债表日企业固定资产的期末账面价值和企业尚未清理完毕的固定资产清理净损益。本项目应根据“固定资产”科目的期末余额，减去“累计折旧”和“固定资产减值准备”科目的期末余额后的金额，以及“固定资产清理”科目的期末余额填列。

（19）“在建工程”项目，反映资产负债表日企业尚未达到预定可使用状态的在建工程的期末账面价值和企业为在建工程准备的各种物资的期末账面价值。本项目应根据“在建工程”科目的期末余额，减去“在建工程减值准备”科目的期末余额后的金额，以及“工程物资”科目的期末余额，减去“工程物资减值准备”科目的期末余额后的金额填列。

（20）“生产性生物资产”项目，反映企业（农业）持有的生产性生物资产净价。本项目根据“生产性生物资产”账户期末余额，减去“生产性生物资产累计折旧”和“生产性生物资产减值准备”账户期末贷方余额后的金额填列。

（21）“油气资产”项目，反映企业（石油、天然气开采）持有的矿区权益和油气井及相关设施减去累计折耗和累计减值准备后的净价。本项目应根据“油气资产”账户的期末余额减去“累计折耗”账户期末余额和相应减值准备后的金额填列。

（22）“无形资产”项目，反映企业各项无形资产的原价扣除摊销后的净额。本项目应根据“无形资产”科目的期末余额，减去“累计摊销”和“无形资产减值准备”科目余额后的金额填列。

（23）“开发支出”项目，反映企业开发无形资产过程中能够资本化形成无形资产成本的支出部分。本项目应根据“研发支出”科目中所属的“资本化支出”明细科目期末余额填列。

（24）“商誉”项目，反映企业合并中形成的商誉的价值。本项目应根据“商誉”

科目期末余额，减去相应减值准备后的金额填列。

（25）“长期待摊费用”项目，反映企业已经支出，但摊销期限在 1 年以上（不含 1 年）的各项费用。本项目应根据“长期待摊费用”科目的期末余额减去 1 年内（含 1 年）摊销的数额后的金额填列。

（26）“递延所得税资产”项目，反映企业确认的可抵扣暂时性差异产生的递延所得税资产。本项目应根据“递延所得税资产”科目的期末余额填列。

（27）“其他非流动资产”项目，反映除以上资产以外的其他非流动资产。本项目应根据有关科目的期末余额填列。

（28）“非流动资产合计”项目，将以上各项非流动资产项目相加计算出的数额填入本项目。

（29）“资产总计”项目，将“流动资产合计”和“非流动资产合计”两个项目的合计数填入本项目。

（二）负债项目的填列方法

（1）“短期借款”项目，反映企业借入尚未归还的 1 年期以下（含 1 年）的借款。本项目应根据“短期借款”科目的期末余额填列。

（2）“以公允价值计量且其变动计入当期损益的金融负债”项目，反映企业发行短期债券等所形成的交易性金融负债公允价值。本项目根据“交易性金融负债”账户期末余额填列。

（3）“衍生金融负债”项目，反映资产负债表日企业分类为以公允价值计量且其变动计入当期损益的远期合同、期货、互换和期权（认股权证、股票期权等都是期权）等衍生的金融负债，以及企业持有的指定为以公允价值计量且其变动计入当期损益的衍生金融负债的期末账面价值。本项目应根据“衍生工具”科目的相关明细科目的期末余额分析填列。

（4）“应付票据”项目，反映资产负债表日以摊余成本计量的，企业因购买材料、商品和接受服务等开出、承兑的商业汇票，包括银行承兑汇票和商业承兑汇票。本项目应根据“应付票据”科目的期末余额填列。

（5）“应付账款”项目，反映资产负债表日以摊余成本计量的，企业因购买材料、商品和接受服务等经营活动应支付的款项。本项目应根据“应付账款”和“预付账款”科目所属的相关明细科目的期末贷方余额合计数填列。

（6）“预收账款”项目，反映企业按合同规定向有关单位和个人预收的款项，本项目应根据“预收账款”科目的期末余额填列。如“预收账款”科目所属有关明细科目有借方余额的，应在表中“应收账款”项目内填列；如“应收账款”科目所属明细科目有贷方余额的，也应包括在本项目内。

（7）“应付职工薪酬”项目，反映企业应付未付的各种职工薪酬，本项目应根据“应付职工薪酬”科目期末贷方余额填列。“应付职工薪酬”科目期末如为借方余额，本项目以“–”号表示。

（8）“应交税费”项目，反映企业应交未交的各种税费，本项目应根据其明细账户分析填列。《增值税会计处理规定》，“应交税费”科目下的“应交增值税”“未交增值税”“待抵扣进项税额”“待认证进项税额”“增值税留抵税额”等明细科目期末借方余额应根据情况，在资产负债表中的“其他流动资产”或“其他非流动资产”项目列示；“应交税费——待转销项税额”等科目期末贷方余额应根据情况，在资产负债表中的“其他流动负债”或“其他非流动负债”项目列示；“应交税费”科目下的“未交增值税”“简易计税”“转让金融商品应交增值税”“代扣代交增值税”等科目期末贷方余额应在资产负债表中的“应交税费”项目列示。

（9）“其他应付款”项目，反映企业应付、暂收其他单位或个人的款项，“其他应付款”项目，应根据“应付利息”、“应付股利”和“其他应付款”科目的期末余额合计数填列。

（10）“持有待售负债”项目，反映资产负债表日处置组中与划分为持有待售类别的资产直接相关的负债的期末账面价值。本项目应根据“持有待售负债”科目的期末余额填列。

（11）“一年内到期的非流动负债”项目，反映企业各种非流动负债在一年之内到期的金额，包括一年内到期的长期借款、长期应付款和应付债券、预计负债等。本项目应根据上述科目分析计算后填列。

（12）“其他流动负债”项目，反映企业除以上流动负债以外的其他流动负债。本项目应根据有关科目的期末余额填列。

（13）“流动负债合计”项目，将以上各流动负债项目的数额相加以合计数填入本项目。

（14）“长期借款”项目，反映企业借入尚未归还的 1 年期以上的各种借款。本项目应根据“长期借款”科目的期末余额，减去 1 年内到期的部分填列。

（15）“应付债券”项目，反映企业发行的尚未偿还的各种债券的本息。本项目应根据“应付债券”科目的期末余额，减去 1 年内到期的部分填列。

（16）“长期应付款”项目，反映资产负债表日企业除长期借款和应付债券以外的其他各种长期应付款项的期末账面价值。本项目应根据“长期应付款”科目的期末余额，减去相关的“未确认融资费用”科目的期末余额后的金额，以及“专项应付款”科目的期末余额填列。

（17）“预计负债”项目，反映企业预计负债的期末余额。本项目应根据“预计负债”科目的期末余额填列。

（18）“递延收益”项目中摊销期限只剩一年或不足一年的，或预计在一年内（含一年）进行摊销的部分，不得归类为流动负债，仍在本项目中填列，不转入“一年内到期的非流动负债”项目。

（19）“递延所得税负债”项目，反映企业确认的可抵扣暂时性差异产生的递延所得税负债。本项目应根据“递延所得税负债”科目的期末余额填列。

（20）“其他非流动负债”项目，反映除以上非流动负债项目以外的其他非流动负债。本项目应根据有关科目的期末余额填列。

上述非流动负债各项目中将于1年内到期的非流动负债，应在表中“一年内到期的非流动负债”项目内另行反映。上述非流动负债各项目均应根据有关科目期末余额扣除将于1年内到期偿还数后的余额填列。

（21）“非流动负债合计”项目，将“长期借款”“应付债券”“长期应付款”等非流动负债项目的数额之和填入本项目。

（22）“负债合计”项目，将“流动负债合计”项目与“非流动负债合计”项目的合计数填入本项目。

（三）所有者权益项目的填列方法

（1）“实收资本（股本）”项目，反映企业各投资者实际投入的资本总额。本项目应根据“股本（实收资本）”账户的期末贷方余额填列。

（2）“其他权益工具”项目，反映资产负债表日企业发行在外的除普通股以外分类为权益工具的金融工具的期末账面价值。对于资产负债表日企业发行的金融工具，分类为金融负债的，应在“应付债券”项目填列，对于优先股和永续债，还应在“应付债券”项目下的“优先股”项目和“永续债”项目分别填列；分类为权益工具的，应在“其他权益工具”项目填列，对于优先股和永续债，还应在“其他权益工具”项目下的“优先股”项目和“永续债”项目分别填列。

（3）“资本公积”项目，反映企业资本公积的期末余额。本项目应根据“资本公积”科目的期末余额填列。

（4）“库存股”项目，反映企业收购、转让或注销的本公司股份金额。本项目根据“库存股”账户期末借方余额填列。

（5）“其他综合收益”项目，应根据“其他综合收益”科目的期末余额填列。其他综合收益一般涉及三类业务：可供出售金融资产的公允价值变动、长期股权投资权益法下被投资人其他所有者权益的变动、投资性房地产公允价值模式下的转换。

（6）“专项储备”项目，反映高危行业企业按国家规定提取的安全生产费的期末账面价值。本项目应根据“专项储备”科目的期末余额填列。

（7）“盈余公积”项目，反映企业盈余公积的期末余额。本项目应根据“盈余公积”科目的期末余额填列。

（8）“未分配利润”项目，反映企业已实现而尚未分配的利润数额。1—11 月，本项目应根据“本年利润”科目的余额和“利润分配”科目的余额计算填列，如果以上两个科目均为贷方余额，则将二者之和填入本项目，如果“本年利润”科目为贷方余额，“利润分配”科目为借方余额，则以二者的差额填入本项目；贷方余额大于借方余额之差，用“+”数填列，贷方余额小于借方余额之差，用“–”数填列。年末，则根据“利润分配”科目的年末贷方余额直接填列本项目。该科目年末如为借方余额，则以“–”数填列。

（9）“所有者权益（或股东权益）合计”项目，反映企业所有者权益（或股东权益）总额，本项目根据上述所有者权益项目的合计数填列。

（10）“负债和所有者权益（或股东权益）总计”项目，将“负债合计”和“所有者权益（或股东权益）合计”两个项目的合计数填入本项目。

此外，资产负债表的补充资料部分应根据有关的明细科目账簿记录资料或备查簿的记录资料填列。

现以北京光华制造有限责任公司 2019 年 1 月份发生的经济业务数据（见表 3–2）为例，介绍利用 Excel 设置资产负债表的具体程序。

表 3–2　北京光华制造有限责任公司 2019 年 1 月经济业务数据　　单位：元

会计科目	期初余额		本期发生额		期末余额	
	借方	贷方	借方	贷方	借方	贷方
库存现金	10 760		10 000	10 100	10 660	
银行存款	73 280		2 212 952	105 410	2 180 822	
应收账款	24 000		22 600		46 600	
原材料	79 400		7 100	6 300	80 200	
库存商品	159 729		20 900	12 000	168 629	
固定资产	4 500 000		280 000		4 780 000	
累计折旧		82 160		10 200		92 360

续表

会计科目	期初余额		本期发生额		期末余额	
	借方	贷方	借方	贷方	借方	贷方
短期借款		28 000		400 000		428 000
应付账款		37 592	4 520	4 520		37 592
应付股利		14 600		359.4		14 959.4
应付职工薪酬		16 400	10 000	10 000		16 400
应交税费		34 721.22	910	5959.5		39 770.72
长期借款				1 200 000		1 200 000
实收资本		4 440 000		800 000		5 240 000
盈余公积		160 154.36		1 123.13		161 277.49
本年利润		39 387.06	27 107.5	31 600		43 879.56
利润分配	5 845.64		1 482.53		7 328.17	
生产成本			20 900	20 900		
制造费用			10 900	10 900		
合计	4 853 014.64	4 853 014.64	2 629 372.03	2 629 372.03	7 274 239.17	7 274 239.17

第一步

打开 Excel，新建一个工作簿，将工作表“Sheetl”和“Sheet2”重命名为“期末科目余额表”和“资产负债表”。并将表 3–2 中有关资产、负债及所有者权益类科目的余额输入“期末科目余额表”工作表中，然后另存为“期末科目余额表和资产负债表”文件，如图 3–1 所示。

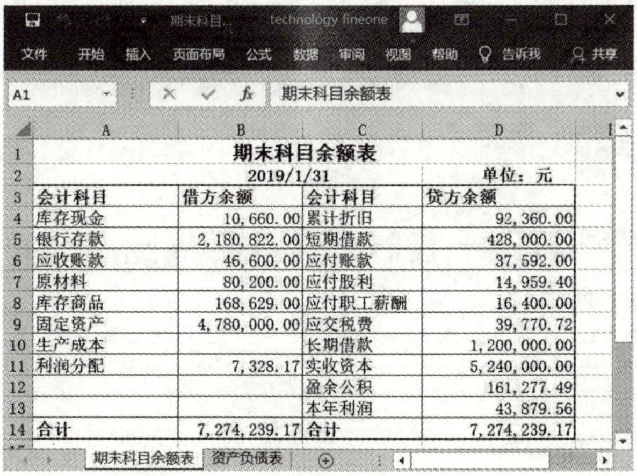

期末科目余额表			
2019/1/31			单位：元
会计科目	借方余额	会计科目	贷方余额
库存现金	10,660.00	累计折旧	92,360.00
银行存款	2,180,822.00	短期借款	428,000.00
应收账款	46,600.00	应付账款	37,592.00
原材料	80,200.00	应付股利	14,959.40
库存商品	168,629.00	应付职工薪酬	16,400.00
固定资产	4,780,000.00	应交税费	39,770.72
生产成本		长期借款	1,200,000.00
利润分配	7,328.17	实收资本	5,240,000.00
		盈余公积	161,277.49
		本年利润	43,879.56
合计	7,274,239.17	合计	7,274,239.17

图 3–1

第二步

打开“资产负债表”工作表，并输入资产负债表的相关内容，如图 3–2 所示。

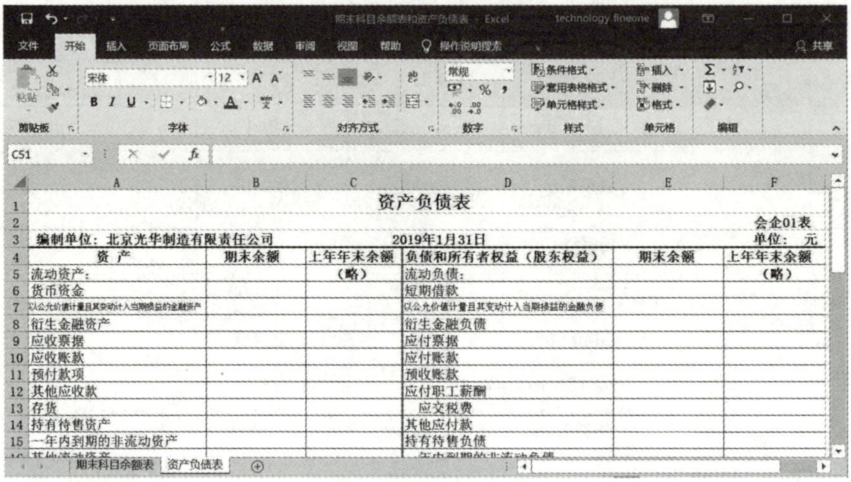

图 3–2

第三步

为了输入数据方便，打开重排窗口，具体操作如下：

（1）单击“视图”菜单中的“新建窗口”命令，如图 3–3 所示，生成一个备份的工作簿。

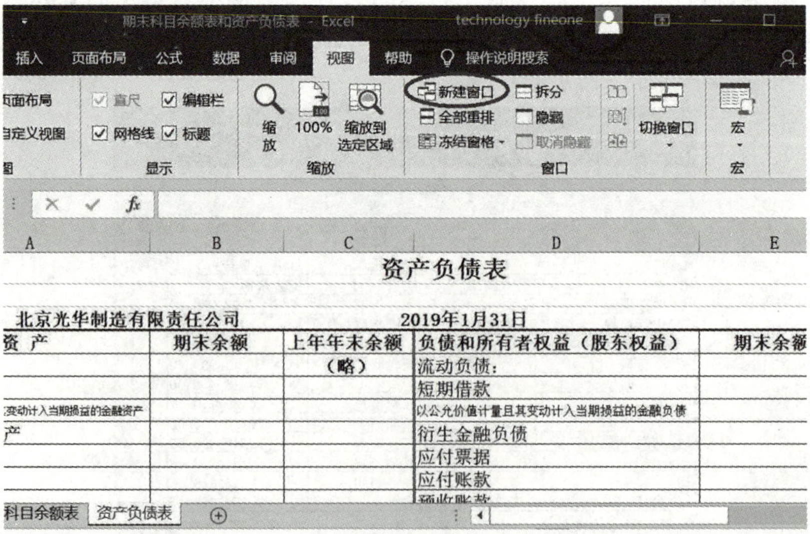

图 3–3

（2）再单击“视图”菜单，选择面板中的“全部重排”命令，如图 3–4 所示。在弹出的“重排窗口”对话框中选择窗口排列方式为“水平并排”，然后单击“确定”按钮，如图 3–5 所示。此时视窗中同时出现了两个工作簿，它们实际上是两个完全相同的工作簿，分别在工作簿名称后面用“1”和“2”来区分，如图 3–6 所示。

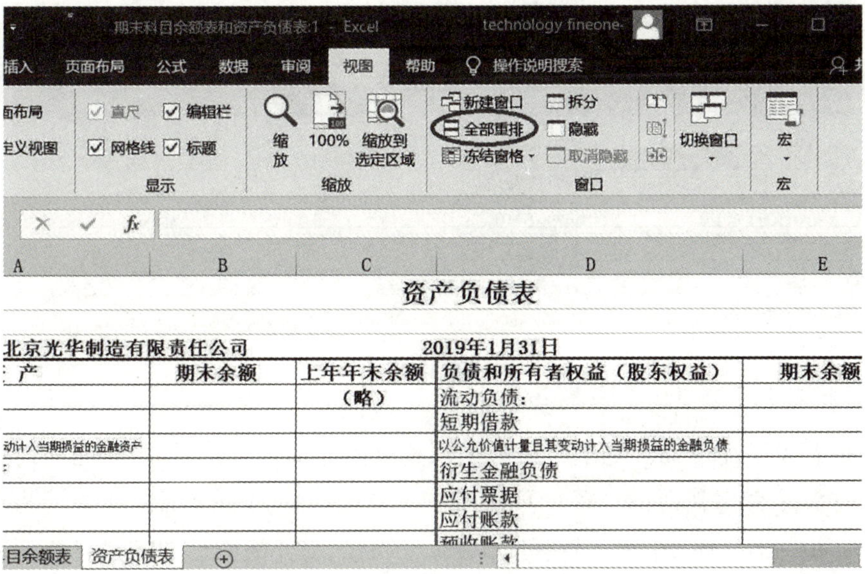

图 3–4

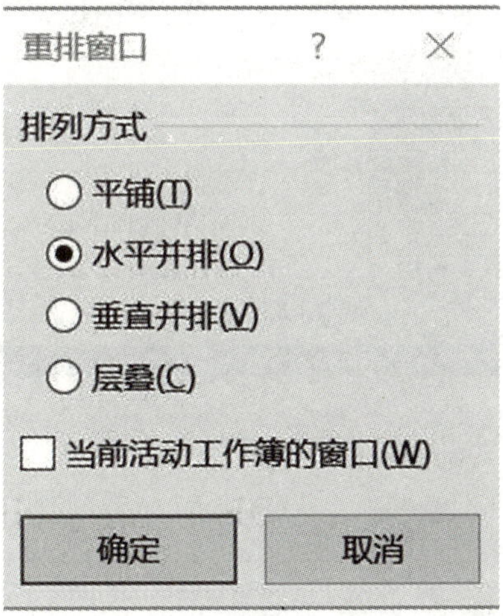

图 3–5

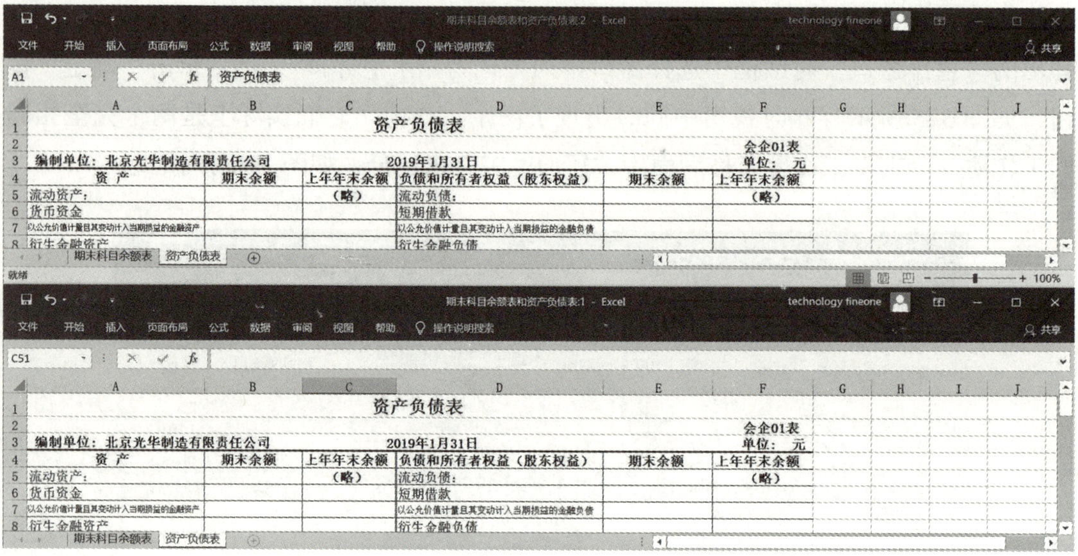

图 3–6

（3）将一个工作簿如“期末科目余额表和资产负债表：1”作为要输入计算公式的工作簿，并激活此工作簿的“资产负债表”工作表；而另一个工作簿如“期末科目余额表和资产负债表：2”作为原数据工作簿，激活此工作簿的“期末科目余额表”工作表，如图 3–7 所示。

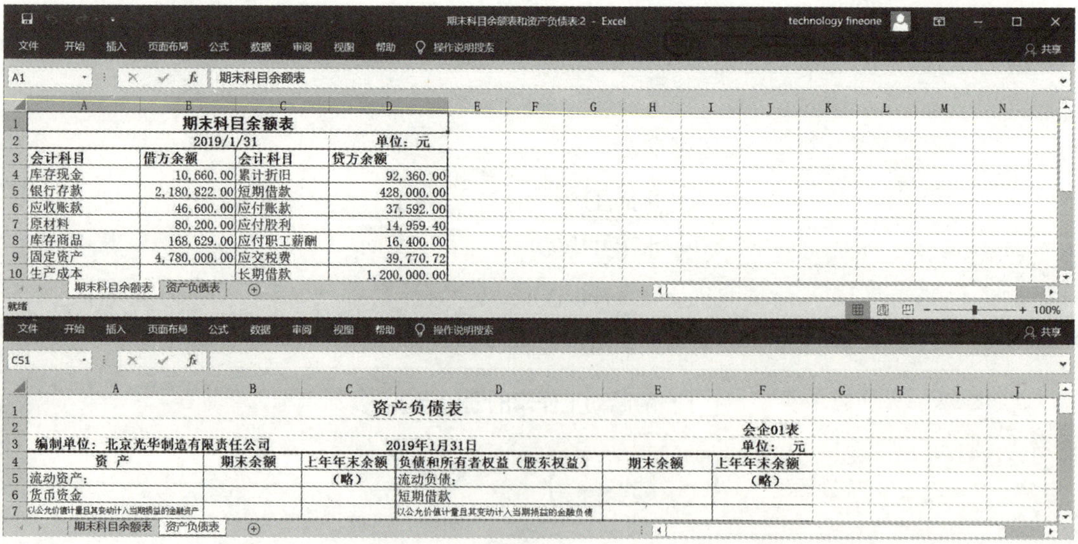

图 3–7

（4）为了防止当滚动一个工作簿的工作表时，另一个工作簿的工作表也同时出现滚动，应单击视图菜单中的“并排查看”命令，如图 3–8 所示。

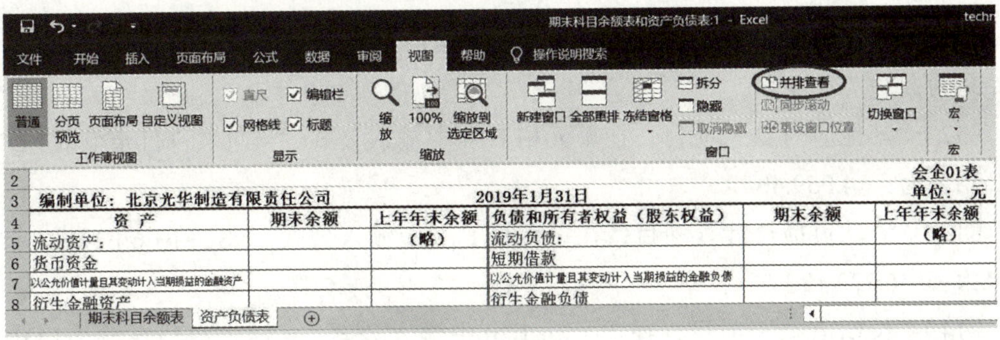

图 3–8

第四步

在“期末科目余额表和资产负债表：1”工作簿的“资产负债表”工作表上的单元格中输入资产负债表各个项目的期末数计算公式，具体内容如下：

（1）“货币资金”项目，在单元格 B6 中输入公式“= 期末科目余额表! B4+ 期末科目余额表! B5”，计算结果为：2,191,482.00。

（2）“应收账款”项目，在单元格 B10 中输入公式“= 期末科目余额表! B6”，计算结果为：46,600.00。

（3）“存货”项目，在单元格 B13 中输入公式“= 期末科目余额表! B7+ 期末科目余额表! B8+ 期末科目余额表! B10”，计算结果为：248,829.00。

（4）“流动资产合计”项目，在单元格 B17 中输入公式“=SUM(B6:B16)”，计算结果为：2,486,911.00。

（5）“固定资产”项目，在单元格 B24 中输入公式“= 期末科目余额表! B9– 期末科目余额表! D4”，计算结果为：4,687,640.00。

（6）“非流动资产合计”项目，在单元格 B34 中输入公式“=SUM(B19:B33)”，计算结果为：4,687,640.00。

（7）“资产总计”项目，在单元格 B43 中输入公式“=B17+B34”，计算结果为：7,174,551.00。

（8）“短期借款”项目，在单元格 E6 中输入公式“= 期末科目余额表! D5”，计算结果为：428,000.00。

（9）“应付账款”项目，在单元格 E10 中输入公式“= 期末科目余额表! D6”，计算结果为：37,592.00。

（10）“应付职工薪酬”项目，在单元格 E12 中输入公式“= 期末科目余额表! D8”，计算结果为：16,400.00。

（11）“应交税费”项目，在单元格 E13 中输入公式“= 期末科目余额表! D9”，计算结果为：39,770.72。

（12）“其他应付款”项目，在单元格 E14 中输入公式“= 期末科目余额表! D7”，计算结果为：14,959.40。

（13）“流动负债合计”项目，在单元格 E18 中输入公式“=SUM(E6:E17)”，计算结果为：536,722.12。

（14）“长期借款”项目，在单元格 E20 中输入公式“= 期末科目余额表! D10”，计算结果为：1,200,000.00。

（15）“非流动负债合计”项目，在单元格 E29 中输入公式“=SUM(E20:E28)”，计算结果为：1,200,000.00。

（16）“负债合计”项目，在单元格 E30 中输入公式“=E18+E29”，计算结果为：1,736,722.12。

（17）“实收资本（股本）”项目，在单元格 E32 中输入公式“= 期末科目余额表! D11”，计算结果为：5,240,000.00。

（18）“盈余公积”项目，在单元格 E40 中输入公式“= 期末科目余额表! D12”，计算结果为：161,277.49。

（19）“未分配利润”项目，在单元格 E41 中输入公式“= 期末科目余额表! D13–期末科目余额表! B11”，计算结果为：36,551.39。

（20）“所有者权益（股东权益）合计”项目，在单元格 E42 中输入公式“=E32+E33+E36+E38+E39+E40+E41”，计算结果为：5,437,828.88。

（21）“负债和所有者权益（股东权益）总计”项目，在单元格 E43 中输入公式“=E30+E42”，计算结果为：7,174,551.00。

第五步

单击“文件”菜单，在界面左侧选择“选项”命令，如图 3–9 所示。打开“Excel 选项”对话框，单击界面左侧“高级”选项卡，在界面右侧找到“在具有零值的单元格中显示零”选项并取消勾选，如图 3–10 所示。单击“确定”按钮，返回 Excel 数据表，这样就得到了北京光华制造有限责任公司 2019 年 1 月 31 日的资产负债表，并加上内框和外框，如图 3–11 所示。

第六步

保存资产负债表为模板（保存程序与项目一中保存记账凭证模板的程序一致），资产负债表模板生成后，以后各个月份编制资产负债表时，在完成期末总账科目余额表之后，就可以自动生成了。

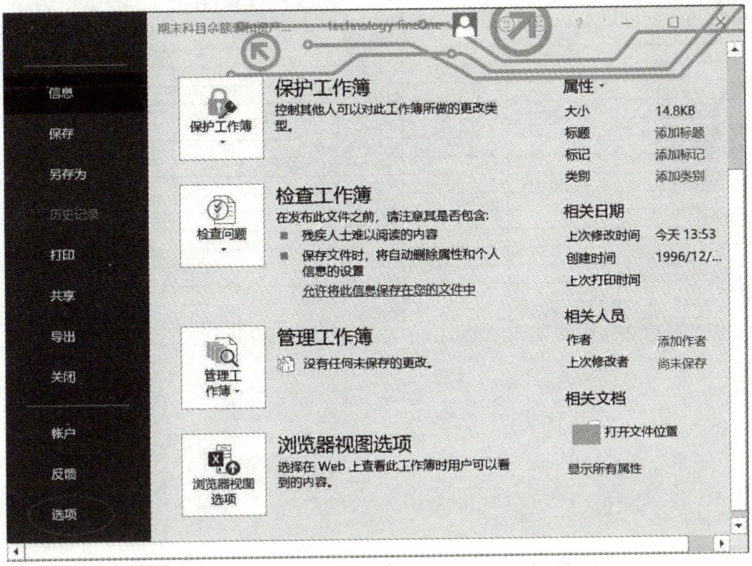

图 3–9

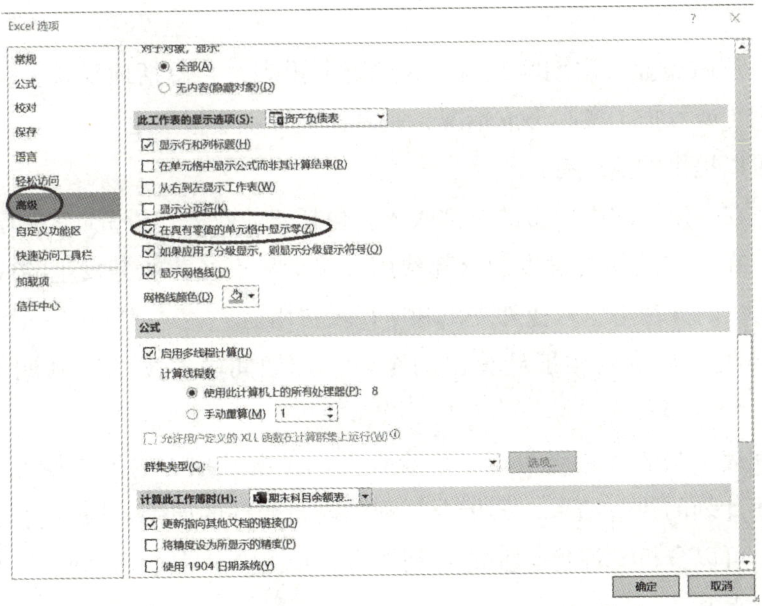

图 3–10

资产负债表

会企01表

编制单位：北京光华制造有限责任公司　　2019年1月31日　　单位：元

资 产	期末余额	上年年末余额	负债和所有者权益（股东权益）	期末余额	上年年末余额
流动资产：		（略）	流动负债：		（略）
货币资金	2,191,482.00		短期借款	428,000.00	
以公允价值计量且其变动计入当期损益的金融资产			以公允价值计量且其变动计入当期损益的金融负债		
衍生金融资产			衍生金融负债		
应收票据			应付票据		
应收账款	46,600.00		应付账款	37,592.00	
预付款项			预收账款		
其他应收款			应付职工薪酬	16,400.00	
存货	248,829.00		应交税费	39,770.72	
持有待售资产			其他应付款	14,959.40	
一年内到期的非流动资产			持有待售负债		
其他流动资产			一年内到期的非流动负债		
流动资产合计	2,486,911.00		其他流动负债		
非流动资产：			流动负债合计	536,722.12	
可供出售金融资产			非流动负债：		
持有至到期投资			长期借款	1,200,000.00	
长期应收款			应付债券		
长期股权投资			其中：优先股		
投资性房地产			永续债		
固定资产	4,687,640.00		长期应付款		

图 3–11

任务二　利润表的设置与编制

一、利润表的作用

利润表是反映企业一定期间经营成果的财务报表，它总括地反映了企业在某一特定期间内利润（或亏损）实际形成情况，是月报表、主要报表之一。

利润表可以提供的信息有：

（1）企业在一定期间内取得的全部收入，包括营业收入、投资收益和营业外收入。

（2）企业在一定期间内发生的全部费用，包括从事经营业务发生的成本、销售费用、管理费用、财务费用、营业外支出和所得税费用。

（3）全部收入与费用相抵计算出的企业一定期间内实现的净利润（或净亏损）总额。

通过利润表，报表使用者可以了解企业利润（或亏损）的形成情况，据以分析、考核企业利润计划的执行结果，分析企业利润增减变动的原因。通过利润表和其他报表有关资料，可以分析、评价企业的获利能力，预测企业在未来期间的盈利趋势和企业内部融资的能力。

二、利润表的格式

利润表由表首、表身和补充资料三部分组成。表首部分列示报表的名称、编制单位、货币计量单位和该表反映的年度、月份等内容；表身部分以若干个相互联系的报表项目反映编表期间企业收入、费用和利润的组成内容及总额；补充资料部分列示说明表内有关项目的必要补充项目。

根据《企业会计准则第 30 号——财务报表列报》的规定，企业利润表主表采用多步式格式。按照这一要求，企业净利润的计算分为以下五步进行：

第一步：以营业收入为基础，计算出营业利润。

营业利润 = 营业收入 – 营业成本 – 税金及附加 – 销售费用 – 管理费用 – 研发费用 – 财务费用 + 其他收益 + 投资收益（– 损失）+ 公允价值变动收益（– 损失）+ 资产减值损失（– 损失）+ 资产处置收益（– 损失）

第二步：以营业利润为基础，计算出利润总额。

利润总额 = 营业利润 + 营业外收入 – 营业外支出

第三步：以利润总额为基础，计算出净利润。

净利润 = 利润总额 – 所得税费用

第四步：以净利润为基础，计算每股收益。

第五步：以净利润和其他综合收益为基础，计算综合收益总额。

利润表的格式见表 3–3。

表 3–3 利润表

会企 02 表

编报单位： 年 月 单位：元

项目	本期金额	上期金额
一、营业收入		
减：营业成本		
税金及附加		
销售费用		
管理费用		
研发费用		
财务费用		
其中：利息费用		
利息收入		

续表

项目	本期金额	上期金额
加：其他收益		
投资收益（损失以“–”号填列）		
其中：对联营企业和合营企业的投资收益		
公允价值变动收益（损失以“–”号填列）		
资产减值损失（损失以“–”号填列）		
资产处置收益（损失以“–”号填列）		
二、营业利润（亏损以“–”号填列）		
加：营业外收入		
减：营业外支出		
三、利润总额（亏损总额以“–”号填列）		
减：所得税费用		
四、净利润（净亏损以“–”号填列）		
（一）持续经营净利润（净亏损以“–”号填列）		
（二）终止经营净利润（净亏损以“–”号填列）		
五、其他综合收益的税后净额		
（一）不能重分类进损益的其他综合收益		
1. 重新计量设定受益计划变动额		
2. 权益法下不能转损益的其他综合收益		
……		
（二）将重分类进损益的其他综合收益		
1. 权益法下可转损益的其他综合收益		
2. 可供出售金融资产公允价值变动损益		
3. 持有至到期投资重分类为可供出售金融资产损益		
4. 现金流量套期损益的有效部分		
5. 外币财务报表折算差额		
……		
六、综合收益总额		
七、每股收益：		
（一）基本每股收益		
（二）稀释每股收益		

利润表采用多步式的格式，即通过对当期的收入、费用、支出项目按性质加以归类，按利润形成的主要环节列示一些中间性利润指标，便于使用者理解企业经营成果的不同来源。

为便于报表使用者通过比较不同期间利润表的数据，判断企业经营成果的未来发展趋势，在利润表中分别设置“本期金额”和“上期金额”两栏。

三、利润表的编制方法

利润表中各个项目的“本期金额”根据有关收入和费用科目记录的本期实际发生数填列。各项目具体填列如下：

（1）“营业收入”项目，反映企业经营主要业务和其他业务所确认的收入总额等。本项目应根据“主营业务收入”科目和“其他业务收入”科目的发生额分析填列。

（2）“营业成本”项目，反映企业经营主要业务和其他业务所发生的总成本。本项目应根据“主营业务成本”科目和“其他业务成本”科目的发生额分析填列。

（3）“税金及附加”项目，反映企业经营活动发生的消费税、城市维护建设税、资源税、教育费附加及房产税、土地使用税、车船使用税、印花税等相关税费。本项目应根据“税金及附加”科目的发生额分析填列。

（4）“销售费用”项目，反映企业在销售商品过程中发生的包装费、广告费等各项费用和为销售本企业商品而专设的销售机构的职工薪酬、业务费等。本项目应根据“销售费用”科目的发生额分析填列。

（5）“管理费用”项目，反映企业为组织和管理生产经营活动而发生的各项费用。本项目应根据“管理费用”科目下除“研发费用”以外的明细科目的发生额分析填列。

（6）“研发费用”项目，反映企业进行研究与开发过程中发生的费用化支出，以及计入管理费用的自行开发无形资产的摊销。本项目应根据“管理费用”科目下的“研究费用”明细科目的发生额，以及“管理费用”科目下的“无形资产摊销”明细科目的发生额分析填列。

（7）“财务费用”项目，反映企业在筹集资金过程中所发生的财务费用。本项目应根据“财务费用”科目的发生额分析填列。

（8）“财务费用”项目下的“利息费用”项目，反映企业为筹集生产经营所需资金等而发生的应予费用化的利息支出。本项目应根据“财务费用”科目的相关明细科目的发生额分析填列。本项目作为“财务费用”项目的其中项，以正数填列。

（9）“财务费用”项目下的“利息收入”项目，反映企业按照相关会计准则确认的应冲减财务费用的利息收入。本项目应根据“财务费用”科目的相关明细科目的发生额分析填列。本项目作为“财务费用”项目的其中项，以正数填列。

（10）“其他收益”项目，反映计入其他收益的政府补助，以及其他与日常活动相关且计入其他收益的项目。本项目应根据“其他收益”科目的发生额分析填列。

（11）“投资收益”项目，反映企业以各种方式对外投资所取得的收益。本项目应根据“投资收益”科目的发生额分析填列，如为投资损失以“–”号填列。

（12）“公允价值变动收益”项目，反映企业应当计入当期损益的资产或负债公允价值变动收益。本项目应根据“公允价值变动收益”科目的发生额分析填列，如为净损失则用“–”数填列。

（13）“资产减值损失”项目，反映企业各项资产发生的减值损失。本项目应根据“资 产减值损失”科目的发生额分析填列。

（14）“资产处置收益”项目，反映企业出售划分为持有待售的非流动资产（金融工具、长期股权投资和投资性房地产除外）或处置组（子公司和业务除外）时确认的处置利得或损失，以及处置未划分为持有待售的固定资产、在建工程、生产性生物资产及无形资产而产生的处置利得或损失。债务重组中因处置非流动资产（金融工具、长期股权投资和投资性房地产除外）产生的利得或损失和非货币性资产交换中换出非流动资产（金融工具、长期股权投资和投资性房地产除外）产生的利得或损失也包括在本项目内。本项目应根据“资产处置损益”科目的发生额分析填列；如为处置损失，以“–”号填列。

（15）“营业利润”项目，反映企业在报告期内实现的营业利润总数。如为亏损额则用“–”数填列。

（16）“营业外收入”项目，反映企业发生的除营业利润以外的收益，主要包括与企业日常活动无关的政府补助、盘盈利得、捐赠利得（企业接受股东或股东的子公司直接或间接的捐赠，经济实质属于股东对企业的资本性投入的除外）等。本项目应根据“营业外收入”科目的发生额分析填列。

（17）“营业外支出”项目，反映企业发生的除营业利润以外的支出，主要包括公益性捐赠支出、非常损失、盘亏损失、非流动资产毁损报废损失等。本项目应根据“营业外支出”科目的发生额分析填列。“非流动资产毁损报废损失”通常包括因自然灾害发生毁损、已丧失使用功能等原因而报废清理产生的损失。企业在不同交易中形成的非流动资产毁损报废利得和损失不得相互抵销，应分别在“营业外收入”项目和“营业外支出”项目进行填列。

（18）“利润总额”项目，反映企业在报告期内实现的利润总数。如为亏损额则用“–”数填列。

（19）“所得税费用”项目，反映企业在报告期内，按规定从本期损益中减去的所得税费用。本项目根据“所得税费用”科目的发生额分析填列。

（20）“净利润”项目，反映企业报告期内实现的净利润，是根据利润总数减所得税而得。如为净亏损，则以“–”数填列。

（21）“（一）持续经营净利润”和“（二）终止经营净利润”项目，分别反映净利润中与持续经营相关的净利润和与终止经营相关的净利润；如为净亏损，以“–”号填列。这两个项目应按照《企业会计准则第 42 号——持有待售的非流动资产、处置组和终止经营》的相关规定分别列报。

（22）“其他综合收益的税后净额”项目，反映计入其他综合收益的可供出售金融资产公允价值变动、长期股权投资权益法下的其他所有者权益变动、投资性房地产公允模式下的转换等。本项目应根据“其他综合收益”科目的相关明细科目的发生额分析填列。

（23）“综合收益总额”项目，应根据“净利润”项目和“其他综合收益的税后净额”项目汇总后填列。

（24）“每股收益”项目，包括基本每股收益和稀释每股收益两项指标，反映普通股或潜在普通股已公开交易的企业，以及正处在公开发行普通股或潜在普通股过程中的企业的每股收益信息。基本每股收益和稀释每股收益项目应按照《企业会计准则第 34 号——每股收益》的规定计算填列。

企业应当根据上年同期利润表“本期金额”栏内所列数字填列本年度利润表的“上期金额”栏。如果企业上年该期利润表规定的项目名称和内容与本期不一致，应当对上年该期利润表相关项目的名称和金额按照本期的规定进行调整，填入“上期金额”栏。

现以北京光华制造有限责任公司 2019 年 1 月份发生的经济业务数据（见表 3–4）为例，假定企业的所得税税率为 25%，且无税前调整项目，介绍利用 Excel 设置利润表的具体程序。

表 3–4　北京光华制造有限责任公司 2019 年 1 月经济业务数据　　单位：元

会计科目	本期发生额		上年同期发生额	
	借方	贷方	借方	贷方
主营业务收入	30 000	30 000	134 600	134 600
主营业务成本	12 000	12 000	63 000	63 000
销售费用	1 000	1 000	2 000	2 000
税金及附加	510	510	1 560	15 60
管理费用	5 300	5 300	12 670	12 670
——研究费用	0	0	0	0
财务费用	500	500	2 400	2 400
——利息费用	0	0	0	0
——利息收入	0	0	0	0
营业外收入	1 200	1 200	10 500	10 500
营业外支出	6 000	6 000	7 500	7 500
其他业务收入	400	400	3 800	3 800
其他业务成本	300	300	1600	1 600
合计	57 210	57 210	23 9630	239 630

第一步

打开 Excel，新建一个工作簿，将工作表“Sheetl”和“Sheet2”重命名为“损益类科目数据”和“利润表”，并将表 3–4 中有关损益类科目的本期发生额输入“损益类科目数据”工作表中，然后另存为“损益类科目数据和利润表”文件，如图 3–12 所示。

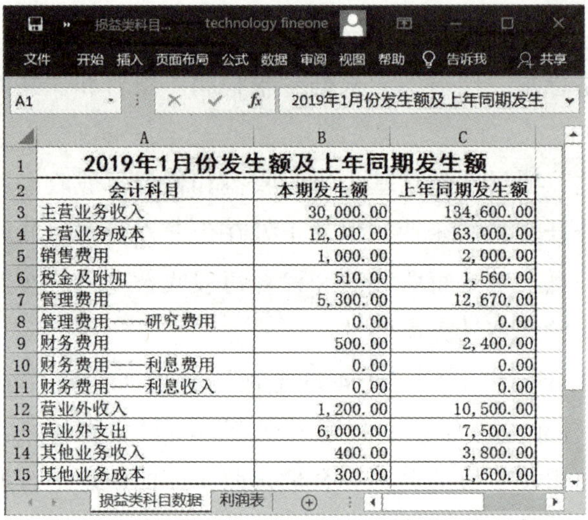

2019年1月份发生额及上年同期发生额		
会计科目	本期发生额	上年同期发生额
主营业务收入	30,000.00	134,600.00
主营业务成本	12,000.00	63,000.00
销售费用	1,000.00	2,000.00
税金及附加	510.00	1,560.00
管理费用	5,300.00	12,670.00
管理费用——研究费用	0.00	0.00
财务费用	500.00	2,400.00
财务费用——利息费用	0.00	0.00
财务费用——利息收入	0.00	0.00
营业外收入	1,200.00	10,500.00
营业外支出	6,000.00	7,500.00
其他业务收入	400.00	3,800.00
其他业务成本	300.00	1,600.00

图 3–12

第二步

打开“利润表”工作表，并输入利润表的相关内容，如图 3–13 所示。

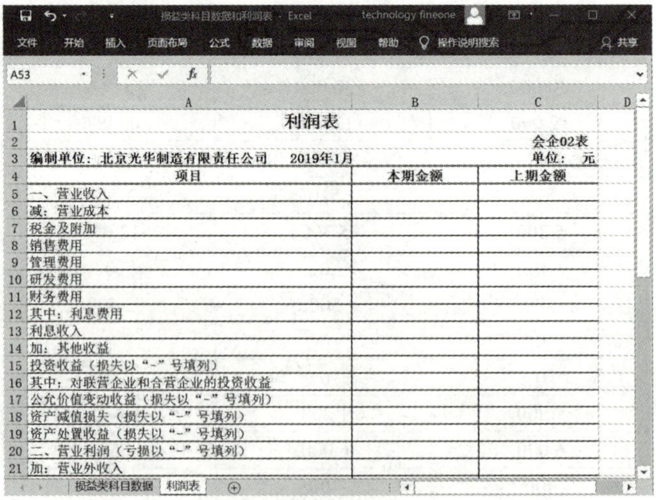

利润表		
		会企02表
编制单位：北京光华制造有限责任公司　2019年1月		单位：元
项目	本期金额	上期金额
一、营业收入		
减：营业成本		
税金及附加		
销售费用		
管理费用		
研发费用		
财务费用		
其中：利息费用		
利息收入		
加：其他收益		
投资收益（损失以“-”号填列）		
其中：对联营企业和合营企业的投资收益		
公允价值变动收益（损失以“-”号填列）		
资产减值损失（损失以“-”号填列）		
资产处置收益（损失以“-”号填列）		
二、营业利润（亏损以“-”号填列）		
加：营业外收入		

图 3–13

第三步

单击“视图”菜单，单击“新建窗口”命令，生成一个备份的工作簿。再单击“视图”菜单选择“全部重排”命令，在弹出的“重排窗口”对话框中选择“水平并排”，然后单击“确定”按钮，视窗中同时出现了两个工作簿，如图 3–14 所示，以便输入数据和计算公式。

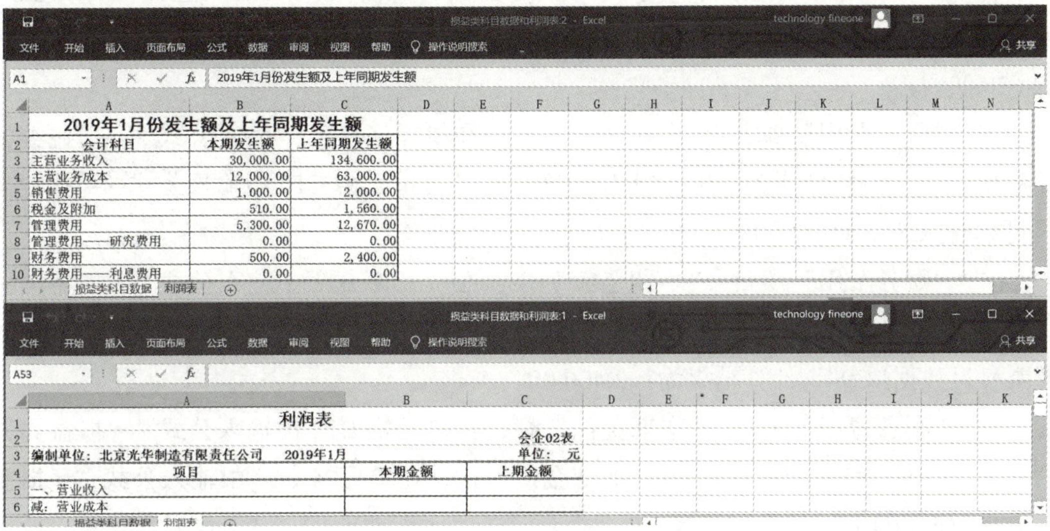

图 3–14

第四步

在“损益类科目数据和利润表：2”工作簿的“利润表”工作表上的单元格中输入利润表各个项目的期末数计算公式，具体内容如下：

（1）“营业收入”项目：“本期金额”栏，在单元格 B5 中输入公式“= 损益类科目数据! B3+ 损益类科目数据! B14”，计算结果为：30,400.00；“上期金额”栏，在单元格 C5 中输入公式“= 损益类科目数据! C3+ 损益类科目数据! C14”，计算结果为：138,400.00。

（2）“减：营业成本”项目：“本期金额”栏，在单元格 B6 中输入公式“= 损益类科目数据! B4+ 损益类科目数据! B13”，计算结果为：12,300.00；“上期金额”栏，在单元格 C6 中输入公式“= 损益类科目数据! C4+ 损益类科目数据! C13”，计算结果为：64,600.00。

（3）“税金及附加”项目：“本期金额”栏，在单元格 B7 中输入公式“= 损益类科目数据! B6”，计算结果为：510.00；“上期金额”栏，在单元格 C7 中输入公式“= 损益类科目数据! C6”，计算结果为：1,560.00。

（4）“销售费用”项目：“本期金额”栏，在单元格 B8 中输入公式“= 损益类科目数据! B5”，计算结果为：1,000.00 ；“上期金额”栏，在单元格 C8 中输入公式“= 损益类科目数据! C5”，计算结果为：2,000.00。

（5）“管理费用”项目：“本期金额”栏，在单元格 B9 中输入公式“= 损益类科目数据 !B7– 损益类科目数据 !B8”，计算结果为：5,300.00 ；“上期金额”栏，在单元格 C9 中输入公式“= 损益类科目数据! C7– 损益类科目数据! C8”，计算结果为：12,670.00。

（6）“研发费用”项目：“本期金额”栏，在单元格 B10 中输入公式“= 损益类科目数据 !B8”，计算结果为：0 ；“上期金额”栏，在单元格 C10 中输入公式“= 损益类科目数据! C8”，计算结果为：0。

（7）“财务费用”项目：“本期金额”栏，在单元格 B11 中输入公式“= 损益类科目数据! B9”，计算结果为：500.00 ；“上期金额”栏，在单元格 C11 中输入公式“= 损益类科目数据! C9”，计算结果为：2,400.00。

（8）“利息费用”项目：“本期金额”栏，在单元格 B12 中输入公式“= 损益类科目数据! B10”，计算结果为：0 ；“上期金额”栏，在单元格 C12 中输入公式“= 损益类科目数据! C10”，计算结果为：0。

（9）“利息收入”项目：“本期金额”栏，在单元格 B13 中输入公式“= 损益类科目数据! B11”，计算结果为：0 ；“上期金额”栏，在单元格 C13 中输入公式“= 损益类科目数据! C11”，计算结果为：0。

（10）“营业利润”项目：“本期金额”栏，在单元格 B20 中输入公式“=B5–SUM(B6:B11)+SUM(B14:B15)+SUM(B17:B19)”，计算结果为：10,790.00 ；“上期金额”栏，在单元格 C20 中输入公式“=C5–SUM(C6:C11)+SUM(C14:C15)+SUM(C17:C19)”，计算结果为：55,170.00。

（11）“营业外收入”项目：“本期金额”栏，在单元格 B21 中输入公式“= 损益类科目数据! B12”，计算结果为：1,200.00 ；“上期金额”栏，在单元格 C21 中输入公式“= 损益类科目数据! C12”，计算结果为：10,500.00。

（12）“营业外支出”项目：“本期金额”栏，在单元格 B22 中输入公式“= 损益类科目数据! B13”，计算结果为：6,000.00 ；“上期金额”栏，在单元格 C22 中输入公式“= 损益类科目数据! C13”，计算结果为：7,500.00。

（13）“利润总额”项目：“本期金额”栏，在单元格 B23 中输入公式“=B20+B21–B22”，计算结果为：5,990.00 ；“上期金额”栏，在单元格 C23 中输入公式“=

C20+C21–C22”，计算结果为：58,170.00。

（14）“所得税费用”项目：“本期金额”栏，在单元格 B24 中输入公式“=ROUND(B23*25%,2)”，计算结果为：1,497.50；“上期金额”栏，在单元格 C24 中输入公式“=ROUND(C23*25%,2)”，计算结果为：14,542.50。

（15）“净利润”项目：“本期金额”栏，在单元格 B25 中输入公式“=B23–B24”，计算结果为：4,492.50；“上期金额”栏，在单元格 C25 中输入公式“=C23–C24”，计算结果为：43,627.50。

第五步

单击“文件”菜单，在界面左侧选择“选项”命令，打开“选项”对话框，单击界面左侧“高级”选项卡，在界面右侧找到“在具有零值的单元格中显示零”选项并取消勾选，单击“确定”按钮，返回数据表，这样就得到了北京光华制造有限责任公司 2019 年 1 月份的利润表，并加上内框和外框，如图 3–15 所示。

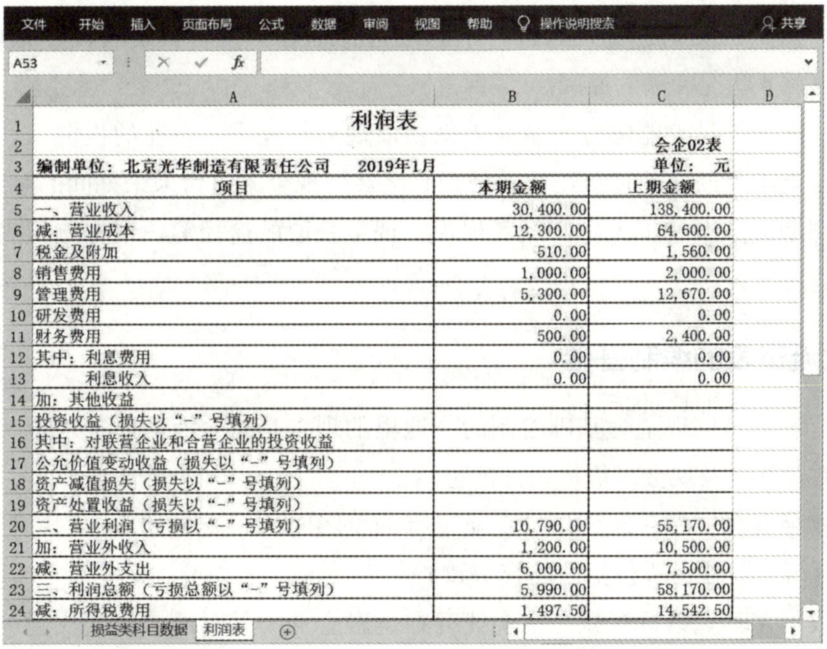

	A	B	C
1	利润表		
2			会企02表
3	编制单位：北京光华制造有限责任公司　2019年1月		单位：元
4	项目	本期金额	上期金额
5	一、营业收入	30, 400. 00	138, 400. 00
6	减：营业成本	12, 300. 00	64, 600. 00
7	税金及附加	510. 00	1, 560. 00
8	销售费用	1, 000. 00	2, 000. 00
9	管理费用	5, 300. 00	12, 670. 00
10	研发费用	0. 00	0. 00
11	财务费用	500. 00	2, 400. 00
12	其中：利息费用	0. 00	0. 00
13	利息收入	0. 00	0. 00
14	加：其他收益		
15	投资收益（损失以“–”号填列）		
16	其中：对联营企业和合营企业的投资收益		
17	公允价值变动收益（损失以“–”号填列）		
18	资产减值损失（损失以“–”号填列）		
19	资产处置收益（损失以“–”号填列）		
20	二、营业利润（亏损以“–”号填列）	10, 790. 00	55, 170. 00
21	加：营业外收入	1, 200. 00	10, 500. 00
22	减：营业外支出	6, 000. 00	7, 500. 00
23	三、利润总额（亏损总额以“–”号填列）	5, 990. 00	58, 170. 00
24	减：所得税费用	1, 497. 50	14, 542. 50

图 3–15

第六步

保存利润表为模板（保存程序同项目一中保存记账凭证模板的程序一致），利润表模板生成后，以后各个月份编制利润表时在完成损益类科目数据的本期发生额和本年累计发生额之后，就可以自动生成了。

任务三　现金流量表的设置与编制

一、现金流量表概述

现金流量表是反映企业在一定会计期间现金收入和支出情况的财务报表，是以现金为基础编制并按收付实现制原则编制的财务状况变动表，是年报表、主要报表之一。

前述资产负债表和利润表在提供会计信息方面都起了十分重要的作用，但是也都存在一定局限性。利润表反映了企业在一定会计期间内实现的利润，但不能保证有足够的赖以生存的现金，因为利润并非现金。资产负债表说明了某一特定日期资产和权益变动的结果，并显示了企业的偿债能力，但并不能反映其变动的过程和变动的原因。而现金流量表的编制可以弥补这两种财务报表的不足。它不仅综合地反映了企业净利润与现金净流量的关系，而且通过对不同经营管理业务活动引发的现金流量的披露，揭示了企业财务状况变动的原因。

此外，现金流量表能够分析企业未来获取现金的能力。企业的投资人和债权人最为关注的是企业经过一段时间经营后是否有足够的现金来支付未来期间的利息和利润，清偿各种到期债务以及扩大生产经营规模、现金获取的途径等。现金流量表恰好可以反映这些信息。

二、现金流量表的编制基础

现金流量表是以现金为基础编制的。这里的现金是指企业的库存现金、可以随时用于支付的存款以及现金等价物，具体包括：

（1）库存现金。库存现金是指企业持有的可随时用于支付的现金限额，与会计核算中“库存现金”科目所包括的内容一致。

（2）银行存款。银行存款是指企业存在金融企业中随时可以用于支付的存款。它与会计核算中“银行存款”科目所包括的内容基本一致，区别在于：如果存在金融企业的款项中有不能随时用于支付的存款，如不能随时支取的定期存款，则不作为现金流量表中的现金。

（3）其他货币资金。其他货币资金是指企业存在金融企业有特定用途的资金，如银行汇票存款、信用卡存款等。

（4）现金等价物。现金等价物是指企业持有的期限短、流动性强、易于转换为已知金额的现金、价值变动风险很小的投资。现金等价物虽然不是现金，但其支付能力与现金的差别不大，可视为现金。现金等价物通常是指在3个月或更短时间内到期或可转换为现金的短期债权性投资，现金等价物的范围一经确定，不得随意变更。

三、现金流量的分类

按照企业经营管理业务的不同性质，可以将现金流量分为以下三类：

一是经营活动产生的现金流量。经营活动是指企业投资活动和筹资活动以外的交易和事项，主要包括销售商品或提供劳务、购买商品或接受劳务、支付工资、缴纳税款等流入及流出的现金和现金等价物。

二是投资活动产生的现金流量。投资活动是指企业长期资产的购建和不包括在现金等价物范围内的投资及其处置活动，主要包括购建固定资产、处置子公司及其他营业单位等流入及流出的现金和现金等价物。

三是筹资活动产生的现金流量。筹资活动是指导致企业资本及债务规模和构成发生变化的活动，包括吸收投资、发行股票、分配利润、发行债券、偿还债务等流入及流出的现金和现金等价物。偿还应付账款、应付票据等应付款项属于经营活动，不属于筹资活动。

对于企业日常活动之外的，不经常发生的特殊项目，如自然灾害损失、保险赔款、捐赠等，应当在现金流量表中归并相关类别中，并单独反映。

四、现金流量的结构

根据《企业会计准则第31号——现金流量表》的规定，我国现金流量表采用报告式结构，分类反映经营活动产生的现金流量、投资活动产生的现金流量和筹资活动产生的现金流量，最后汇总反映企业某一期间现金及现金等价物的净增加额。我国现金流量的基本格式见表3–5。同时企业应采用间接法在现金流量表附注中披露将净利润调节为经营活动现金流量的信息，现金流量表附注的格式见表3–6。

表3–5 现金流量表 会企03表

编报单位： 年 月 单位：元

项目	本期金额	上期金额
一、经营活动产生的现金流量：		

续表

项目	本期金额	上期金额
销售商品、提供劳务收到的现金		
收到的税费返还		
收到的其他与经营活动有关的现金		
经营活动现金流入小计		
购买商品、接受劳务支付的现金		
支付给职工以及为职工支付的现金		
支付的各项税费		
支付的其他与经营活动有关的现金		
经营活动现金流出小计		
经营活动产生的现金流量净额		
二、投资活动产生的现金流量：		
收回投资所收到的现金		
取得投资收益所收到的现金		
处置固定资产、无形资产和其他长期资产所收到的现金净额		
处置子公司和其他营业单位收到的现金净额		
收到的其他与投资活动有关的现金		
投资活动现金流入小计		
购建固定资产、无形资产和其他长期资产所支付的现金		
投资所支付的现金		
取得子公司和其他营业单位支付的现金净额		
支付的其他与投资活动有关的现金		
投资活动现金流出小计		
投资活动产生的现金流量净额		
三、筹资活动产生的现金流量：		
吸收投资收到的现金		
取得借款收到的现金		
收到的其他与筹资活动有关的现金		
筹资活动现金流入小计		

续表

项目	本期金额	上期金额
偿还债务所支付的现金		
分配股利、利润和偿付利息所支付的现金		
支付的其他与筹资活动有关的现金		
筹资活动现金流出小计		
筹资活动产生的现金流量净额		
四、汇率变动对现金及现金等价物的影响		
五、现金及现金等价物净增加额		
加：期初现金及现金等价物余额		
六、期末现金及现金等价物余额		

表 3–6 现金流量表附注

补充资料	本期金额	上期金额
1. 将净利润调节为经营活动现金流量：		
净利润		
加：计提的资产损失准备		
固定资产折旧		
无形资产摊销		
长期待摊费用摊销		
处置固定资产、无形资产和其他长期资产的损失（收益以“–”填列）		
固定资产报废损失（收益以“–”填列）		
公允价值变动损失（收益以“–”填列）		
财务费用（收益以“–”填列）		
投资损失（收益以“–”填列）		
递延所得税资产减少（增加以“–”填列）		
递延所得税负债增加（减少以“–”填列）		
存货的减少（减少以“–”填列）		
经营性应收项目的减少（减少以“–”填列）		
经营性应付项目的增加（减少以“–”填列）		
其他		

续表

补充资料	本期金额	上期金额
经营活动产生的现金流量净额		
2. 不涉及现金收支的重大投资和筹资活动：		
债务转为资本		
一年内到期的可转换公司债券		
融资租入固定资产		
3. 现金及现金等价物净变动情况：		
现金的期末金额		
减：现金的期初金额		
加：现金等价物期末金额		
减：现金等价物期初金额		
现金及现金等价物净增加额		

五、现金流量表的编制方法

（一）经营活动产生的现金流量的编制方法

1. 直接法和间接法

经营活动产生的现金流量是一项重要的指标，它可以说明企业在不动用外部筹资的情况下，通过自身的经营管理活动所产生的现金流量是否足以偿还负债、支付利润和对外投资。经营活动产生的现金流量通常可以采用直接法和间接法两种方法反映。

直接法是通过现金收入和现金支出的主要类别反映来自经营管理活动的现金流量。采用直接法编制经营活动产生的现金流量时，一般以利润表中的营业收入为起算点，调整与经营管理活动有关的项目的增减变动，然后计算出经营活动产生的现金流量。

间接法是以本期净利润为起算点，调整不涉及现金的收入、费用、营业外收支等有关项目的增减变动，据此计算出经营管理活动的现金流量。采用间接法提供的信息有助于评价企业未来现金流量。

我国《企业会计准则第31号——现金流量表》中规定，现金流量表以直接法编制，但在现金流量表的补充资料中还单独采用间接法反映经营活动产生的现金流量的情况。

2. 经营活动现金流量各项目的填列

（1）“销售商品、提供劳务收到的现金”项目，反映企业销售商品、提供劳务实际收到的现金（含销售收入和应向购买者收取的增值税额），包括本期销售商品、提供劳务收到的现金，以及前期销售和前期提供劳务本期收到的现金及本期预收的账款，扣除本期退回本期销售的商品和前期销售本期退回的商品支付的现金。企业销售材料等其他业务活动所收到的现金，也在本项目中反映。

（2）“收到的税费返还”项目，反映企业收到返还的各项税费，如收到的增值税、所得税、教育费附加返还等。

（3）“收到的其他与经营活动有关的现金”项目，反映企业除了上述各项目外，收到的其他与经营活动有关的现金流入，如罚款收入等。其他现金流入如价值较大，应单列项目反映。

（4）“购买商品、接受劳务支付的现金”项目，反映企业购买商品、接受劳务实际支付的现金，包括本期购入商品、接受劳务支付的现金（包括增值税进项税额），以及本期支付前期购入商品、接受劳务的未付款项和本期预付款项。

（5）“支付给职工以及为职工支付的现金”项目，反映企业实际支付给职工以及为职工支付的现金，包括本期实际支付给职工的工资、奖金、各种津贴和补贴等，以及为职工支付的养老保险、待业保险、补充养老保、住房公积金、支付给职工的住房困难补助等。本项目不包括支付给离退休人员的各项费用和支付给在建工程人员的工资及相关费用。企业支付给离退休人员的各项费用，包括支付的统筹退休金以及未参加统筹的退休人员的费用，在“支付其他与经营活动有关的现金”项目中反映；支付给在建工程人员的工资及相关费用在“购建固定资产、无形资产和其他长期资产支付的现金”项目中反映。

（6）“支付的各项税费”项目，反映企业当期实际上缴税务部门的各种税金，以及支付的教育费附加、印花税、车船使用税等，不包括计入固定资产价值、实际支付的耕地占用税等。

（7）“支付的其他与经营活动有关的现金”项目，反映企业除了上述各项目外，支付的其他与经营活动有关的现金支出，如罚款支出、业务招待费支出、支付差旅费、支付保险费等。其他现金流出如价值较大，应单列项目反映。

（二）投资活动产生的现金流量的编制方法

现金流量表中的投资活动比通常所指的长、短期投资的范围要广，还包括购买与处置固定资产、无形资产和其他长期资产。

（1）“收回投资所收到的现金”项目，反映企业出售、转让或到期收回除现金等价物以外的短期投资、长期股权投资而收到的现金，以及收回长期债权投资本金而收到的现金。不包括长期债权投资收到的利息，以及收回的非现金资产。

（2）“取得投资收益所收到的现金”项目，反映企业因各种投资而分得的现金股利、利润、利息等。

（3）“处置固定资产、无形资产和其他长期资产所收到的现金净额”项目，反映企业处置固定资产、无形资产和其他长期资产收回的现金，扣除为处置这些资产而支付的有关费用后的净额。由于自然灾害所造成的固定资产等长期资产损失而收到的保险赔偿收入，也在本项目中反映。

（4）“收到的其他与投资活动有关的现金”项目，反映企业除了上述各项以外，收到的其他与投资活动有关的现金流入。收到购买股票和债券时支付的已宣告但尚未领取的现金股利或已到付息期但尚未领取的债券利息，应在本项目中反映。其他现金流入如价值较大，应单列项目反映。

（5）“购建固定资产、无形资产和其他长期资产所支付的现金”项目，反映企业购买、建造固定资产，取得无形资产和其他长期资产支付的现金，不包括为购建固定资产而发生的借款利息资本化的部分，以及融资租入固定资产支付的租赁费。借款利息和融资租入固定资产支付的租赁费，在“筹资活动中产生的现金流量”中单独反映。以分期付款方式购建的固定资产，其首次付款支付的现金作为投资活动的现金流出，以后各期支付的现金作为筹资活动的现金流出。

（6）“投资所支付的现金”项目，反映企业进行各种性质的投资所支付的现金。包括企业取得的除现金等价物以外的短期股票投资、长期股权投资支付的现金、长期债券投资支付的现金，以及支付的佣金、手续费等附加费用。

（7）“支付的其他与投资活动有关的现金”项目，反映企业除了上述各项以外，支付的其他与投资活动有关的现金流出。企业购买股票和债券时，实际支付的价款中包含的已宣告但尚未领取的现金股利或已到付息期，但尚未领取的债券利息，应在本项目中反映。其他现金流出如价值较大，应单列项目反映。

（三）筹资活动产生的现金流量的编制方法

现金流量表需要单独反映筹资活动产生的现金流量，通过现金流量中反映的筹资活动的现金流量，可以帮助投资者和债权人预计对企业未来现金流量的要求权，以及获得前期现金流入而付出的代价。

（1）“吸收投资所收到的现金”项目，反映企业收到的投资者投入的现金，包括以发行股票方式筹集的资金实际收到的股款净额（发行收入减去支付的佣金等发行费用后的净额）、发行债券实际收到的现金净额等。以发行股票方式筹集资金而由企业直接支付的审计、咨询等费用，以及发行债券支付的发行费用在“支付的其他筹资活动有关的现金”项目反映。

（2）“取得借款收到的现金”项目，反映企业向银行或其他金融机构等举借的各种短期、长期借款所收到的现金。

（3）“收到的其他与筹资活动有关的现金”项目，反映企业除上述各项目外，收到的其他与筹资活动有关的现金流入，如接受现金捐赠等。其他现金流入如价值较大，应单列项目反映。

（4）“偿还债务支付的现金”项目，反映企业以现金偿还债务的本金，包括偿还银行或其他金融机构等的本金、偿还债券本金等。企业偿还的借款利息、债券利息，在“分配股利、利润和偿付利息所支付的现金”项目中反映，不包括在本项目中。

（5）“分配股利、利润和偿付利息所支付的现金”项目，反映企业实际支付的现金股利、利润，以及支付给其他投资者的利息。

（6）“支付的其他与筹资活动有关的现金”项目，反映企业除了上述各项外，支付的其他与筹资活动有关的现金流出，如捐赠现金支出等。其他现金流出如价值较大，应单列项目反映。

（四）补充资料项目的填列

补充资料中的“将净利润调解为经营活动的现金流量”，实际上是以间接法编制的经营活动的现金流量。间接法以净利润为出发点，净利润是利润表上反映的数字，是按照权责发生制确定的，其中有些收入、费用项目并没有实际发生现金流入和流出，通过对这些项目进行调整，即可将净利润调整为经营活动现金流量。采用间接法将净利润调整为经营活动的现金流量时，需要调整的项目可分为以下四类：

（1）实际没有支付现金的费用。

（2）实际没有收到现金的收益。

（3）不属于经营活动的损益。

（4）经营性应收应付项目的增减变动。

由于我国现行大多数企业的经营规模较小、业务相对集中，涉及现金流量表补充资料项目并不多，因此本书就不再对这些项目逐一阐述其填列方法。在具体编制现金流量表时，可以利用工作底稿或T形科目进行编制，也可以直接根据有关科目记录（即日记账）分析填列。

下面以北京光华制造有限责任公司2019年1月份发生的经济业务数据所填制的日记账为例，利用Excel设置现金流量表，其具体程序如下：

第一步

激活“会计账簿”工作簿，并打开“日记账”工作表，并在 J 列增加一列“现金流量分类”数据，然后在 L 列的单元格中输入现金流量表项目名称，如图 3–16 所示。

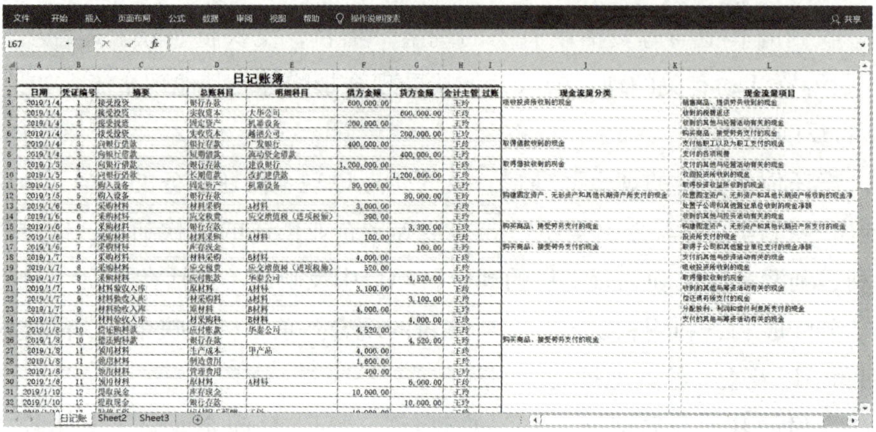

图 3–16

第二步

选取单元格区域 J3:J89，选择菜单栏中“数据”选项，单击“数据验证”命令。打开“数据验证”对话框，在“设置”选项卡中的“允许”下拉列表中选择“序列”，在“来源”文本框中输入“=$L$3:$L$24”，如图 3–17 所示。在“输入信息”选项卡的“输入信息”中输入“选择现金流量项目分类”，单击“确定”按钮，如图 3–18 所示。这样，在输入每笔会计分录时，就可以对该笔会计分录的现金流量进行分类，如图 3–19 所示。

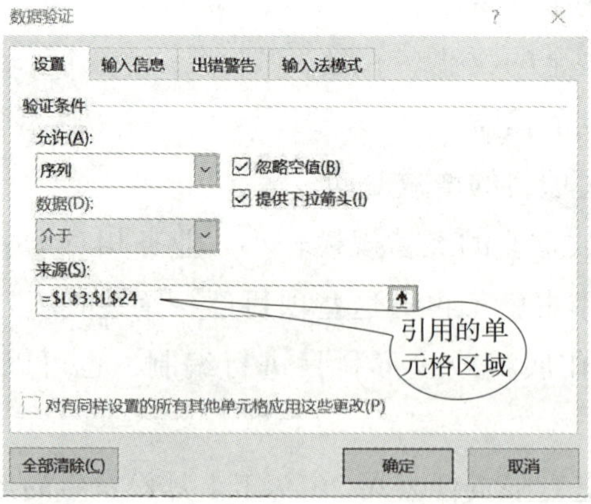

图 3–17

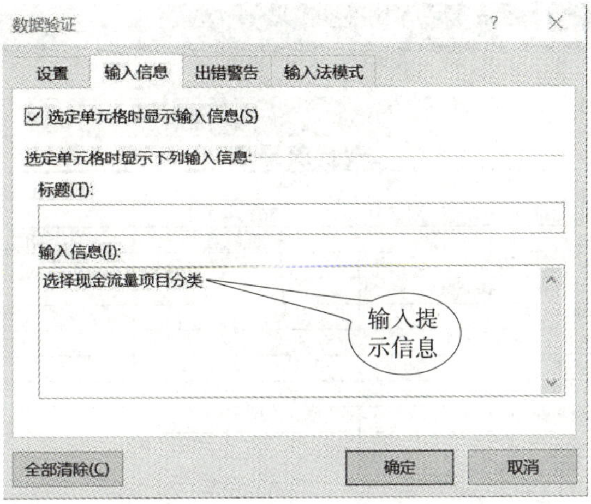

图 3–18

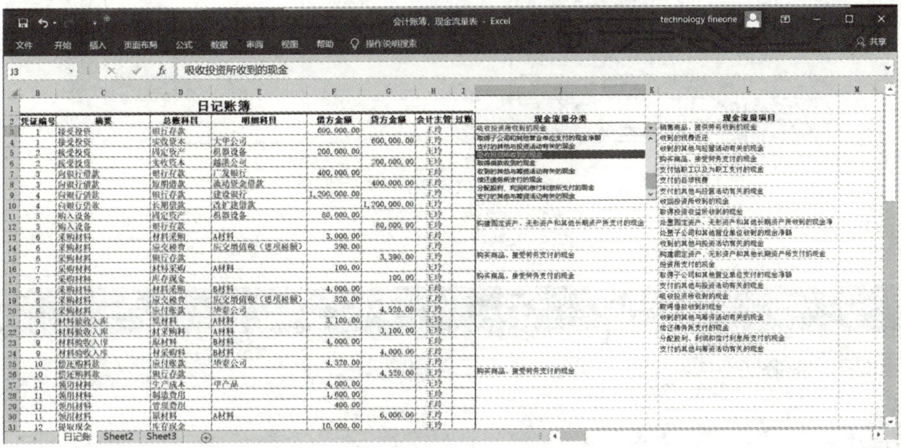

图 3–19

第三步

激活“会计账簿”工作簿，打开“Sheet2”工作表，将其重命名为“现金流量表”，按表 3–5 格式设置现金流量表，如图 3–20 所示。

第四步

单击“视图”菜单，选择“新建窗口”命令，生成一个备份的工作簿。再单击“视图”菜单选择“全部重排”命令，在弹出的“重排窗口”对话框中选择“水平并排”，然后单击“确定”按钮，此时视窗中同时出现了两个工作簿，如图 3–21 所示，以便输入数据和计算公式。

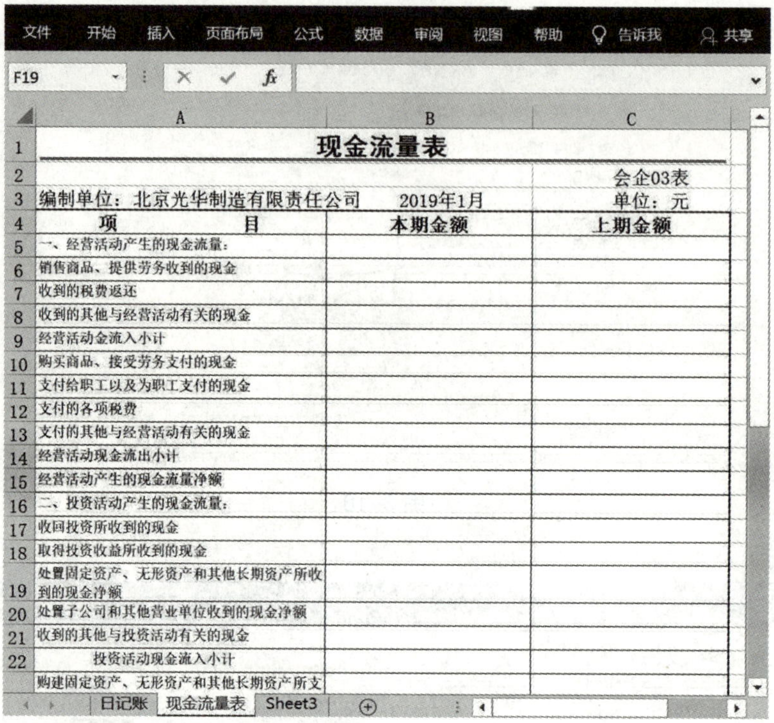

图 3–20

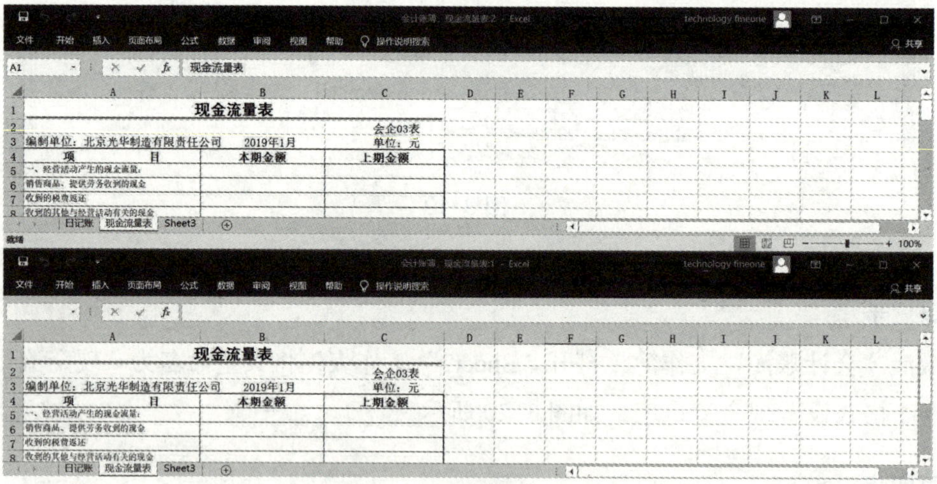

图 3–21

第五步

在“会计账簿：2”工作簿的“现金流量表”工作表上的单元格中输入现金流量表

各个项目的本期金额计算公式，具体内容如下：

（1）在单元格B6中输入公式“=SUMIF(日记账!$J$3:$J$89,A6，日记账!$F$3:$F$89)”，然后将其分别填充复制到单元格区域B7:B8、单元格区域B17:B21和单元格区域B30:B32。

（2）在单元格B10中输入公式“=SUMIF(日记账!$J$3:$J$89,A10，日记账!$G$3:$G$89”，然后将其分别填充复制到单元格区域B11:B13、单元格区域B23:B26和单元格区域B34:B36。

（3）在单元格B9中输入公式“=SUM(B6:B8)”。

（4）在单元格B14中输入公式“=SUM(B10:B13)”。

（5）在单元格B15中输入公式“=B9–B14”。

（6）在单元格B22中输入公式“=SUM(B17:B21)”。

（7）在单元格B27中输入公式“=SUM(B23:B26)”。

（8）在单元格B28中输入公式“=B22–B27”。

（9）在单元格B33中输入公式“=SUM(B30:B32)”。

（10）在单元格B37中输入公式“=SUM(B34:B36)”。

（11）在单元格B38中输入公式“=B33–B37”。

（12）在单元格B39中输入汇率变动对现金及现金等价物的影响的实际数。

（13）在单元格B40中输入公式“=B15+B28+B38+B39”。

（14）在单元格B41中输入企业期初现金及现金等价物余额。

（15）在单元格B42中输入公式“=SUM(B40:B41)”。

至此，现金流量表“本期金额”栏的取数格式和表内计算公式就输入完毕，而“上期金额”的数据直接根据上期现金流量表的“本期金额”数据复制填充即可，得现金流量表如图3–22所示。

第六步

对工作表进行保护，并隐藏不必要的行和列，保存现金流量表为模板（保存程序与项目一中保存记账凭证模板的程序一致），现金流量表模板生成后，以后各个月份登记日记账时，在完成日记账的登记和现金流量分类之后，就可以自动生成了。

此外，对于补充资料的数据，基本上是根据资产负债表和利润表的有关数据分析填列即可，在此不再赘述。

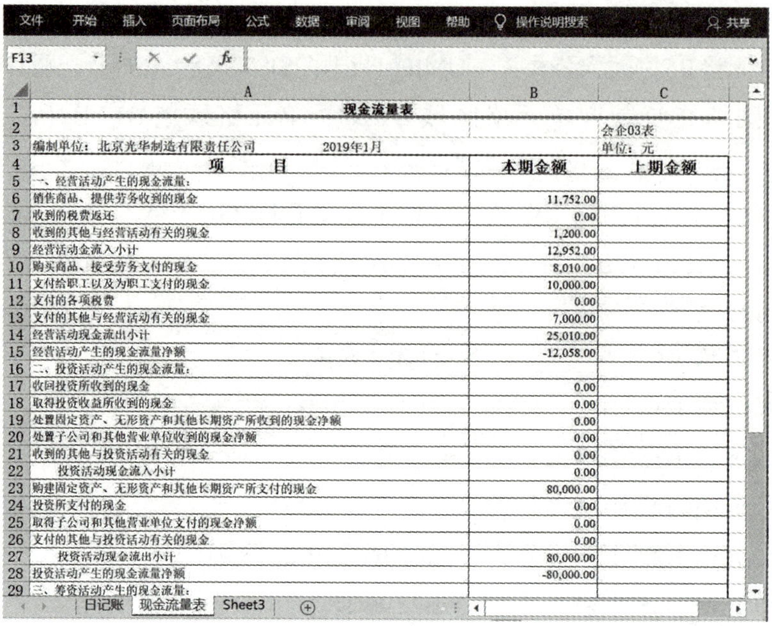

	A	B	C
1	现金流量表		
2			会企03表
3	编制单位：北京光华制造有限责任公司 2019年1月		单位：元
4	项目	本期金额	上期金额
5	一、经营活动产生的现金流量：		
6	销售商品、提供劳务收到的现金	11,752.00	
7	收到的税费返还	0.00	
8	收到的其他与经营活动有关的现金	1,200.00	
9	经营活动金流入小计	12,952.00	
10	购买商品、接受劳务支付的现金	8,010.00	
11	支付给职工以及为职工支付的现金	10,000.00	
12	支付的各项税费	0.00	
13	支付的其他与经营活动有关的现金	7,000.00	
14	经营活动现金流出小计	25,010.00	
15	经营活动产生的现金流量净额	-12,058.00	
16	二、投资活动产生的现金流量：		
17	收回投资所收到的现金	0.00	
18	取得投资收益所收到的现金	0.00	
19	处置固定资产、无形资产和其他长期资产所收到的现金净额	0.00	
20	处置子公司和其他营业单位收到的现金净额	0.00	
21	收到的其他与投资活动有关的现金	0.00	
22	投资活动现金流入小计	0.00	
23	购建固定资产、无形资产和其他长期资产所支付的现金	80,000.00	
24	投资所支付的现金	0.00	
25	取得子公司和其他营业单位支付的现金净额	0.00	
26	支付的其他与投资活动有关的现金	0.00	
27	投资活动现金流出小计	80,000.00	
28	投资活动产生的现金流量净额	-80,000.00	
29	三、筹资活动产生的现金流量：		

图 3–22

任务驱动

根据项目一任务驱动中北京华天制造有限责任公司 2019 年 1 月份发生的经济业务数据，利用 Excel 完成以下任务：

（1）设置北京华天制造有限责任公司 2019 年 1 月份的记账凭证清单。

（2）根据记账凭证清单生成总账科目余额表。

（3）利用总账科目余额表编制公司的资产负债表和利润表。

（4）根据日记账编制现金流量表。

项目四

财务报表分析

项目综述：

财务报表是企业财务会计的最终工作成果，其中包含着大量有关企业经营活动过程和结果的高度浓缩的信息。不论财务报表编得多么准确、精细，也不论财务报表上的数据如何重要，要进行有效决策，还需对报表进行深入加工。财务报表分析正是这种热处理、深加工方法的体现，是借助于财务报表数据对企业过去的财务状况和经营成果及未来发展趋势做出的一种评价。

通过财务报表的分析，能全面地了解和评价企业的偿债能力、营运能力、获利能力和资产管理能力，为财务报表的内、外部使用者做出正确决策提供有用的资料。

项目要求：

财务报表所提供的数据和有关指标，只是概括地反映企业的财务状况和经营成果，要想深刻地了解企业的财务状况、经营过程和经营成果，必须对财务报表的有关数据进行加工、联系和对比，并对此进行分析和评价。

本项目要求利用 Excel 对财务报表进行结构分析、趋势分析和比率分析。

任务一　资产负债表分析

资产负债表是财务报告中的第一张主表，是反映企业在某一特定日期的财务状况的会计报表。通过资产负债表，报表使用者可以了解在某一日期的资产总额和资产结构、债务的期限结构和数量，并且可以判断所有者的资本保值增值情况。

资产负债表分析主要是通过资产负债表的趋势分析、结构分析和比率分析三方面来进行的。

一、资产负债表的趋势分析

资产负债表的趋势分析就是采用比较的方法，分析企业连续若干年的财务状况信息，并观察其变动趋势。趋势分析的方法比较灵活，可以是对比较资产负债表的分析，也可以是相对数的比较，还可以是财务比率的比较；可以做定比分析，也可以做环比分析，从中观察企业资产、负债和所有者权益的变动趋势。

现以北京光华制造有限责任公司 2017—2019 年资产负债表数据为资料，选择 2017 年为基期，利用 Excel 进行资产负债表定比趋势分析，其分析程序如下：

第一步

新建“财务报表分析”工作簿，在“Sheet1”前插入一个新工作表，命名为“比较资产负债表”，并将北京光华制造有限责任公司 2017—2019 年资产负债表的期末数复制到“比较资产负债表”中相对应的年度内，如图 4–1 所示。

	A	B	C	D	E	F	G	H
1	北京光华制造有限责任公司比较资产负债表				单位：千元			
2	资　产	2017年	2018年	2019年	负债和所有者权益（股东权益）	2017年	2018年	2019年
3	流动资产：				流动负债：			
4	货币资金	6,100.00	5,200.00	6,000.00	短期借款	5,000.00	16,000.00	10,000.00
5	以公允价值计量且其变动计入当期损益的金融资产				以公允价值计量且其变动计入当期损益的金融负债			
6	衍生金融资产				衍生金融负债			
7	应收票据				应付票据			
8	应收账款	1,600.00	24,000.00	38,000.00	应付账款	8,900.00	6,000.00	4,000.00
9	预付款项				预收账款	3,200.00	12,000.00	14,000.00
10	其他应收款	320.00	600.00	150.00	应付职工薪酬	14,000.00	20,000.00	28,000.00
11	存货	7,900.00	88,000.00	96,000.00	应交税费	2,600.00	2,800.00	3,000.00
12	持有待售资产				其他应付款			
13	一年内到期的非流动资产				持有待售负债			
14	其他流动资产				一年内到期的非流动负债			
15	流动资产合计	15,920.00	117,800.00	140,150.00	其他流动负债			
16	非流动资产：				流动负债合计	33,700.00	56,800.00	59,000.00
17	可供出售金融资产				非流动负债：			
18	持有至到期投资				长期借款	123,600.00	40,000.00	380,000.00
19	长期应收款				应付债券			
20	长期股权投资				其中：优先股			
21	投资性房地产				永续债			
22	固定资产	420,000.00	490,000.00	810,000.00	长期应付款			
23	在建工程		6,000.00	7,000.00	预计负债			

比较资产负债表　Sheet1

图 4–1

第二步

打开“财务报表分析”工作簿，将“Sheet2”工作表重命名为“资产负债表定比趋势分析”，并输入相应的报表项目，如图 4–2 所示。

	A	B	C	D	E	F	G	H	I	J
1	北京光华制造有限责任公司资产负债表趋势分析 （以2017年为基期的定比分析）									
2	资 产	2018年比2017年		2019年比2017年		负债和所有者权益（股东权益）	2018年比2017年		2019年比2017年	
3		增加额	增加比	增加额	增加比		增加额	增加比	增加额	增加比
4	流动资产：					流动负债：				
5	货币资金					短期借款				
6	以公允价值计量且其变动计入当期损益的金融资产					以公允价值计量且其变动计入当期损益的金融负债				
7	衍生金融资产					衍生金融负债				
8	应收票据					应付票据				
9	应收账款					应付账款				
10	预付款项					预收账款				
11	其他应收款					应付职工薪酬				
12	存货					应交税费				
13	持有待售资产					其他应付款				
14	一年内到期的非流动资产					持有待售负债				
15	其他流动资产					一年内到期的非流动负债				
16	流动资产合计					其他流动负债				
17	非流动资产：					流动负债合计				
18	可供出售金融资产					非流动负债：				
19	持有至到期投资					长期借款				
20	长期应收款					应付债券				
21	长期股权投资					其中：优先股				
22	投资性房地产					永续债				
23	固定资产					长期应付款				

图 4–2

第三步

打开重排窗口（项目三已叙述），在“资产负债表定比趋势分析”工作表中按下列顺序输入数组公式，最终结果如图 4–3 所示。

	A	B	C	D	E	F	G	H	I	J
1	北京光华制造有限责任公司资产负债表趋势分析 （以2017年为基期的定比分析）									
2	资 产	2018年比2017年		2019年比2017年		负债和所有者权益（股东权益）	2018年比2017年		2019年比2017年	
3		增加额	增加比	增加额	增加比		增加额	增加比	增加额	增加比
4	流动资产：					流动负债：				
5	货币资金	-900.00	-14.75%	-100.00	-1.64%	短期借款	11,000.00	220.00%	5,000.00	100.00%
6	以公允价值计量且其变动计入当期损益的金融资产	0.00	#DIV/0!	0.00	#DIV/0!	以公允价值计量且其变动计入当期损益的金融负债	0.00	#DIV/0!	0.00	#DIV/0!
7	衍生金融资产	0.00	#DIV/0!	0.00	#DIV/0!	衍生金融负债	0.00	#DIV/0!	0.00	#DIV/0!
8	应收票据	0.00	#DIV/0!	0.00	#DIV/0!	应付票据	0.00	#DIV/0!	0.00	#DIV/0!
9	应收账款	22,400.00	1400.00%	36,400.00	2275.00%	应付账款	-2,900.00	-32.58%	-4,900.00	-55.06%
10	预付款项	0.00	#DIV/0!	0.00	#DIV/0!	预收账款	8,800.00	275.00%	10,800.00	337.50%
11	其他应收款	280.00	87.50%	-170.00	-53.13%	应付职工薪酬	6,000.00	42.86%	14,000.00	100.00%
12	存货	80,100.00	1013.92%	88,100.00	1115.19%	应交税费	200.00	7.69%	400.00	15.38%
13	持有待售资产	0.00	#DIV/0!	0.00	#DIV/0!	其他应付款	0.00	#DIV/0!	0.00	#DIV/0!
14	一年内到期的非流动资产	0.00	#DIV/0!	0.00	#DIV/0!	持有待售负债	0.00	#DIV/0!	0.00	#DIV/0!
15	其他流动资产	0.00	#DIV/0!	0.00	#DIV/0!	一年内到期的非流动负债	0.00	#DIV/0!	0.00	#DIV/0!
16	流动资产合计	101,880.00	639.95%	124,230.00	780.34%	其他流动负债	0.00	#DIV/0!	0.00	#DIV/0!
17	非流动资产：	0.00	#DIV/0!	0.00	#DIV/0!	流动负债合计	23,100.00	68.55%	25,300.00	75.07%
18	可供出售金融资产	0.00	#DIV/0!	0.00	#DIV/0!	非流动负债：	0.00	#DIV/0!	0.00	#DIV/0!
19	持有至到期投资	0.00	#DIV/0!	0.00	#DIV/0!	长期借款	-83,600.00	-67.64%	256,400.00	207.44%
20	长期应收款	0.00	#DIV/0!	0.00	#DIV/0!	应付债券	0.00	#DIV/0!	0.00	#DIV/0!
21	长期股权投资	0.00	#DIV/0!	0.00	#DIV/0!	其中：优先股	0.00	#DIV/0!	0.00	#DIV/0!
22	投资性房地产	0.00	#DIV/0!	0.00	#DIV/0!	永续债	0.00	#DIV/0!	0.00	#DIV/0!

图 4–3

（1）选取单元格 B5，输入数组公式“= 比较资产负债表 !C4– 比较资产负债表 !B4”，并拖动填充到 B6:B42 单元格区域，得到 2018 年比 2017 年资产中各个项目的增加额。

（2）选取单元格 D5，输入数组公式“= 比较资产负债表 !D4– 比较资产负债表 !B4”，并拖动填充到 D6:D42 单元格区域，得到 2019 年比 2017 年资产中各个项目的增加额。

（3）选取单元格 G5，输入数组公式“= 比较资产负债表 !G4– 比较资产负债表 !F4”，并拖动填充到 G6:G42 单元格区域，得到 2018 年比 2017 年负债和所有者权益（股东权益）中各个项目的增加额。

（4）选取单元格 I5，输入数组公式“= 比较资产负债表 !H4 – 比较资产负债表 !F4”，并拖动填充到 I6:I42 单元格区域，得到 2019 年比 2017 年负债和所有者权益（股东权益）中各个项目的增加额。

（5）选取单元格 C5，输入数组公式“=B5/ 比较资产负债表 !B4”，并拖动填充到 C6:C42 单元格区域，得到 2018 年比 2017 年资产中各个项目的增加百分比。

（6）选取单元格 E5，输入数组公式“=D5/ 比较资产负债表 !B4”，并拖动填充到 E6:E42 单元格区域，得到 2019 年比 2017 年资产中各个项目的增加百分比。

（7）选取单元格 H5，输入数组公式“=G5/ 比较资产负债表 !F4”，并拖动填充到 H6:H42 单元格区域，得到 2018 年比 2017 年负债和所有者权益（股东权益）中各个项目的增加百分比。

（8）选取单元格 J5，输入数组公式“=I5/ 比较资产负债表 !F4”，并拖动填充到 J6:J42 单元格区域，得到 2019 年比 2017 年负债和所有者权益（股东权益）中各个项目的增加百分比。

从图 4–3 的计算结果中，我们可以得出北京光华制造有限责任公司的以下结论：

（1）公司的货币资金，从 2018 年开始连续两年负增长，与 2017 年相比增幅虽然不大，但说明企业货币资金相对不足，面临财务风险。

（2）公司的应收账款从 2018 年开始连续两年大幅度增加，与 2017 年相比增幅分别为 1 400% 和 2 275%，说明企业采取了大量的赊销政策，以扩大销售规模。应收账款的大增虽然增加了企业的销售额，但也给企业带来了坏账的风险。因此，企业应制定相应的收账政策，将坏账风险控制在可控范围内。

（3）公司的存货从 2018 年开始连续两年大幅度增加，与 2017 年相比增幅分别为 1 013.92% 和 1 115.19%，说明企业库存持续增加。这可能是一个不利的信号，因为存货的大幅度增加一方面会占用企业的流动资金，另一方面也会导致企业储存成本的增加。企业应制定相应的政策，降低库存，增加资金的流动性。

（4）公司的长期借款2018年比2017年下降67.64%，但2019年比2017年却快速增长了207.44%，说明企业仍以负债融资作为企业主要的筹资渠道。值得一提的是，在定比趋势报表的分析中应当注意，对于基期为零的项目，以后期间与之构建的比率没有意义，所以对于此类项目不适用定比趋势分析。

此外，对资产负债表进行环比趋势分析，其程序与定比趋势分析基本一致，只不过是基期的选择不同，后一年的应以前一年为基期。定比趋势分析的具体程序在此不再赘述。

二、资产负债表的结构分析

在趋势分析中，可以就单一项目在连续期间的变化做出分析和判断，但是企业财务报表是一个整体，不同项目之间的关系可以进一步说明企业的经济实质，如果将每个项目都割裂开来分析，所得的信息就十分有限。不同项目的结合方式有多种，最常用的就是财务比率分析，即以所有财务报表的项目为基础，根据分析人员的分析目的选择相应的财务指标构建财务比率，从而做出分析判断；再有就是仅仅依据某一报表本身，观察该报表的不同项目要素之间的结构，从而得到一些分析结论。

资产负债表结构就是指资产负债表中各内容要素金额之间的相互关系。资产负债表结构分析就是通过对这种关系进行分析，从而对企业整体财务状况做出判断。资产负债表结构分析主要包括总体结构分析和分类结构分析。

（一）资产负债表的总体结构分析

资产负债表的总体结构分析，是指分别以资产总额和负债及所有者权益总额为总量指标计算其他各个项目占资产总额和负债及所有者权益总额的百分比，从而反映企业的资产总额和资金总额的总体构成情况的分析方法。

现仍以北京光华制造有限责任公司2017—2019年资产负债表数据为例，利用Excel进行资产负债表总体结构分析，其分析程序如下：

第一步

打开“财务报表分析”工作簿，在“资产负债表定比趋势分析”工作表之后插入一张工作表，并命名为“资产负债表总体结构分析”，输入相应的报表项目，如图4–4所示。

北京光华制造有限责任公司资产负债表总体结构分析

资　产	2017年	2018年	2019年	负债和所有者权益（股东权益）	2017年	2018年	2019年
流动资产：				流动负债：			
货币资金				短期借款			
以公允价值计量且其变动计入当期损益的金融资产				以公允价值计量且其变动计入当期损益的金融负债			
衍生金融资产				衍生金融负债			
应收票据				应付票据			
应收账款				应付账款			
预付款项				预收账款			
其他应收款				应付职工薪酬			
存货				应交税费			
持有待售资产				其他应付款			
一年内到期的非流动资产				持有待售负债			
其他流动资产				一年内到期的非流动负债			
流动资产合计				其他流动负债			
非流动资产：				流动负债合计			
可供出售金融资产				非流动负债：			
持有至到期投资				长期借款			
长期应收款				应付债券			
长期股权投资				其中：优先股			
投资性房地产				永续债			
固定资产				长期应付款			
在建工程				预计负债			
生产性生物资产				递延收益			
油气资产				递延所得税负债			

比较资产负债表 | 资产负债表定比趋势分析 | 资产负债表总体结构分析 | Sheet2

图 4–4

第二步

在“资产负债表总体结构分析”工作表中，选取 B4:B41 单元格区域，并输入“=”，设置取数公式。

第三步

单击“比较资产负债表”工作表标签，切换到“比较资产负债表”工作表，然后在编辑栏中输入引用单元格区域的公式“= 比较资产负债表 !B4:B41/ 比较资产负债表 !B41”。

第四步

按【Ctrl+Shift+Enter】组合键，系统自动切换回“资产负债表总体结构分析”工作表，并得出 2017 年资产各项目占资产总额的百分比。

第五步

在“资产负债表总体结构分析”工作表中，选中 B4:B41 单元格区域，单击“复制”按钮，然后依次选定单元格区域 C4:C41、D4:D41、F4:F41、G4:G41、H4:H41，单击“粘贴”按钮，得到 2018 年、2019 年的各资产项目占资产总额的百分比和 2017 年、2018 年、2019 年的负债、所有者权益各项目占负债和所有者权益总额的百分比。其最终结果如图 4–5 所示。

从图 4–5 的计算结果中，我们可以得出北京光华制造有限责任公司的以下结论：

（1）公司 2017 年的资产总额中，流动资产占 3.56%，固定资产占 93.89%，固定

	A	B	C	D	E	F	G	H
1	北京光华制造有限责任公司资产负债表总体结构分析							
2	资 产	2017年	2018年	2019年	负债和所有者权益（股东权益）	2017年	2018年	2019年
3	流动资产:				流动负债:			
4	货币资金	1.36%	0.83%	0.61%	短期借款	1.12%	2.55%	1.02%
5	以公允价值计量且其变动计入当期损益的金融资产	0.00%	0.00%	0.00%	以公允价值计量且其变动计入当期损益的金融负债	0.00%	0.00%	0.00%
15	流动资产合计	3.56%	18.76%	14.35%	其他流动负债	0.00%	0.00%	0.00%
16	非流动资产:	0.00%	0.00%	0.00%	流动负债合计	7.53%	9.05%	6.04%
17	可供出售金融资产	0.00%	0.00%	0.00%	非流动负债:	0.00%	0.00%	0.00%
18	持有至到期投资	0.00%	0.00%	0.00%	长期借款	27.63%	6.37%	38.90%
19	长期应收款	0.00%	0.00%	0.00%	应付债券	0.00%	0.00%	0.00%
20	长期股权投资	0.00%	0.00%	0.00%	其中：优先股	0.00%	0.00%	0.00%
21	投资性房地产	0.00%	0.00%	0.00%	永续债	0.00%	0.00%	0.00%
22	固定资产	93.89%	78.04%	82.93%	长期应付款	0.00%	0.00%	0.00%
27	开发支出	0.00%	0.00%	0.00%	非流动负债合计	27.63%	6.37%	38.90%
28	商誉	0.00%	0.00%	0.00%	负债合计	35.16%	15.42%	44.95%
29	长期待摊费用	0.20%	0.19%	0.62%	所有者权益(或股东权益)：	0.00%	0.00%	0.00%
30	递延所得税资产	0.00%	0.00%	0.00%	实收资本(或股本)	58.12%	79.63%	51.19%
31	其他非流动资产	0.05%	0.08%	0.15%	其他权益工具	0.00%	0.00%	0.00%
32	非流动资产合计	96.44%	81.24%	85.65%	其中：优先股	0.00%	0.00%	0.00%
40		0.00%	0.00%	0.00%	所有者权益(或股东权益)合计	64.84%	84.58%	55.05%
41	资产总计	100.00%	100.00%	100.00%	负债和所有者权益(或股东权益)总计	100.00%	100.00%	100.00%

图 4–5

资产的比重较高，说明企业资产的流动性较差，偿还到期债务的风险较高。2018 年和 2019 年流动资产的比重略有上升（依次为 18.76% 和 14.35%），但占总资产的比重仍远远低于固定资产占总资产的比重，公司管理层对此应高度关注，以免发生法律上的破产。

（2）公司 2017 年、2018 年负债、所有者权益占负债和所有者权益总额的百分比依次为 35.16% 与 64.84% 和 15.42% 与 84.58%，说明公司 2017 年和 2018 年的融资结构为低财务风险、高资金成本的保守型资本结构。而公司 2019 年却选择了中庸型资本结构，即主权资本融资与负债融资的比重基本各占 50%。

（二）资产负债表的分类结构分析

资产负债表的分类结构分析，是指分别以资产项目与负债和所有者权益项目中的各个分类项目的合计数为总量指标，计算各个分类项目中每个子项目占其所属分类项目合计数的百分比所做的分析。

现仍以北京光华制造有限责任公司 2017—2019 年资产负债表数据为例，利用 Excel 进行资产负债表分类结构分析，其分析程序如下：

第一步

打开“财务报表分析”工作簿，在“资产负债表总体结构分析”工作表之后插入一张工作表，并命名为“资产负债表分类结构分析”，输入相应的报表项目，如图 4–6 所示。

	A	B	C	D	E	F	G	H
1	北京光华制造有限责任公司资产负债表分类结构分析							
2	资 产	2017年	2018年	2019年	负债和所有者权益（股东权益）	2017年	2018年	2019年
3	流动资产：				流动负债：			
4	货币资金				短期借款			
5	以公允价值计量且其变动计入当期损益的金融资产				以公允价值计量且其变动计入当期损益的金融负债			
6	衍生金融资产				衍生金融负债			
7	应收票据				应付票据			
8	应收账款				应付账款			
9	预付款项				预收账款			
10	其他应收款				应付职工薪酬			
11	存货				应交税费			
12	持有待售资产				其他应付款			
13	一年内到期的非流动资产				持有待售负债			
14	其他流动资产				一年内到期的非流动负债			
15	流动资产合计				其他流动负债			
16	非流动资产：				流动负债合计			
17	可供出售金融资产				非流动负债：			
18	持有至到期投资				长期借款			
19	长期应收款				应付债券			
20	长期股权投资				其中：优先股			
21	投资性房地产				永续债			
22	固定资产				长期应付款			
23	在建工程				预计负债			

比较资产负债表 | 资产负债表定比趋势分析 | 资产负债表总体结构分析 | 资产负债表分类结 ...

图 4–6

第二步

在“资产负债表分类结构分析”工作表中，选取 B4:B15 单元格区域，并输入数组公式“= 比较资产负债表 !B4:B15/ 比较资产负债表 !B15”，得到 2017 年流动资产中各个项目占流动资产合计的百分比。选中 B4:B15 单元格区域，单击“复制”按钮，然后依次选定单元格区域 C4:C15、D4:D15，单击“粘贴”按钮，得到 2018 年、2019 年流动资产中各个项目占流动资产合计的百分比。

第三步

在“资产负债表分类结构分析”工作表中，选取 B17:B32 单元格区域，并输入数组公式“= 比较资产负债表 !B17:B32/ 比较资产负债表 !B32”，得到 2017 年非流动资产中各个项目占非流动资产合计的百分比。选中 B17:B32 单元格区域，单击“复制”按钮，然后依次选定单元格区域 C17:C32、D17:D32，单击“粘贴”按钮，得到 2018 年、2019 年非流动资产中各个项目占非流动资产合计的百分比。

第四步

在“资产负债表分类结构分析”工作表中，选取 F4:F16 单元格区域，并输入数组公式“= 比较资产负债表 !F4:F16/ 比较资产负债表 !F16”，得到 2017 年流动负债中各个项目占流动负债合计的百分比。选中 F4:F16 单元格区域，单击“复制”按钮，然后依次选定单元格区域 G4:G16、H4:H16，单击“粘贴”按钮，得到 2018 年、2019 年流动负债中各个项目占流动负债合计的百分比。

第五步

在“资产负债表分类结构分析”工作表中，选取 F18:F27 单元格区域，并输入数组公式“= 比较资产负债表 !F18:F27/ 比较资产负债表 !F27”，得到 2017 年非流动负债中各个项目占非流动负债合计的百分比。选中 F18:F27 单元格区域，单击“复制”按钮，然后依次选定单元格区域 G18:G27、H18:H27，单击“粘贴”按钮，得到 2018 年、2019 年非流动负债中各个项目占非流动负债合计的百分比。

第六步

在“资产负债表分类结构分析”工作表中，选取 F30:F40 单元格区域，并输入数组公式“= 比较资产负债表 !F30:F40/ 比较资产负债表 !F40”，得到 2017 年所有者权益中各个项目占所有者权益合计的百分比。选中 F30:F40 单元格区域，单击“复制”按钮，然后依次选定单元格区域 G30:G40、H30:H40，单击“粘贴”按钮，得到 2018 年、2019 年所有者权益中各个项目占所有者权益合计的百分比。其最终结果如图 4–7 所示。

	A	B	C	D	E	F	G	H
1	北京光华制造有限责任公司资产负债表分类结构分析							
2	资 产	2017年	2018年	2019年	负债和所有者权益（股东权益）	2017年	2018年	2019年
3	流动资产：				流动负债：			
4	货币资金	38.32%	4.41%	4.28%	短期借款	14.84%	28.17%	16.95%
5	以公允价值计量且其变动计入当期损益的金融资产	0.00%	0.00%	0.00%	以公允价值计量且其变动计入当期损益的金融负债	0.00%	0.00%	0.00%
8	应收账款	10.05%	20.37%	27.11%	应付账款	26.41%	10.56%	6.78%
9	预付款项	0.00%	0.00%	0.00%	预收账款	9.50%	21.13%	23.73%
10	其他应收款	2.01%	0.51%	0.11%	应付职工薪酬	41.54%	35.21%	47.46%
11	存货	49.62%	74.70%	68.50%	应交税费	7.72%	4.93%	5.08%
15	流动资产合计	100.00%	100.00%	100.00%	其他流动负债	0.00%	0.00%	0.00%
16	非流动资产：				流动负债合计	100.00%	100.00%	100.00%
17	可供出售金融资产	0.00%	0.00%	0.00%	非流动负债：			
18	持有至到期投资	0.00%	0.00%	0.00%	长期借款	100.00%	100.00%	100.00%
22	固定资产	97.35%	96.06%	96.82%	长期应付款	0.00%	0.00%	0.00%
26	无形资产	2.39%	2.43%	1.43%	其他非流动负债	0.00%	0.00%	0.00%
27	开发支出	0.00%	0.00%	0.00%	非流动负债合计	100.00%	100.00%	100.00%
28	商誉	0.00%	0.00%	0.00%	负债合计			
29	长期待摊费用	0.21%	0.23%	0.73%	所有者权益(或股东权益)：			
30	递延所得税资产	0.00%	0.00%	0.00%	实收资本(或股本)	89.64%	94.15%	92.98%
31	其他非流动资产	0.05%	0.10%	0.18%	其他权益工具	0.00%	0.00%	0.00%
32	非流动资产合计	100.00%	100.00%	100.00%	其中：优先股	0.00%	0.00%	0.00%
40					所有者权益(或股东权益)合计	100.00%	100.00%	100.00%
41	资产总计				负债和所有者权益(或股东权益)总计			

比较资产负债表 | 资产负债表定比趋势分析 | 资产负债表总体结构分析 | 资产负债表 分类结 ...

图 4–7

从图 4–7 的计算结果中，我们可以得出北京光华制造有限责任公司的以下结论：

（1）公司 2017—2019 年流动资产项目中存货占流动资金的比重较大，依次为：49.62%、74.70% 和 68.50%，由于存货的变现能力相对较差，公司存在到期不能偿还债务的风险，公司管理层应当密切关注该情况在未来期间的持续性。

（2）公司 2017—2019 年非流动资产项目中固定资产占非流动资产的比重为：97.35%、96.06% 和 96.82%，固定资产比重较高，说明公司具有足够的生产能力。公司管理层应当进一步关注固定资产规模的合理性、固定资产的结构以及固定资产的折旧政策，以提高固定资产的质量。

（3）公司 2017—2019 年流动负债项目中应付职工薪酬占流动负债的比重较高，依次为：41.54%、35.21% 和 47.46%，说明公司偿还短期债务的压力较大。应付职工薪酬占流动负债的比重较高，这可能与企业支付薪酬的方式有关。

三、资产负债表的比率分析

比率分析法是财务分析中使用最为普遍的分析方法，以至于提起财务分析，很多人就误以为是计算一些财务比率进行分析。所谓比率分析法，是利用指标间的相互关系，通过计算比率来考察、计量和评价企业财务状况的一种方法。比率以相对数的形式揭示了数据之间的内在联系，同时也克服了绝对值在分析中的缺陷。比率分析法主要分为构成比率分析和相关比率分析。

以资产负债表的数据为基础，可以构造的财务比率主要有：反映偿债能力的比率、反映资产状况的比率、反映资本状况的比率、反映资本结构的比率。此处对前三种进行简要介绍。

（一）反映偿债能力的比率

偿债能力是指企业偿还各种到期债务的能力。反映偿债能力的比率主要分为反映短期偿债能力的比率和反映长期偿债能力的比率。

1. 反映短期偿债能力的比率

通过资产负债表分析，反映短期偿债能力的比率主要有流动比率和速动比率。

（1）流动比率，是企业流动资产与流动负债之比，其计算公式为：

流动比率 = 流动资产 / 流动负债

流动比率是衡量企业短期偿债能力的一个重要指标。这个比率越高，说明企业偿还流动负债的能力越强，流动负债得到偿还的保障越大。而行业一般认为该比率以 2 为最佳。但是，过高的流动比率也并非是好现象，因为流动比率过高，有可能是企业滞留在流动资产上的资金过多，未能有效地加以利用，可能会影响企业获利能力。

（2）速动比率，是企业速动资产与流动负债之比，其计算公式为：

速动比率 = 速动资产 / 流动负债

速动资产 = 流动资产 – 存货

速动比率可以衡量企业在某一时点运用随时可以变现的资产偿还到期债务的能力，

是对流动比率的补充，行业一般认为该比率以 1 为最佳。

2. 反映长期偿债能力的比率

通过资产负债表分析，反映企业长期偿债能力的比率主要有：资产负债率、股东权益比率、产权比率、有形净值债务率、长期资产适合率等。这些指标一方面能够反映企业的资金来源的构成情况，另一方面也能够反映企业对负债的利用程度，从而反映企业的长期偿债能力。

（1）资产负债率，是企业负债总额与资产总额之比，它反映企业的资产总额中有多少是通过举债筹集的，其计算公式为：

资产负债率 = 负债总额 / 资产总额 ×100%

资产负债率反映企业偿还债务的综合能力，这个比率越高，表明企业偿还债务的能力越差；反之，偿还债务的能力就越强。

（2）股东权益比率，是股东权益总额与资产总额之比，反映企业总资产中自有资金的比例，其计算公式为：

股东权益比率 = 股东权益总额 / 资产总额 ×100%

（3）产权比率，是负债总额与股东权益总额之比，其计算公式为：

产权比率 = 负债总额 / 股东权益总额 ×100%

产权比率反映由债权人提供的资金与股东提供的资金的相对关系，反映了企业财务结构的稳健程度以及权益资本对偿债风险的承受能力。

（4）有形净值债务率，是企业负债总额与有形净值之比，有形净值债务率实际上是产权比率指标的延伸。其计算公式为：

有形净值债务率 = 负债总额 /（股东权益总额 – 无形资产净值）×100%

（5）长期资产适合率，是企业股东权益和长期负债之和与固定资产和长期投资之和之比，其计算公式为：

长期资产适合率 =（股东权益 + 长期负债）/（固定资产 + 长期投资）×100%

长期资产适合率是从企业资源配置结构方面反映企业的偿债能力，从企业的长期资产与长期资本的匹配性角度出发，分析二者是否平衡和协调，反映企业财务结构的稳定程度和财务风险的大小。

（二）反映资产状况的比率

资产状况的比率是反映企业资产现有状况及发展能力的比率，主要有总资产增长率、每股净资产等。

（1）总资产增长率，是指企业本年总资产增长额同年初资产总额之比，其计算公式为：

总资产增长率 = 本年总资产增长额 / 年初资产总额 ×100%

总资产增长率指标反映了企业本期资产规模的增长情况，表明企业规模增长水平对企业发展后劲的影响。该指标越高，表明企业在一个经营周期内资产经营规模扩张的速度越快。

（2）每股净资产，是指企业期末股东权益与普通股总股数之比，其计算公式为：

每股净资产 = 年末股东权益 / 年末普通股股份总数

（三）反映资本状况的比率

资本状况的比率是反映企业资本保值增值和资本积累的比率，主要有资本保值增值率和资本积累率。

（1）资本保值增值率，是指企业本年年末股东权益扣除客观因素后的余额与年初股东权益之比，计算公式为：

资本保值增值率 = 扣除客观因素后的年末股东权益 / 年初股东权益 ×100%

资本保值增值率反映了股东投入企业资本的保全性和增长性。该指标大于 100% 时，说明当期资本增值；等于 100%，说明当期资本保值；小于 100% 时，说明当期资本减值。该指标越高，表明企业的资本保全状况越好，股东权益增长越快，债权人的权益越有保障，企业发展后劲越强。

（2）资本积累率，是指企业本年股东权益增长额与年初股东权益之比，计算公式为：

资本积累率 = 本年股东权益增长额 / 年初股东权益 ×100%

资本积累率反映企业当年资本的积累能力。该指标越高，表明企业的股东权益增长越快，资本积累越多，企业资本保全性越强，应付风险、持续发展的能力越强。

现仍以北京光华制造有限责任公司 2017—2019 年资产负债表数据为例，利用 Excel 进行资产负债表的比率分析，其分析程序如下：

第一步

打开“财务报表分析”工作簿，在“资产负债表分类结构分析”工作表之后插入一张工作表，并命名为“资产负债表比率分析”，输入相应的项目，如图 4–8 所示。

北京光华制造有限责任公司资产负债表比率分析			
资产负债表比率	2017年	2018年	2019年
一、短期偿债能力分析			
流动比率			
速动比率			
二、长期偿债能力			
资产负债率			
产权比率			
股东权益比率			
有形净值债务率			
长期资产适合率			
三、资产状况分析			
总资产增长率			
每股净资产			
四、资本状况分析			
资本保值增值率			
资本积累率			

图 4–8

第二步

计算 2018 年的各项财务比率。选取相关比率所在的单元格，按下列所示设置计算公式：

（1）选取单元格 C4，输入数组公式“= 比较资产负债表 !C15/ 比较资产负债表 !G16”。

（2）选取单元格 C5，输入数组公式“=(比较资产负债表 !C15– 比较资产负债表 !C11)/ 比较资产负债表 !G16”。

（3）选取单元格 C7，输入数组公式“= 比较资产负债表 !G28/ 比较资产负债表 !C41”。

（4）选取单元格 C8，输入数组公式“= 比较资产负债表 !G28/ 比较资产负债表 !G40”。

（5）选取单元格 C9，输入数组公式“= 比较资产负债表 !G40/ 比较资产负债表 !C41”。

（6）选取单元格 C10，输入数组公式“= 比较资产负债表 !G28/(比较资产负债表 !G40– 比较资产负债表 !C26)”。

（7）选取单元格 C11，输入数组公式“=(比较资产负债表 !G40+ 比较资产负债表 !G28)/(比较资产负债表 !C17+ 比较资产负债表 !C18+ 比较资产负债表 !C19+ 比较资产负债表 !C20+ 比较资产负债表 !C21+ 比较资产负债表 !C22+ 比较资产负债表 !C23)”。

（8）选取单元格 C13，输入数组公式“=(比较资产负债表 !C41– 比较资产负债表 !B41)/ 比较资产负债表 !C41”。

（9）选取单元格 C14，输入数组公式“= 比较资产负债表 !G40/ 比较资产负债表 !G30”。

（10）选取单元格 C16，输入数组公式“= 比较资产负债表 !G40/ 比较资产负债表 !F40”。

（11）选取单元格 C17，输入数组公式“=(比较资产负债表 !G40– 比较资产负债表 !F40)/ 比较资产负债表 !F40”。

第三步

在“资产负债表比率分析”工作表中，选中 C4:C17 单元格区域，单击“复制”按钮，然后选定单元格区域 B4:B17、D4:D17，单击“粘贴”按钮，得到 2017 年和 2019 年的资产负债表中各项财务比率。最终结果如图 4–9 所示。

	A	B	C	D
1	北京光华制造有限责任公司资产负债表比率分析			
2	资产负债表比率	2017年	2018年	2019年
3	一、短期偿债能力分析			
4	流动比率	0.47	2.07	2.38
5	速动比率	0.24	0.52	0.75
6	二、长期偿债能力			
7	资产负债率	35.16%	15.42%	44.95%
8	产权比率	54.23%	18.23%	81.64%
9	股东权益比率	64.84%	84.58%	55.05%
10	有形净值债务率	56.23%	18.66%	83.50%
11	长期资产适合率	106.51%	126.59%	119.55%
12	三、资产状况分析			
13	总资产增长率	#VALUE!	28.75%	35.72%
14	每股净资产	111.56%	106.22%	107.55%
15	四、资本状况分析			
16	资本保值增值率	#VALUE!	183.10%	101.25%
17	资本积累率	#VALUE!	83.10%	1.25%

资产负债表定比趋势分析 | 资产负债表总体结构 ...

图 4–9

注意：图 4–9 中，由于缺少 2016 年的数据，2017 年的一些增长率比率无法计算出来。在计算某递增比率需要用到年初、年末平均值时，为了计算方便，比率分析仅采用了当年年末的数据来计算。

从图 4–9 的计算结果中，我们可以得出北京光华制造有限责任公司的以下结论：

（1）公司 2017—2019 年反映短期偿债能力的流动比率（0.47、2.07、2.38）和速动比率（0.24、0.52、0.75）逐年递增，说明公司的短期偿债能力逐年增强，但速动比率仍较低（低于 1）。

（2）公司 2017 年和 2019 年的资产负债率较高，分别为 35.16% 和 44.95%，而 2018 年的资产负债率为 15.42%，说明公司长期偿债能力仍偏低。

（3）公司 2017—2019 年每股净资产依次为 111.56%、106.22% 和 107.55%，说明公司每股净资产略有增值。

（4）公司 2018 年、2019 年的资本保值增值率和资本积累率分别为 183.10%、101.25% 和 83.10%、1.25%，说明公司 2018 年资本保值增值较高，而 2019 年资本保值增值微增。

任务二　利润表分析

利润表是用于反映企业在某一会计期间的经营成果的财务报表。通过利润表，可以了解企业在一定期间内的收入和成本费用状况，判断企业的盈利能力和利润来源。在财务分析中，利润表是非常重要的，因为无论对于哪方利益相关人而言，其从企业获取的利益来源都是企业形成的利润，因此正确理解企业历史收益能力，并以此为依据预测未来经营业绩是财务分析的关键。

利润表的分析可以通过利润表的趋势分析、结构分析和比率分析来进行。

一、利润表的趋势分析

利润表的趋势分析是指对利润表的各个项目不同时期的金额进行对比，以反映企业经营成果的变化情况及获利能力，从而判断变动趋势的分析方法。利润表的趋势分析可以做定比分析，也可以做环比分析。

现以北京光华制造有限责任公司 2017—2019 年利润表数据为例，利用 Excel 进行利润表环比趋势分析，其分析程序如下：

第一步

打开“财务报表分析”工作簿，在“资产负债表比率分析”工作表后插入一个新工作表，命名为“比较利润表”，并将北京光华制造有限责任公司 2017—2019 年利润表的期末数复制到“比较利润表”中相对应的年度内，如图 4–10 所示。

	A	B	C	D
1	北京光华制造有限责任公司比较利润表		单位：千元	
2	项目	2017年	2018年	2019年
3	一、营业收入	29,800.00	30,400.00	41,450.00
4	减：营业成本	11,400.00	12,300.00	13,360.00
5	税金及附加	120.00	510.00	860.00
6	销售费用	850.00	1,000.00	1,500.00
7	管理费用	6,200.00	5,300.00	7,000.00
8	研发费用	1,000.00	1,200.00	2,000.00
9	财务费用	490.00	500.00	580.00
10	其中：利息费用	400.00	450.00	500.00
11	利息收入	30.00	35.00	25.00
18	二、营业利润（亏损以“-”号填列）	10,740.00	10,790.00	18,150.00
19	加：营业外收入	300.00	1,200.00	2,300.00
20	减：营业外支出	5,600.00	6,000.00	900.00
21	三、利润总额（亏损总额以“-”号填列）	5,440.00	5,990.00	19,550.00
22	减：所得税费用	1,360.00	1,497.50	4,887.50
23	四、净利润（净亏损以“-”号填列）	4,080.00	4,492.50	14,662.50
24	（一）持续经营净利润（净亏损以“-”号填列）	4,080.00	4,492.50	14,662.50
25	（二）终止经营净利润（净亏损以“-”号填列）	0.00	0.00	0.00
26	五、其他综合收益的税后净额	0.00	0.00	0.00
27	（一）不能重分类进损益的其他综合收益	0.00	0.00	0.00
31	（二）将重分类进损益的其他综合收益	0.00	0.00	0.00
38	六、综合收益总额	4,080.00	4,492.50	14,662.50
39	七、每股收益：			
40	（一）基本每股收益	略	略	略

资产负债表比率分析 | 比较利润表 | 比较利润表 (2)

图 4–10

第二步

打开“财务报表分析”工作簿，将“Sheet2”工作表重命名为“利润表环比趋势分析”，并输入相应的报表项目，如图 4–11 所示。

	A	B	C	D	E
1	北京光华制造有限责任公司利润表环比趋势分析				
2	项目	2018年比2017年		2019年比2018年	
3		增加额	增加比	增加额	增加比
4	一、营业收入				
5	减：营业成本				
6	税金及附加				
7	销售费用				
8	管理费用				
9	研发费用				
10	财务费用				
11	其中：利息费用				
12	利息收入				
13	加：其他收益				
14	投资收益（损失以“-”号填列）				
15	其中：对联营企业和合营企业的投资收益				
16	公允价值变动收益（损失以“-”号填列）				
17	资产减值损失（损失以“-”号填列）				
18	资产处置收益（损失以“-”号填列）				
19	二、营业利润（亏损以“-”号填列）				
20	加：营业外收入				
21	减：营业外支出				
22	三、利润总额（亏损总额以“-”号填列）				
23	减：所得税费用				

资产负债表比率分析 | 比较利润表 | 利润表环比趋势分析

图 4–11

第三步

在“利润表环比趋势分析”工作表中，选定 B4:B39 单元格区域，并输入“=”，设置取数公式。单击“比较利润表”工作表标签，切换到“比较利润表”工作表，然后在编辑栏中输入引用单元格区域的数组公式“= 比较利润表 !C3:C38 – 比较利润表 !B3:B38”。按【Ctrl+Shift+Enter】组合键，系统自动切换回“利润表环比趋势分析”工作表，并得出 2018 年与 2017 年相比各项目的增加额。

第四步

在“利润表环比趋势分析”工作表中，选定 D4:D39 单元格区域，并输入“=”，设置取数公式。单击“比较利润表”工作表标签，切换到“比较利润表”工作表，然后在编辑栏中输入引用单元格区域的数组公式“= 比较利润表 !D3:D38 – 比较利润表 !C3:C38”。按【Ctrl+Shift+Enter】组合键，系统自动切换回“利润表环比趋势分析”工作表，并得出 2019 年与 2018 年相比各项目的增加额。

第五步

在“利润表环比趋势分析”工作表中，选定 C4 单元格区域，输入数组公式“=B4/比较利润表 !B3”，并拖动填充到 C5:C39 单元格区域，得出 2018 年与 2017 年相比的增加百分比。

第六步

在“利润表环比趋势分析”工作表中，选定 E4 单元格区域，输入数组公式“=D4/比较利润表 !C3”，并拖动填充到 E5:E39 单元格区域，得出 2019 年与 2018 年相比的增加百分比。最终结果如图 4–12 所示。

	A	B	C	D	E
1	北京光华制造有限责任公司利润表环比趋势分析				
2	项目	2018年比2017年		2019年比2018年	
3		增加额	增加比	增加额	增加比
4	一、营业收入	600.00	2.01%	11,050.00	36.35%
5	减：营业成本	900.00	7.89%	1,060.00	8.62%
6	税金及附加	390.00	325.00%	350.00	68.63%
7	销售费用	150.00	17.65%	500.00	50.00%
8	管理费用	-900.00	-14.52%	1,700.00	32.08%
9	研发费用	200.00	20.00%	800.00	66.67%
10	财务费用	10.00	2.04%	80.00	16.00%
11	其中：利息费用	50.00	12.50%	50.00	11.11%
12	利息收入	5.00	16.67%	-10.00	-28.57%
19	二、营业利润（亏损以“-”号填列）	50.00	0.47%	7,360.00	68.21%
20	加：营业外收入	900.00	300.00%	1,100.00	91.67%
21	减：营业外支出	400.00	7.14%	-5,100.00	-85.00%
22	三、利润总额（亏损总额以“-”号填列）	550.00	10.11%	13,560.00	226.38%
23	减：所得税费用	137.50	10.11%	3,390.00	226.38%
24	四、净利润（净亏损以“-”号填列）	412.50	10.11%	10,170.00	226.38%
25	（一）持续经营净利润（净亏损以“-”号填列）	412.50	10.11%	10,170.00	226.38%
26	（二）终止经营净利润（净亏损以“-”号填列）	0.00	#DIV/0!	0.00	#DIV/0!
27	五、其他综合收益的税后净额	0.00	#DIV/0!	0.00	#DIV/0!
28	（一）不能重分类进损益的其他综合收益	0.00	#DIV/0!	0.00	#DIV/0!
39	六、综合收益总额	412.50	10.11%	10,170.00	226.38%
40	七、每股收益：				
41	（一）基本每股收益	略	略	略	略

… 资产负债表比率分析 | 比较利润表 | 利润表环比趋势分析

图 4–12

从图 4–12 的计算结果中，我们可以得出北京光华制造有限责任公司的以下结论：

（1）公司 2018 年与 2017 年相比营业收入增加了 2.01%，而营业成本却增加了 7.89%，税金及附加增加了 325.00%，销售费用增加了 17.65%，管理费用减少了 14.52%，财务费用增加了 2.04%，导致营业利润增加了 0.47%；2019 年与 2018 年相比营业收入增加了 36.35%，而营业成本却增加了 8.62%，税金及附加增加了 68.63%，销售费用增加了 50.00%，管理费用增加了 32.08%，财务费用增加了 16.00%，导致营业利润增加了 68.21%。

（2）公司 2018 年与 2017 年相比营业外收入增加了 300.00%，而营业外支出增加了 7.14%，综合（1）的结果，最终利润总额增加了 10.11%；2019 年与 2018 年相比营业外收入增加了 91.67%，而营业外支出减少了 85.00%，综合（1）的结果，最终利润总额增加了 226.38%。

此外，对利润表可以进行定比趋势分析，其程序可参考资产负债表定比趋势分析，具体程序在此不再赘述。

二、利润表的结构分析

在利润表的趋势分析中，可以判断单一项目在连续期间的变化，但是这种分析有一定的局限性，其一是上述难以判断分析的重点项目，其二是不能从整体角度来分析利润表，人为地割裂了各个项目之间的关系，因此还应当进行利润表结构分析。利润表的结构分析可以从两个方面进行：一是以营业收入为总量指标，计算其他各个项目占营业收入的百分比；二是以利润总额为总量指标，计算其他各个项目占利润总额的百分比。

现仍以北京光华制造有限责任公司 2017—2019 年利润表数据为例，利用 Excel 进行利润表结构分析，其分析程序如下：

第一步

打开“财务报表分析”工作簿，在“利润表环比趋势分析”工作表之后插入一张工作表，并命名为“利润表结构分析”，输入相应的报表项目，如图 4–13 所示。

第二步

在“利润表结构分析”工作表中，选定 B4:B24 单元格区域，并输入“=”，设置取数公式；单击“比较利润表”工作表标签，切换到“比较利润表”工作表，然后在编辑栏中输入引用单元格区域的公式“= 比较利润表 !B3:B23/ 比较利润表 !B3”；按【Ctrl+Shift+Enter】组合键，系统自动切换回“利润表结构分析”工作表，并得出 2017

	A	B	C	D	E	F	G
1	北京光华制造有限责任公司利润表结构分析						
2	项目	以营业收入为总量指标的结构分析			以利润总额为总量指标的结构分析		
3		2017年	2018年	2019年	2017年	2018年	2019年
4	一、营业收入						
5	减：营业成本						
6	税金及附加						
7	销售费用						
8	管理费用						
9	研发费用						
10	财务费用						
11	其中：利息费用						
12	利息收入						
13	加：其他收益						
14	投资收益（损失以“-”号填列）						
15	其中：对联营企业和合营企业的投资收益						
16	公允价值变动收益（损失以“-”号填列）						
17	资产减值损失（损失以“-”号填列）						
18	资产处置收益（损失以“-”号填列）						
19	二、营业利润（亏损以“-”号填列）						
20	加：营业外收入						
21	减：营业外支出						
22	三、利润总额（亏损总额以“-”号填列）						
23	减：所得税费用						

… 比较利润表 | 利润表环比趋势分析 | 利润表结构分析

图 4–13

年以营业收入为总量指标计算的利润结构百分比；选中 B4:B24 单元格区域，单击“复制”按钮，然后选定单元格区域 C4:C24、D4:D24，单击“粘贴”按钮，得到 2018 年和 2019 年以营业收入为总量指标计算的利润结构百分比。结果如图 4–14 所示。

	A	B	C	D	E	F	G
1	北京光华制造有限责任公司利润表结构分析						
2	项目	以营业收入为总量指标的结构分析			以利润总额为总量指标的结构分析		
3		2017年	2018年	2019年	2017年	2018年	2019年
4	一、营业收入	100.00%	100.00%	100.00%	547.79%	507.51%	212.02%
5	减：营业成本	38.26%	40.46%	32.23%	209.56%	205.34%	68.34%
6	税金及附加	0.40%	1.68%	2.07%	2.21%	8.51%	4.40%
7	销售费用	2.85%	3.29%	3.62%	15.63%	16.69%	7.67%
8	管理费用	20.81%	17.43%	16.89%	113.97%	88.48%	35.81%
9	研发费用	3.36%	3.95%	4.83%	18.38%	20.03%	10.23%
10	财务费用	1.64%	1.64%	1.40%	9.01%	8.35%	2.97%
11	其中：利息费用	1.34%	1.48%	1.21%	7.35%	7.51%	2.56%
12	利息收入	0.10%	0.12%	0.06%	0.55%	0.58%	0.13%
13	加：其他收益	0.00%	0.00%	0.00%	0.00%	0.00%	0.00%
14	投资收益（损失以“-”号填列）	0.00%	0.00%	0.00%	0.00%	0.00%	0.00%
15	其中：对联营企业和合营企业的投资收益	0.00%	0.00%	0.00%	0.00%	0.00%	0.00%
16	公允价值变动收益（损失以“-”号填列）	0.00%	0.00%	0.00%	0.00%	0.00%	0.00%
17	资产减值损失（损失以“-”号填列）	0.00%	0.00%	0.00%	0.00%	0.00%	0.00%
18	资产处置收益（损失以“-”号填列）	0.00%	0.00%	0.00%	0.00%	0.00%	0.00%
19	二、营业利润（亏损以“-”号填列）	36.04%	35.49%	43.79%	197.43%	180.13%	92.84%
20	加：营业外收入	1.01%	3.95%	5.55%	5.51%	20.03%	11.76%
21	减：营业外支出	18.79%	19.74%	2.17%	102.94%	100.17%	4.60%
22	三、利润总额（亏损总额以“-”号填列）	18.26%	19.70%	47.17%	100.00%	100.00%	100.00%
23	减：所得税费用	4.56%	4.93%	11.79%	25.00%	25.00%	25.00%
24	四、净利润（净亏损以“-”号填列）	13.69%	14.78%	35.37%	75.00%	75.00%	75.00%

… 比较利润表 | 利润表环比趋势分析 | 利润表结构分析

图 4–14

第三步

在“利润表结构分析”工作表中，选定 E4:E24 单元格区域，并输入“=”，设置取数公式。单击“比较利润表”工作表标签，切换到“比较利润表”工作表，然后在编辑栏中输入引用单元格区域的公式“= 比较利润表 !B3:B23/ 比较利润表 !B21”。按【Ctrl+Shift+Enter】组合键，系统自动切换回“利润表结构分析”工作表，并得出 2017 年以利润总额为总量指标计算的利润结构百分比；选中 E4:E24 单元格区域，单击“复制”按钮，然后选定单元格区域 F4:F24、G4:G24，单击“粘贴”按钮，得到 2018 年和 2019 年以利润总额为总量指标计算的利润结构百分比。结果如图 4–14 所示。

从图 4–14 的计算结果中，我们可以得出北京光华制造有限责任公司的以下结论：

（1）以营业收入为比较基础时，公司 2017—2019 年的营业利润占营业收入的比重分别为 36.04%、35.49% 和 43.79%，表明公司的利润主要是靠主营业务获得的。

（2）以利润总额为比较基础时，公司 2017—2019 年的营业收入占利润总额的比重分别为 547.79%、507.51% 和 212.02%，而公司 2017—2019 年的营业利润占利润总额的比重分别为 197.43%、180.13% 和 92.84%，进一步表明公司的利润主要是靠主营业务获得的。

三、利润表的比率分析

利润表的比率分析是指利用利润表和资产负债表的数据，来分析企业盈利能力、营运能力、发展能力的一种比率分析。

（一）盈利能力比率

盈利能力比率是指企业在一定时期内获取利润的能力。盈利能力的强弱可以衡量企业的经营业绩，反映企业为股东创造财富的情况，并直接影响企业偿债能力。反映盈利能力比率的指标有：营业毛利率、营业净利润率、成本费用利润率、资产报酬率、资产净利率、净资产收益率和每股收益。

（1）营业毛利率，是指营业利润与营业收入净额之比，其计算公式为：

营业毛利率 = 营业利润 / 营业收入净额 ×100%

（2）营业净利润率，是指企业净利润与营业收入净额之比，其计算公式为：

营业净利率 = 净利润 / 营业收入净额 ×100%

（3）成本费用利润率，是指净利润与成本费用之比，反映每百元成本费用支出所能获得的净利润。其计算公式为：

成本费用利润率 = 净利润 /（主营业务成本 + 期间费用）×100%

（4）资产报酬率，是指息税前利润与平均总资产之比，其计算公式为：

资产报酬率 = 息税前利润 / 平均总资产 ×100%

注：式中的息税前利润可以根据利润表上的利润总额加上财务费用项目中的利息费用计算求得。

（5）资产净利率，是指净利润与平均资产总额之比，其计算公式为：

资产净利率 = 净利润 / 平均资产总额 ×100%

（6）净资产收益率，是指净利润与平均股东权益之比，也称权益报酬率。其计算公式为：

净资产收益率 = 净利润 / 平均股东权益 ×100%

净资产收益率能体现企业的理财目标，该指标越高，表明企业能为股东创造财富的能力越强。但该指标也受净利润质量状况的影响。如果企业利润结构不合理，净利润的质量差，会使该指标的可信度大为降低。

（7）每股收益，是指本年净利润和年末普通股股份总数的比值，又称每股盈利或每股净利。其计算公式为：

每股收益 = 净利润 / 年末普通股股份总数

（二）营运能力比率

营运能力是指企业营运资产的利用效率与效益。营运能力的分析主要是计算并分析各类流动资产、固定资产和总资产周转率指标。营运能力分析有助于评价企业资产的流动性，挖掘资产利用的潜力。反映营运能力比率的指标主要有：应收账款周转率、存货周转率、流动资产周转率、固定资产周转率、总资产周转率。

（1）应收账款周转率，是指企业一定时期的赊销收入净额与应收账款平均余额之比，反映应收账款的流动程度。其计算公式为：

应收账款周转率 = 赊销收入净额 / 平均应收账款 ×100%

应收账款周转率是反映应收账款利用效率的指标。一般情况下，应收账款周转率的值越高，表明企业应收账款的变现速度越快，收账效率越高。

（2）存货周转率，也称存货周转次数，是指一定时期的主营业务成本与平均存货的比值，反映存货周转速度。其计算公式为：

存货周转率 = 主营业务成本 / 平均存货 ×100%

存货周转率是反映存货利用效率的指标。一般情况下，存货周转率的值越高，表明存货的流动性越强，转换为现金或应收账款的速度越快，存货的利用效率越高。

（3）流动资产周转率，是指主营业务收入与全部流动资产平均余额之比，其计算公式为：

流动资产周转率 = 主营业务收入 / 平均流动资产 ×100%

流动资产周转率是反映流动资产周转速度的指标。该指标值越高，周转天数越少，表明周转速度越快，会相对节约流动资产，等于相对扩大资产投入，增强企业盈利能力。

（4）固定资产周转率，是指主营业务收入与固定资产平均净值之比，其计算公式为：

固定资产周转率 = 主营业务收入 / 固定资产平均净值 ×100%

固定资产周转率是反映固定资产利用效率的指标。该指标值越高，表明单位净值的固定资产创造的主营业务收入越多，固定资产利用效率越高。

（5）总资产周转率，是指主营业务收入与平均总资产的比值，其计算公式为：

总资产周转率 = 主营业务收入 / 平均总资产 ×100%

总资产周转率是反映全部资产利用效率的指标。总资产周转率的值越高，表明总资产的周转速度越快，企业运用资产产生收入的能力越强，资产的管理效率越高。

（三）发展能力比率

发展能力比率是指企业在生存的基础上，扩大规模，壮大实力的潜在能力。以利润表为基础计算的发展能力指标主要有：营业收入增长率、净利润增长率、留存盈利比率、可持续增长率。

（1）营业收入增长率，是指企业本年营业收入增长额同上年营业收入之比，其计算公式为：

营业收入增长率 = 本年营业收入增长额 / 上年营业收入 ×100%

营业收入增长率是衡量企业经营状况和市场占有能力、预测企业经营业务拓展趋势的重要标志。该指标值若大于零，表明企业本年的主营业务收入有所增长。该指标值越高，表明企业增长速度越快，市场前景越好；该指标值小于零，则说明企业的产品可能不适销对路。

（2）净利润增长率，是指企业本年净利润增长额同上年净利润之比，其计算公式为：

净利润增长率 = 本年净利润增长额 / 上年净利润 ×100%

该指标若大于零，表明企业本年的净利润有所增长。该指标值越高，表明企业增长速度越快，潜在的发展能力越强。该指标若小于零，则表明企业本年的净利润有所下降，应从收入下降、成本费用升高、利润结构不合理等方面深入分析具体原因。

（3）留存盈利比率，是指企业本年净利润减去全部股利后的余额与净利润之比，其计算公式为：

留存盈利比率 =（净利润 – 全部股利）/ 净利润 ×100%

留存盈利比率的高低，反映了企业的理财能力。留存盈利比率较高时，表明企业从当年的净利润中留存了较大的部分作为内部积累资金，以便扩大经营规模，实现未来的扩张发展。

（4）可持续增长率，是指在不增加外部融资的情况下，企业可望达到的销售额或主营业务收入的最高增长率。其计算公式为：

可持续增长率 = 净资产收益率 × 留存盈利比率

现仍以北京光华制造有限责任公司2017—2019年利润表和资产负债表的数据为例，利用 Excel 进行利润表比率分析，其分析程序如下：

第一步

打开“财务报表分析”工作簿，在“利润表结构分析”工作表之后插入一张工作表并命名为“利润表比率分析”，输入相应的报表项目，如图 4–15 所示。

第二步

计算 2018 年的各项财务比率。选取相关比率所在的单元格，按下列所示设置计算公式：

	A	B	C	D
1	北京光华制造有限责任公司利润表比率分析			
2	比率	2017年	2018年	2019年
3	一、盈利能力比率			
4	营业毛利率			
5	营业净利率			
6	成本费用利润率			
7	资产报酬率			
8	资产净利润率			
9	净资产收益率			
10	每股收益			
11	二、营运能力比率			
12	应收账款周转率			
13	存货周转率			
14	流动资产周转率			
15	固定资产周转率			
16	总资产周转率			
17	三、发展能力比率			
18	营业收入增长率			
19	净利润增长率			
20	留存收益比率			
21	可持续增长率			

利润表比率分析

图 4–15

（1）选取单元格 C4，输入数组公式“= 比较利润表 !C18/ 比较利润表 !C3”。

（2）选取单元格 C5，输入数组公式“= 比较利润表 !C23/ 比较利润表 !C3”。

（3）选取单元格 C6，输入数组公式“= 比较利润表 !C23/(比较利润表 !C4+ 比较利润表 !C6+ 比较利润表 !C7+ 比较利润表 !C9)”。

（4）选取单元格 C7，输入数组公式“=(比较利润表 !C21+ 比较利润表 !C9)/ 比较资产负债表 !C41”。

（5）选取单元格 C8，输入数组公式“= 比较利润表 !C23/ 比较资产负债表 !C41”。

（6）选取单元格 C9，输入数组公式“= 比较利润表 !C23/ 比较资产负债表 !G40”。

（7）选取单元格 C10，输入数组公式“= 比较利润表 !C23/ 比较资产负债表 !G30”。

（8）选取单元格 C12，输入数组公式“= 比较利润表 !C3/ 比较资产负债表 !C8”。

（9）选取单元格 C13，输入数组公式“= 比较利润表 !C4/ 比较资产负债表 !C11”。

（10）选取单元格 C14，输入数组公式“= 比较利润表 !C3/ 比较资产负债表 !C15”。

（11）选取单元格 C15，输入数组公式“= 比较利润表 !C3/ 比较资产负债表 !C22”。

（12）选取单元格 C16，输入数组公式“= 比较利润表 !C3/ 比较资产负债表 !C41”。

（13）选取单元格 C18，输入数组公式“=(比较利润表 !C3 – 比较利润表 !B3)/ 比较利润表 !B3”。

（14）选取单元格 C23，输入数组公式“=(比较利润表 !C23 – 比较利润表 !B23)/ 比较利润表 !B23”。

（15）选取单元格 C20，输入数组公式“=(比较利润表 !C23– 比较资产负债表 !G12)/ 比较利润表 !C23”。

（16）选取单元格 C21，输入公式“=C19*C20”。

第三步

在“利润表比率分析”工作表中，选中 C4:C21 单元格区域，单击“复制”按钮，然后选定单元格区域 B4:B21、D4:D21，单击“粘贴”按钮，得到 2017 年和 2019 年的利润表中各项财务比率。最终结果如图 4–16 所示。

	A	B	C	D
1	北京光华制造有限责任公司利润表比率分析			
2	比率	2017年	2018年	2019年
3	一、盈利能力比率			
4	营业毛利率	36.04%	35.49%	43.79%
5	营业净利率	13.69%	14.78%	35.37%
6	成本费用利润率	21.54%	23.52%	65.34%
7	资产报酬率	1.33%	1.03%	2.06%
8	资产净利润率	0.91%	0.72%	1.50%
9	净资产收益率	1.41%	0.85%	2.73%
10	每股收益	1.57%	0.90%	2.93%
11	二、营运能力比率			
12	应收账款周转率	1862.50%	126.67%	109.08%
13	存货周转率	144.30%	13.98%	13.92%
14	流动资产周转率	187.19%	25.81%	29.58%
15	固定资产周转率	7.10%	6.20%	5.12%
16	总资产周转率	6.66%	4.84%	4.24%
17	三、发展能力比率			
18	营业收入增长率	#VALUE!	2.01%	36.35%
19	净利润增长率	#VALUE!	10.11%	226.38%
20	留存收益比率	100.00%	100.00%	100.00%
21	可持续增长率	#VALUE!	10.11%	226.38%

... 利润表结构分析 利润表比率分析 ...

图 4–16

注意：图 4–16 中，由于缺少 2016 年的数据，2017 年的一些增长率比率无法计算出来；在计算某递增比率需要用到年初、年末平均值时，为了计算方便，比率分析仅采用了当年年末的数据来计算。

从图 4–16 的计算结果中，我们可以得出北京光华制造有限责任公司的以下结论：

（1）公司营业净利率和成本费用利润率 2018 年和 2019 年均比 2017 年升高，特别是 2019 年升高幅度较大。

（2）公司应收账款周转率和存货周转率 2018 年和 2019 年均比 2017 年下降，下降幅度高达 90% 以上。

（3）2019 年公司的净利润增长率和可持续增长率增长幅度较大。

任务三　现金流量表分析

一、现金流量表的趋势分析

现金流量表的趋势分析就是将不同时期的现金流量表指标一同列示，进行对比，以确定其增减差异和变动趋势的分析。分析时应当结合资产负债表和利润表信息，以明确企业整体现金流量和分项目现金流量变动的结果是有利的还是不利的。现金流量表的趋势分析一般也采用定比分析和环比分析。

现以北京光华制造有限责任公司 2017—2019 年现金流量表数据为例，利用 Excel 进行现金流量表定比趋势分析，其分析程序如下：

第一步

打开“财务报表分析”工作簿，在“利润表比率分析”工作表后插入一个新工作表，命名为“比较现金流量表”，并将北京光华制造有限责任公司 2017—2019 年现金流量表的期末数复制到“比较现金流量表”中相对应的年度内，如图 4–17 所示。

	A	B	C	D
1	北京光华制造有限责任公司比较现金流量表		单位：千元	
2	项　　目	2017年	2018年	2019年
3	一、经营活动产生的现金流量：			
4	销售商品、提供劳务收到的现金	9,560.00	12,168.00	33,451.00
5	收到的税费返还	0.00	0.00	0.00
6	收到的其他与经营活动有关的现金	900.00	1,200.00	1,500.00
7	经营活动金流入小计	10,460.00	13,368.00	34,951.00
8	购买商品、接受劳务支付的现金	9,280.00	8,290.00	9,391.00
9	支付给职工以及为职工支付的现金	8,000.00	10,000.00	11,000.00
10	支付的各项税费	0.00	0.00	0.00
11	支付的其他与经营活动有关的现金	6,300.00	7,000.00	6,800.00
12	经营活动现金流出小计	23,580.00	25,290.00	27,191.00
13	经营活动产生的现金流量净额	-13,120.00	-11,922.00	7,760.00
14	二、投资活动产生的现金流量：			
15	收回投资所收到的现金	0.00	0.00	0.00
16	取得投资收益所收到的现金	0.00	0.00	0.00
17	处置固定资产、无形资产和其他长期资产所收到的现金净额	150.00	0.00	240.00
18	处置子公司和其他营业单位收到的现金净额	0.00	0.00	0.00
19	收到的其他与投资活动有关的现金	0.00	0.00	0.00
20	投资活动现金流入小计	150.00	0.00	240.00
21	购建固定资产、无形资产和其他长期资产所支付的现金	63,000.00	80,000.00	45,000.00
22	投资所支付的现金	0.00	0.00	0.00
23	取得子公司和其他营业单位支付的现金净额	0.00	0.00	0.00
24	支付的其他与投资活动有关的现金		0.00	
25	投资活动现金流出小计	63,000.00	80,000.00	45,000.00
26	投资活动产生的现金流量净额	-62,850.00	-80,000.00	-44,760.00
27	三、筹资活动产生的现金流量：			
28	吸收投资所收到的现金	75,950.00	1,022.00	0.00
29	取得借款收到的现金	640.00	90,500.00	124,500.00
30	收到的其他与筹资活动有关的现金	0.00	0.00	0.00
31	筹资活动现金流入小计	76,590.00	91,522.00	124,500.00
32	偿还债务所支付的现金	0.00	0.00	85,900.00
33	分配股利、利润和偿付利息所支付的现金	320.00	500.00	800.00
34	支付的其他与筹资活动有关的现金	0.00	0.00	0.00
35	筹资活动现金流出小计	320.00	500.00	86,700.00
36	筹资活动产生的现金流量净额	76,270.00	91,022.00	37,800.00
37	四、汇率变动对现金及现金等价物的影响	0.00	0.00	0.00
38	五、现金及现金等价物净增加额	300.00	-900.00	800.00
39	加：期初现金及现金等价物余额	5,800.00	6,100.00	5,200.00
40	六、期末现金及现金等价物余额	6,100.00	5,200.00	6,000.00

比较现金流量表

图 4–17

第二步

打开“财务报表分析”工作簿，在“比较现金流量表”工作表后插入一个新工作表，命名为“现金流量表定比趋势分析”，并输入相应的报表项目，如图 4–18 所示。

	A	B	C	D	E
1	北京光华制造有限责任公司现金流量表定比趋势分析（以2017年为基期）				
2	项　　目	2018年比2017年		2019年比2017年	
3		增长额	增长比	增长额	增长比
4	销售商品、提供劳务收到的现金				
5	收到的税费返还				
6	收到的其他与经营活动有关的现金				
7	经营活动金流入小计				
8	购买商品、接受劳务支付的现金				
9	支付给职工以及为职工支付的现金				
10	支付的各项税费				
11	支付的其他与经营活动有关的现金				
12	经营活动现金流出小计				
13	**经营活动产生的现金流量净额**				
14	收回投资所收到的现金				
15	取得投资收益所收到的现金				
16	处置固定资产、无形资产和其他长期资产所收到的现金净额				
17	处置子公司和其他营业单位收到的现金净额				
18	收到的其他与投资活动有关的现金				
19	投资活动现金流入小计				
20	购建固定资产、无形资产和其他长期资产所支付的现金				
21	投资所支付的现金				
22	取得子公司和其他营业单位支付的现金净额				
23	支付的其他与投资活动有关的现金				
24	投资活动现金流出小计				
25	**投资活动产生的现金流量净额**				
26	吸收投资所收到的现金				
27	取得借款收到的现金				
28	收到的其他与筹资活动有关的现金				
29	筹资活动现金流入小计				
30	偿还债务所支付的现金				
31	分配股利、利润和偿付利息所支付的现金				
32	支付的其他与筹资活动有关的现金				
33	筹资活动现金流出小计				
34	**筹资活动产生的现金流量净额**				
35	**现金及现金等价物净增加额**				

现金流量表定比趋势分

图 4–18

第三步

在“现金流量表定比趋势分析”工作表中，选定 B4:B35 单元格区域，并输入“=”，设置取数公式。单击“比较现金流量表”工作表标签，切换到“比较现金流量表”工作表，然后在编辑栏中输入引用单元格区域的数组公式“= 比较现金流量表 !C3:C34 – 比较现金流量表 !B3:B34”。按【Ctrl+Shift+Enter】组合键，系统自动切换回“现金流量表定比趋势分析”工作表，并得出 2018 年与 2017 年相比各项目的增加额。

第四步

在“现金流量表定比趋势分析”工作表中，选定 D4:D35 单元格区域，并输入“=”，设置取数公式。单击“比较现金流量表”工作表标签，切换到“比较现金流量表”工作表，然后在编辑栏中输入引用单元格区域的数组公式“= 比较现金流量

表 !D3:D34– 比较现金流量表 !B3:B34”。按【Ctrl+Shift+Enter】组合键，系统自动切换回“现金流量表定比趋势分析”工作表，并得出 2019 年与 2017 年相比各项目的增加额。

第五步

在“现金流量表定比趋势分析”工作表中，选定 C4 单元格区域，输入数组公式“=B4/ 比较现金流量表 !B3”，并拖动填充到 C5:C35 单元格区域，得出 2018 年与 2017 年相比的增加百分比。

第六步

在“现金流量表定比趋势分析”工作表中，选定 E4 单元格区域，输入数组公式“=D4/ 比较现金流量表 !B3”，并拖动填充到 E5:E35 单元格区域，得出 2019 年与 2017 年相比的增加百分比。最终结果如图 4–19 所示。

	A	B	C	D	E
1	北京光华制造有限责任公司现金流量表定比趋势分析 （以2017年为基期）				
2	项　　目	2018年比2017年		2019年比2017年	
3		增长额	增长比	增长额	增长比
4	销售商品、提供劳务收到的现金	2,608.00	27.28%	23,891.00	249.91%
5	收到的税费返还	0.00	#DIV/0!	0.00	#DIV/0!
6	收到的其他与经营活动有关的现金	300.00	33.33%	600.00	66.67%
7	经营活动金流入小计	2,908.00	27.80%	24,491.00	234.14%
8	购买商品、接受劳务支付的现金	-990.00	-10.67%	111.00	1.20%
9	支付给职工以及为职工支付的现金	2,000.00	25.00%	3,000.00	37.50%
10	支付的各项税费	0.00	#DIV/0!	0.00	#DIV/0!
11	支付的其他与经营活动有关的现金	700.00	11.11%	500.00	7.94%
12	经营活动现金流出小计	1,710.00	7.25%	3,611.00	15.31%
13	**经营活动产生的现金流量净额**	1,198.00	-9.13%	20,880.00	-159.15%
14	收回投资所收到的现金	0.00	#DIV/0!	0.00	#DIV/0!
15	取得投资收益所收到的现金	0.00	#DIV/0!	0.00	#DIV/0!
16	处置固定资产、无形资产和其他长期资产所收到的现金净额	-150.00	-100.00%	90.00	60.00%
17	处置子公司和其他营业单位收到的现金净额	0.00	#DIV/0!	0.00	#DIV/0!
18	收到的其他与投资活动有关的现金	0.00	#DIV/0!	0.00	#DIV/0!
19	投资活动现金流入小计	-150.00	-100.00%	90.00	60.00%
20	购建固定资产、无形资产和其他长期资产所支付的现金	17,000.00	26.98%	-18,000.00	-28.57%
21	投资所支付的现金	0.00	#DIV/0!	0.00	#DIV/0!
22	取得子公司和其他营业单位支付的现金净额	0.00	#DIV/0!	0.00	#DIV/0!
23	支付的其他与投资活动有关的现金	0.00	#DIV/0!	0.00	#DIV/0!
24	投资活动现金流出小计	17,000.00	26.98%	-18,000.00	-28.57%
25	**投资活动产生的现金流量净额**	-17,150.00	27.29%	18,090.00	-28.78%
26	吸收投资所收到的现金	-74,928.00	-98.65%	-75,950.00	-100.00%
27	取得借款收到的现金	89,860.00	14040.63%	123,860.00	19353.13%
28	收到的其他与筹资活动有关的现金	0.00	#DIV/0!	0.00	#DIV/0!
29	筹资活动现金流入小计	14,932.00	19.50%	47,910.00	62.55%
30	偿还债务所支付的现金	0.00	#DIV/0!	85,900.00	#DIV/0!
31	分配股利、利润和偿付利息所支付的现金	180.00	56.25%	480.00	150.00%
32	支付的其他与筹资活动有关的现金	0.00	#DIV/0!	0.00	#DIV/0!
33	筹资活动现金流出小计	180.00	56.25%	86,380.00	26993.75%
34	**筹资活动产生的现金流量净额**	14,752.00	19.34%	-38,470.00	-50.44%
35	**现金及现金等价物净增加额**	-1,200.00	-400.00%	500.00	166.67%

现金流量表定比趋势分析

图 4–19

从图 4–19 的计算结果中，我们可以得出北京光华制造有限责任公司的以下结论：

（1）2018 年与 2017 年相比，公司的现金流量净额减少了 120 万元，下降幅度高达 400.00%，表明该公司 2018 年现金流动的情况不理想。2018 年与 2017 年相比，现金流量增长额最大和增长幅度最大的都是筹资活动产生的现金流量净额，减少额最大和减少幅度最大的是投资活动产生的现金流量净额。

（2）2019 年与 2017 年相比，公司的现金流量净额增加了 50 万元，上升幅度高达 166.67%，表明该公司 2019 年现金流动的情况有所好转。2019 年与 2017 年相比，现金流量增长额最大和增长幅度最大的都是经营活动产生的现金流量净额，减少额最大和减少幅度最大的是筹资活动产生的现金流量净额。

此外，对现金流量表还可进行环比趋势分析，其分析程序可参考利润表环比趋势分析，具体程序在此不再赘述。

二、现金流量表的结构分析

现金流量表的结构分析就是通过对现金流量表中不同项目之间的比较，分析企业现金流入和流出的来源与方向，评价各种现金流量的形成原因。现金流量表分为经营活动现金流量、投资活动现金流量和筹资活动现金流量，三大部分的现金流入量和流出量的含义不同，对会计信息使用者的作用也不一样。现金流量表的结构分析可以从总体结构分析和分类结构分析两个方面来进行。

（一）现金流量表的总体结构分析

现金流量表的总体结构分析是指对企业一定时期的现金流入、现金流出和现金流量净额的构成情况进行分析，以反映现金流量主要构成情况。现仍以北京光华制造有限责任公司 2017—2019 年现金流量表数据为例，利用 Excel 进行现金流量结构分析，其分析程序如下：

第一步

打开“财务报表分析”工作簿，在“现金流量表定比趋势分析”工作表之后插入一张工作表，并命名为“现金流量表总体结构分析”，输入相应的报表项目，如图 4–20 所示。

	A	B	C	D	E	F	G	H	I	J
1	北京光华制造有限责任公司现金流量表总体结构分析									
2		现金流入构成			现金流出构成			现金及现金等价物净额构成		
3	项　　目	2017年	2018年	2019年	2017年	2018年	2019年	2017年	2018年	2019年
4	经营活动金流入小计									
5	经营活动现金流出小计									
6	**经营活动产生的现金流量净额**									
7	投资活动现金流入小计									
8	投资活动现金流出小计									
9	**投资活动产生的现金流量净额**									
10	筹资活动现金流入小计									
11	筹资活动现金流出小计									
12	**筹资活动产生的现金流量净额**									
13	**现金及现金等价物净增加额**									
14										

… 现金流量表定比趋势分析 | 现金流量表总体结构分析 | ⊕

图 4–20

第二步

计算现金流入构成各单元格的分析数据。选取相应的单元格，按下列所示设置计算公式：

（1）选取单元格 B4，输入数组公式“= 比较现金流量表 !B6/(比较现金流量表 !B6+ 比较现金流量表 !B18+ 比较现金流量表 !B28)”。

（2）选取单元格 B7，输入数组公式“= 比较现金流量表 !B18/(比较现金流量表 !B6+ 比较现金流量表 !B18+ 比较现金流量表 !B28)”。

（3）选取单元格 B10，输入数组公式“= 比较现金流量表 !B28/(比较现金流量表 !B6+ 比较现金流量表 !B18+ 比较现金流量表 !B28)”。

（4）选取单元格 B13，输入公式“=B4+B7+B10”。

（5）选取单元格区域 B4:B13，将其复制到单元格区域 C4:C13 和 D4:D13，这样就得出 2017—2019 年的现金流入总体结构。

第三步

计算现金流出构成各单元格的分析数据。选取相应的单元格，按下列所示设置计算公式：

（1）选取单元格 E5，输入数组公式“= 比较现金流量表 !B11/(比较现金流量表 !B11+ 比较现金流量表 !B23+ 比较现金流量表 !B32)”。

（2）选取单元格 E8，输入数组公式“= 比较现金流量表 !B23/(比较现金流量表 !B11+ 比较现金流量表 !B23+ 比较现金流量表 !B32)”。

（3）选取单元格 E11，输入数组公式“= 比较现金流量表 !B32/(比较现金流量表 !B11+ 比较现金流量表 !B23+ 比较现金流量表 !B32)”。

（4）选取单元格 E13，输入公式“=E5+E8+E11”。

（5）选定单元格区域 E5:E13，将其复制到单元格区域 F5:F13 和 G5:G13，这样就可得出 2017—2019 年的现金流出总体结构。

第四步

计算现金及现金等价物净额构成各单元格的分析数据。选取相应的单元格，按下列所示设置计算公式：

（1）选取单元格 H6，输入数组公式“= 比较现金流量表 !B12/ 比较现金流量表 !B34”。

（2）选取单元格 H9，输入数组公式“= 比较现金流量表 !B24/ 比较现金流量表 !B34”。

（3）选取单元格 H12，输入数组公式“= 比较现金流量表 !B33/ 比较现金流量表 !B34”。

（4）选取单元格 H13，输入公式“=H6+H9+H12”。

（5）选定单元格区域 H6:H13，将其复制到单元格区域 I6:I13 和 J6:J13，这样就可得出 2017—2019 年的现金及现金等价物净额总体结构。最终结果如图 4–21 所示。

	A	B	C	D	E	F	G	H	I	J
1	北京光华制造有限责任公司现金流量表总体结构分析									
2		现金流入构成			现金流出构成			现金及现金等价物净额构成		
3	项　　目	2017年	2018年	2019年	2017年	2018年	2019年	2017年	2018年	2019年
4	经营活动金流入小计	12.00%	12.74%	21.89%						
5	经营活动现金流出小计				27.13%	23.91%	17.11%			
6	经营活动产生的现金流量净额							-4373.33%	1324.67%	970.00%
7	投资活动现金流入小计	0.17%	0.00%	0.15%						
8	投资活动现金流出小计				72.50%	75.62%	28.32%			
9	投资活动产生的现金流量净额							-20950.00%	8888.89%	-5595.00%
10	筹资活动现金流入小计	87.83%	87.26%	77.96%						
11	筹资活动现金流出小计				0.37%	0.47%	54.57%			
12	筹资活动产生的现金流量净额							25423.33%	-10113.56%	4725.00%
13	现金及现金等价物净增加额	100.00%	100.00%	100.00%	100.00%	100.00%	100.00%	100.00%	100.00%	100.00%
14										

现金流量表总体结构分析

图 4–21

从图 4–21 的计算结果中，我们可以得出北京光华制造有限责任公司的以下结论：

（1）公司 2017—2019 年筹资活动现金流入占现金总流入的比重依次为 87.83%、87.26% 和 77.96%，表明公司 2017—2019 年每年均筹集了大量资金。

（2）公司 2017 年、2018 年投资活动现金流出占现金总流出的比重依次为 72.50% 和 75.62%，表明公司 2017 年和 2018 年的资金主要用于投资活动（扩大生产规模）；而 2019 年的资金主要用于偿还借款，即 2019 年筹资活动现金流出占现金总流出的比重为 54.57%。

（3）公司 2017 年的现金流量净额中，经营活动和投资活动的现金流量净额占全部现金流量净额的百分比都为负数，筹资活动的现金流量净额占全部现金流量净额的百分比为正数，表明当年公司的筹资活动的现金流量净额为全部现金流量净额做出了贡献；2018 年的现金流量净额中，经营活动和投资活动的现金流量净额占全部现金流量净额的百分比都为正数，筹资活动的现金流量净额占全部现金流量净额的百分比为负数，表明当年公司的经营活动和投资活动的现金流量净额为全部现金流量净额做出了贡献；而 2019 年的现金流量净额中，经营活动和筹资活动的现金流量净额占全部现金流量净额的百分比都为正数，投资活动的现金流量净额占全部现金流量净额的百分比为负数，表明当年公司的经营活动和投资活动的现金流量净额主要被筹资活动所占用。

（二）现金流量表的分类结构分析

现金流量表的分类结构分析是指对企业一定时期的经营活动、投资活动和筹资活动的现金流入和现金流出的具体构成情况进行分析，以反映企业的各项经济活动现金流量发生及构成的详细信息。

现仍以北京光华制造有限责任公司 2017—2019 年现金流量表数据为例，利用 Excel 进行现金流量结构分析，其分析程序如下：

第一步

打开“财务报表分析”工作簿，在“现金流量表总体结构分析”工作表之后插入一张工作表，并命名为“现金流量表分类结构分析”，输入相应的报表项目，如图 4–22 所示。

	A	B	C	D	E	F	G	H	I	J
1	北京光华制造有限责任公司现金流量表分类结构分析									
2	项　　目	现金流入构成			现金流出构成			现金及现金等价物净额构成		
3		2017年	2018年	2019年	2017年	2018年	2019年	2017年	2018年	2019年
4	销售商品、提供劳务收到的现金									
5	收到的税费返还									
6	收到的其他与经营活动有关的现金									
7	经营活动金流入小计									
8	购买商品、接受劳务支付的现金									
9	支付给职工以及为职工支付的现金									
10	支付的各项税费									
11	支付的其他与经营活动有关的现金									
12	经营活动现金流出小计									
13	**经营活动产生的现金流量净额**									
14	收回投资所收到的现金									
15	取得投资收益所收到的现金									
16	处置固定资产、无形资产和其他长期资产所收到的现金净额									
17	处置子公司和其他营业单位收到的现金净额									
18	收到的其他与投资活动有关的现金									
19	投资活动现金流入小计									
20	购建固定资产、无形资产和其他长期资产所支付的现金									
21	投资所支付的现金									
22	取得子公司和其他营业单位支付的现金净额									
23	支付的其他与投资活动有关的现金									
24	投资活动现金流出小计									
25	**投资活动产生的现金流量净额**									
26	吸收投资所收到的现金									
27	取得借款收到的现金									
28	收到的其他与筹资活动有关的现金									
29	筹资活动现金流入小计									
30	偿还债务所支付的现金									
31	分配股利、利润和偿付利息所支付的现金									
32	支付的其他与筹资活动有关的现金									
33	筹资活动现金流出小计									
34	**筹资活动产生的现金流量净额**									
35	**期末现金及现金等价物余额**									

… 现金流量表总体结构分析 | 现金流量表分类结构分析 …

图 4–22

第二步

计算现金流入构成各单元格的分析数据。选取相应的单元格，按下列所示设置计算公式：

（1）选取单元格区域 B4:B7，输入数组公式“= 比较现金流量表 !B3:B6/ 比较现金流量表 !B6”。

（2）选取单元格区域 B14:B19，输入数组公式“= 比较现金流量表 !B13:B18/ 比较

现金流量表 !B18”。

（3）选取单元格区域 B26:B29，输入数组公式“= 比较现金流量表 !B25:B28/ 比较现金流量表 !B28”。

（4）将单元格区域 B4:B29 复制到单元格区域 C4:C29 和 D4:D29。这样就可得出 2017—2019 年现金流入主要项目的构成数据。

第三步

计算现金流出构成各单元格的分析数据。选取相应的单元格，按下列所示设置计算公式：

（1）选取单元格区域 E8:E12，输入数组公式“= 比较现金流量表 !B7:B11/ 比较现金流量表 !B11”。

（2）选取单元格区域 E20:E24，输入数组公式“= 比较现金流量表 !B19:B23/ 比较现金流量表 !B23”。

（3）选取单元格区域 E30:E33，输入数组公式“= 比较现金流量表 !B29:B32/ 比较现金流量表 !B32”。

（4）将单元格区域 E8:E33 复制到单元格区域 F8:F33 和 G8:G33。这样就可得出 2017—2019 年现金流出主要项目的构成数据。

第四步

计算现金净额构成各单元格的分析数据。选取相应的单元格，按下列所示设置计算公式：

（1）选取单元格 H13，输入数组公式“= 比较现金流量表 !B12/ 比较现金流量表 !B34”。

（2）选取单元格 H25，输入数组公式“= 比较现金流量表 !B24/ 比较现金流量表 !B34”。

（3）选取单元格 H34，输入数组公式“= 比较现金流量表 !B33/ 比较现金流量表 !B34”。

（4）选取单元格 H35，输入公式“=H13+H25+H34”。

（5）将单元格 H13、H25、H34、H35 分别复制到单元格 I13、I25、I34、I35 和单元格 J13、J25、J34、J35。这样就可得出 2017—2019 年现金净额主要项目的构成数据。最终得到现金流量表分类结构分析的结果，如图 4–23 所示。

从图 4–23 的计算结果中，我们可以得出北京光华制造有限责任公司的以下结论：

北京光华制造有限责任公司现金流量表分类结构分析

项目	现金流入构成			现金流出构成			现金及现金等价物净额构成		
	2017年	2018年	2019年	2017年	2018年	2019年	2017年	2018年	2019年
销售商品、提供劳务收到的现金	91.40%	91.02%	95.71%						
收到的税费返还	0.00%	0.00%	0.00%						
收到的其他与经营活动有关的现金	8.60%	8.98%	4.29%						
经营活动金流入小计	100.00%	100.00%	100.00%						
购买商品、接受劳务支付的现金				39.36%	32.78%	34.54%			
支付给职工以及为职工支付的现金				33.93%	39.54%	40.45%			
支付的各项税费				0.00%	0.00%	0.00%			
支付的其他与经营活动有关的现金				26.72%	27.68%	25.01%			
经营活动现金流出小计				100.00%	100.00%	100.00%			
经营活动产生的现金流量净额							-4373.33%	1324.67%	970.00%
收回投资所收到的现金	0.00%	#DIV/0!	0.00%						
取得投资收益所收到的现金	0.00%	#DIV/0!	0.00%						
处置固定资产、无形资产和其他长期资产所收到的现金净额	100.00%	#DIV/0!	100.00%						
处置子公司和其他营业单位收到的现金净额	0.00%	#DIV/0!	0.00%						
收到的其他与投资活动有关的现金	0.00%	#DIV/0!	0.00%						
投资活动现金流入小计	100.00%	#DIV/0!	100.00%						
购建固定资产、无形资产和其他长期资产所支付的现金				100.00%	100.00%	100.00%			
投资所支付的现金				0.00%	0.00%	0.00%			
取得子公司和其他营业单位支付的现金净额				0.00%	0.00%	0.00%			
支付的其他与投资活动有关的现金				0.00%	0.00%	0.00%			
投资活动现金流出小计				100.00%	100.00%	100.00%			
投资活动产生的现金流量净额							-20950.00%	8888.89%	-5595.00%
吸收投资所收到的现金	99.16%	1.12%	0.00%						
取得借款收到的现金	0.84%	98.88%	100.00%						
收到的其他与筹资活动有关的现金	0.00%	0.00%	0.00%						
筹资活动现金流入小计	100.00%	100.00%	100.00%						
偿还债务所支付的现金				0.00%	0.00%	99.08%			
分配股利、利润和偿付利息所支付的现金				100.00%	100.00%	0.92%			
支付的其他与筹资活动有关的现金				0.00%	0.00%	0.00%			
筹资活动现金流出小计				100.00%	100.00%	100.00%			
筹资活动产生的现金流量净额							25423.33%	-10113.56%	4725.00%
期末现金及现金等价物余额							100.00%	100.00%	100.00%

现金流量表总体结构分析 | 现金流量表分类结构分…

图 4–23

（1）公司 2018 年与 2017 年相比，经营活动和筹资活动现金流入量的结构变化不大，投资活动现金流入量的结构变化较大；2019 年与 2017 年相比，经营活动和投资活动现金流入量的结构变化不大，但筹资活动现金流入量的结构变化较大。

（2）公司 2018 年与 2017 年、2019 年与 2017 年相比，经营活动、投资活动和筹资活动现金流出量的结构变化均不大。

三、现金流量表的比率分析

现金流量表的比率分析是指利用现金流量表同资产负债表和利润表的数据联系，分析企业的利润质量以及获取现金能力。

利用现金流量表同资产负债表和利润表的数据联系的主要比率包括：偿债能力比率、利润质量比率和获取现金能力比率。

（一）偿债能力比率

（1）现金流动负债比，是指企业的经营活动的净现金流量与流动负债的比率，用来反映企业用经营活动获取的现金来偿还短期债务的能力。其计算公式为：

现金流动负债比 = 经营活动产生的现金流量净额 / 流动负债

（2）现金全部负债比，指企业的经营活动的净现金流量与债务总额的比率，用来反映企业依靠经营活动获得的现金偿还全部债务的能力。其计算公式为：

现金全部负债比 = 经营活动产生的现金流量净额 / 负债总额

（3）债务偿还期，是指负债总额与经营活动产生的现金流量净额之比。债务偿还期指标值越低，表明企业偿还全部债务的时间越短，偿债能力越强；反之，比率越高，表明企业偿还全部债务的时间越长，偿债能力越差。其计算公式为：

债务偿还期 = 负债总额 / 经营活动产生的现金流量净额

（二）利润质量比率

（1）每股经营活动净现金流量，是指经营活动现金净流量与普通股股份数之比，用来反映企业经营活动产生的现金流量。每股经营活动净现金流量越高，表明企业每股普通股在一个会计年度中所获得的现金流量越多，利润质量就越高；若一个企业的每股收益很高而每股经营活动净现金流量很低甚至为负数，一般则表明该企业的利润质量不高。其计算公式为：

每股经营活动净现金流量 =（经营活动产生的现金流量净额 − 优先股股利）/ 流通在外的普通股股数

（2）现金净利比率，是指企业经营活动产生的现金流量净额与净利润之比，反映了净利润所受到的经营活动现金流量保障程度。一般来说，该比率越高，表示企业净利润所受到的现金保障程度越高，从而利润质量就越高；反之，该比率越低，则说明利润的质量可能越低。其计算公式为：

现金净利比率 = 经营活动产生的现金流量净额 / 净利润

（3）现金营业利润比率，是指企业经营活动产生的现金流量净额与营业利润之比，反映了企业营业利润中以现金方式实现的比率。其计算公式为：

现金营业利润比率 = 经营活动产生的现金流量净额 / 营业利润

（三）获取现金能力比率

（1）销售现金比率，是指企业经营活动产生的现金流量净额与销售收入之比，反映了企业销售收入中的现金含量高低。销售现金比率越高，现金含量就越高，货款回笼速度越快，资金使用的效果就越好。另外，该指标也反映了企业产品的市场竞争力和企业的销售政策等相关信息。其计算公式为：

销售现金比率 = 经营活动产生的现金流量净额 / 销售收入

（2）现金报酬率，是指企业经营活动产生的现金流量净额与资产总额之比，反映企业单位资产所能获得现金报酬的能力。现金报酬率指标越高，说明企业资产运用效果越好，现金流转越好。其计算公式为：

现金报酬率 = 经营活动产生的现金流量净额 / 资产总额

现仍以北京光华制造有限责任公司 2017—2019 年资产负债表、利润表和现金流量表数据为例，利用 Excel 进行现金流量表的比率分析，其分析程序如下：

第一步

打开“财务报表分析”工作簿，在“现金流量表分类结构分析”工作表之后插入一张工作表并命名为“现金流量表比率分析”，输入相应的报表项目，如图 4–24 所示。

	A	B	C	D
1	北京光华制造有限责任公司现金流量表比率分析			
2	比率	2017年	2018年	2019年
3	一、偿债能力比率			
4	现金流动负债比			
5	现金全部负债比			
6	债务偿还期			
7	二、利润质量比率			
8	每股经营活动净现金流量			
9	现金净利比率			
10	现金营业利润比率			
11	三、获取现金能力比率			
12	销售现金比率			
13	现金报酬率			

现金流量表比率分析

图 4–24

第二步

计算 2018 年的各项比率。选取相关比率所在的单元格，按下列所示设置计算公式：

（1）选取单元格 C4，输入数组公式“= 比较现金流量表 !C13/ 比较资产负债表 !G16”。

（2）选取单元格 C5，输入数组公式“= 比较现金流量表 !C13/ 比较资产负债表 !G28”。

（3）选取单元格 C6，输入数组公式“= 比较资产负债表 !G28/ 比较现金流量表 !C13”。

（4）选取单元格 C8，输入数组公式“= 比较现金流量表 !C13/ 比较资产负债表 !G30”。

（5）选取单元格 C9，输入数组公式“= 比较现金流量表 !C13/ 比较利润表 !C23”。

（6）选取单元格 B10，输入数组公式“= 比较现金流量表 !C13/ 比较利润表 !C18”。

（7）选取单元格 B12，输入数组公式“= 比较现金流量表 !C13/ 比较利润表 !C3”。

（8）选取单元格 B13，输入数组公式“= 比较现金流量表 !C13/ 比较资产负债表 !C41”。

（9）在“现金流量表比率分析”工作表中，选中 C4:C13 单元格区域，单击“复制”按钮，选定单元格区域 B4:B13，单击“粘贴”按钮，得到 2017 年和 2019 年的各项比率指标。最终结果如图 4–25 所示。

	A	B	C	D
1	北京光华制造有限责任公司现金流量表比率分析			
2	比率	2017年	2018年	2019年
3	一、偿债能力比率			
4	现金流动负债比	-38.93%	-20.99%	13.15%
5	现金全部负债比	-8.34%	-12.32%	1.77%
6	债务偿还期	11.99	8.12	56.57
7	二、利润质量比率			
8	每股经营活动净现金流量	-5.05%	-2.38%	1.55%
9	现金净利比率	-321.57%	-265.38%	52.92%
10	现金营业利润比率	-122.16%	-110.49%	42.75%
11	三、获取现金能力比率			
12	销售现金比率	-44.03%	-39.22%	18.72%
13	现金报酬率	-2.93%	-1.90%	0.79%
14				

现金流量表比率分析

图 4–25

从图 4–25 的计算结果中，我们可以得出北京光华制造有限责任公司的以下结论：

（1）公司 2017 年、2018 年的现金流动负债比和现金全部负债比均为负数，基本上没有偿还债务的能力；2019 年现金流动负债比和现金全部负债比虽为正数，但比率偏低，偿还债务的能力还是偏弱。

（2）公司 2017 年、2018 年的每股经营活动净现金流量、现金净利比率和现金营业利润比率均为负数，利润质量极差；2019 年的每股经营活动净现金流量、现金净利比率和现金营业利润比率均为正数，利润质量有所好转。

（3）公司 2017 年、2018 年的销售现金比率和现金报酬率为负数，表明获取现金的能力严重不足；2019 年的销售现金比率和现金报酬率为正数，表明获取现金的能力有所好转。

任务驱动

根据项目三任务驱动 3 和 4 生成的北京华天制造有限责任公司 2019 年 1 月的资产负债表、利润表和现金流量表的数据，教师引导学生自行添加 2017 年 1 月和 2018 年 1 月各类报表相关项目的数据，利用 Excel 进行下列分析：

1. 资产负债表的趋势分析、结构（总体结构和分类结构）分析和比率分析。
2. 利润表的趋势分析、结构分析和比率分析。
3. 现金流量表的趋势分析、结构（总体结构和分类结构）分析和比率分析。

项目五

职工薪酬管理系统的设置

项目综述：

职工薪酬，是指企业为获得职工提供的服务或解除劳动关系而给予的各种形式的报酬或补偿。职工薪酬包括短期薪酬、离职后福利、辞退福利和其他长期职工福利。企业提供给职工配偶、子女、受赡养人、已故员工遗属及其他受益人等的福利，也属于职工薪酬。

（1）短期薪酬，是指企业在职工提供相关服务的年度报告期间结束后十二个月内需要全部予以支付的职工薪酬，因解除与职工的劳动关系给予的补偿除外。短期薪酬具体包括：职工工资、奖金、津贴和补贴，职工福利费，医疗保险费、工伤保险费和生育保险费等社会保险费，住房公积金，工会经费和职工教育经费，短期带薪缺勤，短期利润分享计划，非货币性福利以及其他短期薪酬。

带薪缺勤，是指企业支付工资或提供补偿的职工缺勤，包括年休假、病假、短期伤残、婚假、产假、丧假、探亲假等。利润分享计划，是指因职工提供服务而与职工达成的基于利润或其他经营成果提供薪酬的协议。

（2）离职后福利，是指企业为获得职工提供的服务而在职工退休或与企业解除劳动关系后，提供的各种形式的报酬和福利，短期薪酬和辞退福利除外。

（3）辞退福利，是指企业在职工劳动合同到期之前解除与职工的劳动关系，或者为鼓励职工自愿接受裁减而给予职工的补偿。

（4）其他长期职工福利，是指除短期薪酬、离职后福利、辞退福利之外所有的职工薪酬，包括长期带薪缺勤、长期残疾福利、长期利润分享计划等。

项目要求：

职工薪酬管理是任何一个单位财务部门最基本的业务之一，是一项重要的常规性的工作。由于职工薪酬的数据量较大，手工管理既耗时也易出错，而借助计算机进行管理可以保证职工薪酬核算的准确性和及时性。

本项目要求利用 Excel 对单位职工薪酬进行管理。

任务一　设置职工薪酬管理情况表

职工薪酬管理情况包括：职工基本情况表、职工薪酬计算比率表、职工薪酬调整表、职工福利表、职工奖金计算表以及职工社会保险住房公积金计算表。

现以北京光华制造有限责任公司的职工薪酬管理为例，利用 Excel 设置职工薪酬管理情况的相关表格，其设置程序如下：

第一步

设置职工基本情况表，新建一个名为“职工薪酬管理系统”的工作簿，并将“Sheet1”工作表命名为“职工基本情况表”，然后快速输入职工的基本信息（快速输入信息项目一已讲述），如图 5–1 所示。

北京光华制造有限责任公司职工基本情况一览表

工号	身份证号	姓名	性别	出生日期	部门	职务	职称	参加工作时间	联系电话	银行账号
201	110*****1	王久肖	男	1963/6/30	行政部	经理	高级经济师	1991/9/1	88875432	100123677
202	110*****2	王　玲	女	1970/7/23	办公室	办公室主任	经济师	1998/9/1	88875433	100123678
203	110*****3	张鹏辉	男	1969/2/2	销售部	经理	高级经济师	1996/9/1	88875434	100123679
204	110*****4	李耀东	男	1973/3/1	销售部	销售员	助理经济师	1999/3/1	88875435	100123680
205	110*****5	翟永徽	男	1983/11/20	销售部	销售员	经济师	2010/9/1	88875436	100123681
206	110*****6	黄达光	男	1976/6/24	生产部	经理	高级工程师	2003/9/1	88875437	100123682
207	110*****7	李　媛	女	1978/10/1	生产部	副经理	工程师	2006/9/1	88875438	100123683
208	110*****8	马　东	男	1981/2/5	生产部	技术员	工程师	2008/9/1	88875439	100123684
209	110*****9	钱三宝	男	1985/11/1	生产部	技术员	中级技师	2013/9/1	88875440	100123685
210	130*****1	赵小玲	女	1988/9/8	生产部	职员	初级技师	2013/9/1	88875441	100123686
211	130*****2	王欢欢	女	1988/2/8	生产部	职员	初级技师	2013/9/1	88875442	100123687
212	130*****3	赵宝泉	男	1989/5/5	生产部	职员	初级技师	2014/9/1	88875443	100123688
213	130*****4	孙光彩	女	1974/8/1	后勤部	经理	高级经济师	2001/9/1	88875444	100123689
214	130*****5	刘　莲	女	1988/6/7	后勤部	职员	助理经济师	2014/9/1	88875445	100123690
215	130*****6	付郭飞	男	1969/3/4	财务部	经理	高级会计师	1996/9/1	88875446	100123691
216	130*****7	王芳芳	女	1982/12/4	财务部	出纳	会计师	2008/9/1	88875447	100123692

职工基本情况表 | 职工薪酬计算比率表 | 职工薪酬调整表 | 职工福利表 | 职工...

图 5–1

注：职工基本情况表是单位职工基本信息的汇总表，这些信息一般包括：职工的编号、姓名、性别、所属部门、职务、职称、参加工作时间、出生日期、身份证号码、

联系电话、E-mail、工资卡银行账号等。职工基本情况表的数据，读者可以根据各个单位的具体情况进行内容的增减，不必拘泥于本书的设计。

第二步

设置职工薪酬计算比率表，打开“职工薪酬管理系统”工作簿，并将“Sheet2”工作表命名为“职工薪酬计算比率表”，然后将社会保险、住房公积金、个人所得税等计算比率输入“职工薪酬计算比率表”工作表，如图 5–2 所示。

	A	B	C	D	E	F	G	H
1	北京光华制造有限责任公司职工薪酬计算比率表							
2								
3		社会保险及住房公积金计算比率				病事假工资扣除标准		
4	项目	扣除比率				出勤情况	每天扣款（元）	
5		单位		个人		全勤	0	
6	养老保险	19%	8%			病假	10	
7	医疗保险	10%	2%	+3		事假	50	
8	失业保险	0.8%	0.2%			矿工	150	
9	工伤保险	0.2%						
10	生育保险	0.8%						
11	住房公积金	12%	12%					
12								
13		居民个人工资、薪金所得个人所得税预扣率						
14	本期应预扣预缴税额	=（累计预扣预缴应纳税所得额×预扣率–速算扣除数）–累计减免税额–累计已预扣预缴税额						
15	累计预扣预缴应纳税所得额	=累计收入–累计免税收入–累计减除费用–累计专项扣除–累计专项附加扣除–累计依法确定的其他扣除						
16	级数	累计预扣预缴应纳税所得额	预扣率	速算扣除数				
17	1	不超过36000元的部分	3%	0				
18	2	超过36000元至144000元的部分	10%	2520				
19	3	超过144000元至300000元的部分	20%	16920				
20	4	超过300000元至420000元的部分	25%	31920				
21	5	超过420000元至660000元的部分	30%	52920				
22	6	超过660000元至960000元的部分	35%	85920				
23	7	超过960000元的部分	45%	181920				
24								

职工基本情况表 | 职工薪酬计算比率表 | 职工薪酬调整表 | 职工福利表 | 职工社会保险住房么 ...

图 5–2

注：图 5–2 中社会保险及住房公积金计算比率是依据北京市 2019 年的比率计算的（北京市自 2019 年 5 月 1 日起养老保险单位负担的比率由 19% 下调到 16%），实际工作中因企业所处的行政区域和时间不同，社会保险及住房公积金比率存在差异。

第三步

设置职工薪酬调整表，打开“职工薪酬管理系统”工作簿，在“职工薪酬计算比率表”工作表之后插入一张新的工作表并命名为“职工薪酬调整表”，然后按下列程序设置“职工薪酬调整表”：

（1）选定 A1:K1 单元格区域，合并后居中，并输入标题“北京光华制造有限责任公司 2019 年职工薪酬调整表”。

（2）在单元格 A2:K2 区域输入数据标题：工号、身份证号、姓名、部门、调整后的基本工资、调整后的岗位工资、调整后的工龄工资、计划奖金、工资合计、最后一次调整时间和备注。

（3）在单元格 A3 中输入公式“= 职工基本情况表 !A3”；在单元格 B3 中输入公式“= 职工基本情况表 !B3”；在单元格 C3 中输入公式“= 职工基本情况表 !C3”；在单元格 D3 中输入公式“= 职工基本情况表 !F3”。选取单元格 A3:D3 区域，将其向下填充复制到需要的行数，就得到了职工的工号、身份证号、姓名、部门的固定数据。

（4）在单元格 E3:E18 区域输入调整后的基本工资数据；在单元格 F3:F18 区域输入调整后的岗位工资数据；在单元格 H3:H18 区域输入计划奖金数据。

（5）设置调整后的工龄工资，假定每工作一年增加工龄工资 50 元，最多不超过 1 000 元，以每年的 1 月份为准计算年份，则工龄工资的计算方法为：在单元格 G3 中输入公式“=IF(A3<>"",MIN(1000,(YEAR(TODAY())–YEAR(职工基本情况表 !I3))*50),"")”，然后将单元格 G3 向下填充复制到需要的行数。

（6）在单元格 I3 中输入公式“=SUM(E3:G3)”，然后将单元格 I3 向下填充复制到需要的行数，这样就得到了工资合计数。

（7）在单元格 J3 设置最后一次调整时间，并将其向下复制到需要的行数。最终结果如图 5–3 所示。

北京光华制造有限责任公司2019年职工薪酬调整表

工号	身份证号	姓名	部门	调整后的基本工资	调整后的岗位工资	调整后的工龄工资	计划奖金	工资合计	最后一次调整时间	备注
201	110*****1	王久肖	行政部	4000.00	6000.00	1000.00	3000.00	11000.00	2019/1/1	
202	110*****2	王　玲	办公室	3600.00	4400.00	1000.00	2800.00	9000.00	2019/1/1	
203	110*****3	张鹏辉	销售部	3600.00	4400.00	1000.00	2500.00	9000.00	2019/1/1	
204	110*****4	李耀东	销售部	1600.00	5000.00	1000.00	2000.00	7600.00	2019/1/1	
205	110*****5	翟永徽	销售部	1600.00	5000.00	450.00	2000.00	7050.00	2019/1/1	
206	110*****6	黄达光	生产部	3600.00	4400.00	800.00	2800.00	8800.00	2019/1/1	
207	110*****7	李　媛	生产部	3200.00	4000.00	650.00	2200.00	7850.00	2019/1/1	
208	110*****8	马　东	生产部	3000.00	3800.00	550.00	2000.00	7350.00	2019/1/1	
209	110*****9	钱三宝	生产部	3000.00	3800.00	300.00	2000.00	7100.00	2019/1/1	
210	130*****1	赵小玲	生产部	2000.00	3600.00	300.00	1500.00	5900.00	2019/1/1	
211	130*****2	王欢欢	生产部	2000.00	3600.00	300.00	1500.00	5900.00	2019/1/1	
212	130*****3	赵宝泉	生产部	2000.00	3600.00	250.00	1500.00	5850.00	2019/1/1	
213	130*****4	孙光彩	后勤部	3600.00	4400.00	900.00	2500.00	8900.00	2019/1/1	
214	130*****5	刘　莲	后勤部	2000.00	3000.00	250.00	1500.00	5250.00	2019/1/1	
215	130*****6	付郭飞	财务部	4000.00	5600.00	1000.00	3000.00	10600.00	2019/1/1	
216	130*****7	王芳芳	财务部	3600.00	4400.00	550.00	2000.00	8550.00	2019/1/1	

职工基本情况表 | 职工薪酬计算比率表 | 职工薪酬调整表 | 职工福利表 | 职工社会保险住房公积金计1…

图 5–3

第四步

设置职工福利表，打开“职工薪酬管理系统”工作簿，在“职工薪酬调整表”工作表之后插入一张新的工作表并命名为“职工福利表”，然后按下列程序设置“职工福利表”：

（1）选定 A1:J1 单元格区域，合并后居中，并输入标题“北京光华制造有限责任公司 2019 年职工福利表”。

（2）在单元格 A2:J2 区域输入数据标题：工号、身份证号、姓名、部门、住房补助、伙食补助、交通补助、医疗补助、合计和备注。

（3）在单元格 A3 中输入公式“= 职工基本情况表 !A3”；在单元格 B3 中输入公式“= 职工基本情况表 !B3”；在单元格 C3 中输入公式“= 职工基本情况表 !C3”；在单元格 D3 中输入公式“= 职工基本情况表 !F3”。选取单元格 A3:D3 区域，将其向下填充复制到需要的行数，就得到了职工的工号、身份证号、姓名、部门的固定数据。

（4）在单元格 E3:E18 区域输入住房补助数据；在单元格 F3:F18 区域输入伙食补助数据；在单元格 G3:G18 区域输入交通补助数据；在单元格 H3:H18 区域输入医疗补助数据。

（5）在单元格 I3 中输入公式“=SUM(E3:H3)”，然后将单元格 I3 向下填充复制到需要的行数，这样就得到了职工福利的合计数。最终结果如图 5–4 所示。

北京光华制造有限责任公司2019年职工福利表

工号	身份证号	姓名	部门	住房补助	伙食补助	交通补助	医疗补助	合计	备注
201	110*****1	王久肖	行政部	1000.00	300.00	200.00	1800.00	3300.00	
202	110*****2	王　玲	办公室	800.00	300.00	200.00	1200.00	2500.00	
203	110*****3	张鹏辉	销售部	800.00	300.00	200.00	1200.00	2500.00	
204	110*****4	李耀东	销售部	700.00	300.00	200.00	1000.00	2200.00	
205	110*****5	翟永徽	销售部	400.00	300.00	200.00	800.00	1700.00	
206	110*****6	黄达光	生产部	800.00	300.00	200.00	1200.00	2500.00	
207	110*****7	李　媛	生产部	400.00	300.00	200.00	800.00	1700.00	
208	110*****8	马　东	生产部	400.00	300.00	200.00	800.00	1700.00	
209	110*****9	钱三宝	生产部	400.00	300.00	200.00	800.00	1700.00	
210	130*****1	赵小玲	生产部	400.00	300.00	200.00	800.00	1700.00	
211	130*****2	王欢欢	生产部	400.00	300.00	200.00	800.00	1700.00	
212	130*****3	赵宝泉	生产部	400.00	300.00	200.00	800.00	1700.00	
213	130*****4	孙光彩	后勤部	800.00	300.00	200.00	1200.00	2500.00	
214	130*****5	刘　莲	后勤部	400.00	300.00	200.00	800.00	1700.00	
215	130*****6	付郭飞	财务部	800.00	300.00	200.00	1200.00	2500.00	
216	130*****7	王芳芳	财务部	400.00	300.00	200.00	800.00	1700.00	

职工薪酬计算比率表 | 职工薪酬调整表 | 职工福利表 | 职工社会...

图 5–4

第五步

设置职工社会保险住房公积金计算表，打开“职工薪酬管理系统”工作簿，在“职工福利表”工作表之后插入一张新的工作表并命名为“职工社会保险住房公积金计算表”，然后按下列程序设置“职工社会保险住房公积金计算表”：

（1）选定 A1:R1 单元格区域，合并后居中，并输入标题“北京光华制造有限责任公司 2019 年职工社会保险住房公积金计算表”。

（2）在单元格 A2:R3 区域输入数据标题：工号、身份证号、姓名、部门、社保基数、个人负担部分（公司代扣代缴）（养老保 8%、医疗保险 2%+3、失业保险 0.2%、公积金 12%、本月小计、本年累计）和公司负担部分（养老保险 19%、医疗保险

9%+1%、失业保险 0.8%、工伤保险 0.2%、生育保险 0.8%、公积金 12%、小计）”。

（3）在单元格 A4 中输入公式“= 职工基本情况表 !A3”；在单元格 B4 中输入公式“= 职工基本情况表 !B3”；在单元格 C4 中输入公式“= 职工基本情况表 !C3”；在单元格 D4 中输入公式“= 职工基本情况表 !F3”。选取单元格 A4:D4 区域，将其向下填充复制到需要的行数，就得到了职工的工号、身份证号、姓名、部门的固定数据。

（4）在单元格 E4:E19 区域中输入每位职工的社保基数（社保基数由企业所在地的社保局每年 7 月 1 日公布调整上限和下限，一般企业的社保基数是以企业上年实际每月平均工资计算的）。

（5）在单元格 F4 中输入公式“=E4*8%”，然后将单元格 F4 向下填充复制到 F19，这样就得到了每人每月由个人负担的养老保险金额。

（6）在单元格 G4 中输入公式“=E4*2%+3”，然后将单元格 G4 向下填充复制到 G19，这样就得到了每人每月由个人负担的医疗保险金额。

（7）在单元格 H4 中输入公式“=E4*0.2%”，然后将单元格 H4 向下填充复制到 H19，这样就得到了每人每月由个人负担的失业保险金额。

（8）在单元格 I4 中输入公式“=E4*12%”，然后将单元格 I4 向下填充复制到 I19，这样就得到了每人每月由个人负担的住房公积金金额。

（9）在单元格 J4 中输入公式“=SUM(F4:I4)”，然后将单元格 J4 向下填充复制到 J19，这样就得到了每人每月由个人负担的社会保险和住房公积金金额本月合计数。

（10）在单元格 K4 中输入公式“=J4* 月份（1 月为 1，2 月为 2，依此类推）”，然后将单元格 K4 向下填充复制到 K19，这样就得到了每人截至本月由个人负担的社会保险和住房公积金金额本年累计数。

（11）在单元格 L4 中输入公式“=E4*19%”，然后将单元格 L4 向下填充复制到 L19，这样就得到了每人每月由公司负担的养老保险金额。

（12）在单元格 M4 中输入公式“=E4*10%”，然后将单元格 M4 向下填充复制到 M19，这样就得到了每人每月由公司负担的医疗保险金额。

（13）在单元格 N4 中输入公式“=E4*0.8%”，然后将单元格 N4 向下填充复制到 N19，这样就得到了每人每月由公司负担的失业保险金额。

（14）在单元格 O4 中输入公式“=E4*0.2%”，然后将单元格 O4 向下填充复制到 O19，这样就得到了每人每月由公司负担的工商保险金额。

（15）在单元格 P4 中输入公式“=E4*0.8%”，然后将单元格 P4 向下填充复制到 P19，这样就得到了每人每月由公司负担的生育保险金额。

（16）在单元格 Q4 中输入公式“=E4*12%”，然后将单元格 Q4 向下填充复制到

Q19，这样就得到了每人每月由公司负担的住房公积金金额。

（17）在单元格 R4 中输入公式“=SUM(L4:Q4)”，然后将单元格 R4 向下填充复制到 R19，这样就得到了每人每月由公司负担的社会保险和住房公积金金额本月合计数。最终结果如图 5–5 所示。

北京光华制造有限责任公司2019年职工社会保险住房公积金计算表

工号	身份证号	姓名	部门	社保基数	个人负担部分（公司代扣代缴）						公司负担部分						
					养老保险8%	医疗保险 2%+3	失业保险 0.2%	公积金12%	本月小计	本年累计	养老保险 19%	医疗保险 9%+1%	失业保险 0.8%	工伤保险 0.2%	生育保险 0.8%	公积金12%	小计
201	110*****1	王久肖	行政部	14150.00	1132.00	286.00	28.30	1698.00	3144.30	3144.30	2688.50	1415.00	113.20	28.30	113.20	1698.00	6056.20
202	110*****2	王　玲	办公室	11100.00	888.00	225.00	22.20	1332.00	2467.20	2467.20	2109.00	1110.00	88.80	22.20	88.80	1332.00	4750.80
203	110*****3	张鹏辉	销售部	10750.00	860.00	218.00	21.50	1290.00	2389.50	2389.50	2042.50	1075.00	86.00	21.50	86.00	1290.00	4601.00
204	110*****4	李耀东	销售部	8800.00	704.00	179.00	17.60	1056.00	1956.60	1956.60	1672.00	880.00	70.40	17.60	70.40	1056.00	3766.40
205	110*****5	翟永徽	销售部	7750.00	620.00	158.00	15.50	930.00	1723.50	1723.50	1472.50	775.00	62.00	15.50	62.00	930.00	3317.00
206	110*****6	黄达光	生产部	11100.00	888.00	225.00	22.20	1332.00	2467.20	2467.20	2109.00	1110.00	88.80	22.20	88.80	1332.00	4750.80
207	110*****7	李　媛	生产部	8750.00	700.00	178.00	17.50	1050.00	1945.50	1945.50	1662.50	875.00	70.00	17.50	70.00	1050.00	3745.00
208	110*****8	马　东	生产部	7300.00	584.00	149.00	14.60	876.00	1623.60	1623.60	1387.00	730.00	58.40	14.60	58.40	876.00	3124.40
209	110*****9	钱三宝	生产部	7650.00	612.00	156.00	15.30	918.00	1701.30	1701.30	1453.50	765.00	61.20	15.30	61.20	918.00	3274.20
210	130*****1	赵小玲	生产部	6100.00	488.00	125.00	12.20	732.00	1357.20	1357.20	1159.00	610.00	48.80	12.20	48.80	732.00	2610.80
211	130*****2	王欢欢	生产部	6100.00	488.00	125.00	12.20	732.00	1357.20	1357.20	1159.00	610.00	48.80	12.20	48.80	732.00	2610.80
212	130*****3	赵宝泉	生产部	6050.00	484.00	124.00	12.10	726.00	1346.10	1346.10	1149.50	605.00	48.40	12.10	48.40	726.00	2589.40
213	130*****4	孙光彩	后勤部	10900.00	872.00	221.00	21.80	1308.00	2422.80	2422.80	2071.00	1090.00	87.20	21.80	87.20	1308.00	4665.20
214	130*****5	刘　莲	后勤部	5450.00	436.00	112.00	10.90	654.00	1212.90	1212.90	1035.50	545.00	43.60	10.90	43.60	654.00	2332.60
215	130*****6	付郭飞	财务部	13100.00	1048.00	265.00	26.20	1572.00	2911.20	2911.20	2489.00	1310.00	104.80	26.20	104.80	1572.00	5606.80
216	130*****7	王芳芳	财务部	9250.00	740.00	188.00	18.50	1110.00	2056.50	2056.50	1757.50	925.00	74.00	18.50	74.00	1110.00	3959.00

职工社会保险住房公积金计算表 | 职工个税专项附加扣除计算表 | 职工奖金计算表1月份 | 职工奖金计算表2月份 | Ⅱ ...

图 5–5

第六步

设置职工个税专项附加扣除计算表，打开“职工薪酬管理系统”工作簿，在“职工社会保险住房公积金计算表”工作表之后插入一张新的工作表并命名为“职工个税专项附加扣除计算表”，然后按下列程序设置“职工个税专项附加扣除计算表”：

（1）选定 A1:K1 单元格区域，合并后居中，并输入标题“北京光华制造有限责任公司 2019 年职工个税专项附加扣除计算表”。

（2）在单元格 A2:K3 区域输入数据标题：工号、身份证号、姓名、部门、个税专项附加扣除（子女教育、继续教育、赡养老人、住房贷款利息、住房租金、本月小计、本年累计扣除额）。

（3）在单元格 A4 中输入公式“= 职工基本情况表 !A3”；在单元格 B4 中输入公式“= 职工基本情况表 !B3”；在单元格 C4 中输入公式“= 职工基本情况表 !C3”；在单元格 D4 中输入公式“= 职工基本情况表 !F3”。选取单元格 A4:D4 区域，将其向下填充复制到需要的行数，就得到了职工的工号、身份证号、姓名、部门的固定数据。

（4）在单元格 E4 :I19 区域中一次输入本月每位职工的子女教育、继续教育、赡养老人、住房贷款利息、住房租金的个人所得税专项附加扣除金额。

（5）在单元格 J4 中输入公式“=SUM(E4:I4)”，然后将单元格 J4 向下填充复制到 J19，这样就得到了每人本月个人所得税专项附加扣除金额合计数。

（6）在单元格 K4 中输入公式“=J4+ 上月的本年累计扣除额”，然后将单元格 K4 向下填充复制到 K19，这样就得到了每人本月个人所得税专项附加扣除的本年累计扣除额。最终结果如图 5–6 所示。

北京光华制造有限责任公司2019年职工个税专项附加扣除计算表

工号	身份证号	姓名	部门	个税专项附加扣除						
				子女教育	继续教育	赡养老人	住房贷款利息	住房租金	本月小计	本年累计扣除额
201	110*****1	王久肖	行政部	1000.00	0.00	2000.00	0.00	1500.00	4500.00	4500.00
202	110*****2	王　玲	办公室	0.00	0.00	1000.00	0.00	0.00	1000.00	1000.00
203	110*****3	张鹏辉	销售部	0.00	0.00	1000.00	0.00	0.00	1000.00	1000.00
204	110*****4	李耀东	销售部	0.00	0.00	0.00	0.00	1500.00	1500.00	1500.00
205	110*****5	翟永徽	销售部	0.00	0.00	0.00	0.00	1500.00	1500.00	1500.00
206	110*****6	黄达光	生产部	0.00	0.00	0.00	0.00	1500.00	1500.00	1500.00
207	110*****7	李　媛	生产部	0.00	0.00	0.00	0.00	1500.00	1500.00	1500.00
208	110*****8	马　东	生产部	1000.00	0.00	2000.00	1000.00	0.00	4000.00	4000.00
209	110*****9	钱三宝	生产部	1000.00	0.00	2000.00	0.00	1500.00	4500.00	4500.00
210	130*****1	赵小玲	生产部	0.00	0.00	1000.00	0.00	1500.00	2500.00	2500.00
211	130*****2	王欢欢	生产部	0.00	0.00	1000.00	0.00	1500.00	2500.00	2500.00
212	130*****3	赵宝泉	生产部	0.00	0.00	0.00	1000.00	0.00	1000.00	1000.00
213	130*****4	孙光彩	后勤部	0.00	0.00	0.00	1000.00	0.00	1000.00	1000.00
214	130*****5	刘　莲	后勤部	0.00	0.00	0.00	0.00	1500.00	1500.00	1500.00
215	130*****6	付郭飞	财务部	0.00	0.00	0.00	0.00	1500.00	1500.00	1500.00
216	130*****7	王芳芳	财务部	1000.00	0.00	2000.00	1000.00	0.00	4000.00	4000.00

职工社会保险住房公积金计算表 | 职工个税专项附加扣除计算表 | 职工奖金计(...

图 5–6

第七步

设置职工奖金计算表，打开“职工薪酬管理系统”工作簿，在“职工个税专项附加扣除计算表”工作表之后插入一张新的工作表并命名为“职工奖金计算表 1 月份”，然后按下列程序设置“职工奖金计算表 1 月份”：

（1）选定 A1:H1 单元格区域，合并后居中，并输入标题“北京光华制造有限责任公司 2019 年 1 月职工奖金计算表”。

（2）在单元格 A2:H3 区域输入数据标题：“工号、姓名、部门、计划奖金、实际奖金和请假天数统计（事假、病假、旷工）”。

（3）在单元格 A4 中输入公式“= 职工基本情况表 !A3”；在单元格 B4 中输入公式“= 职工基本情况表 !B3”；在单元格 C4 中输入公式“= 职工基本情况表 !F3”。选取单元格 A4:C4 区域，将其向下填充复制到需要的行数，就得到了职工的工号、姓名、部门的固定数据。

（4）在单元格 D4 中输入公式“= 职工薪酬调整表 !H3”；在单元格 E4 中输入公式“=ROUND(MAX(D4–F4* 职工薪酬计算比率表 !$G$7–G4* 职工薪酬计算比率表 !$G$8–H4* 职工薪酬计算比率表 !$G$11,0),2)”。

（5）在单元格 F4:H19 区域输入每位职工本月实际“病假”“事假”“旷工”的天数。

（6）选定单元格 D4:E4 区域并向下填充复制到需要的行数，这样就得到了本月每位职工的计划奖金和实际奖金。最终结果如图 5–7 所示。

北京光华制造有限责任公司2019年1月职工奖金计算表

工号	姓名	部门	计划奖金	实际奖金	请假天数统计		
					病假	事假	旷工
201	王久肖	行政部	3000.00	2850.00	0	1	0
202	王　玲	办公室	2800.00	2600.00	1	1	0
203	张鹏辉	销售部	2500.00	2250.00	5	0	0
204	李耀东	销售部	2000.00	2000.00	0	0	0
205	翟永徽	销售部	2000.00	2000.00	0	0	0
206	黄达光	生产部	2800.00	2800.00	0	0	0
207	李　媛	生产部	2200.00	2200.00	0	0	0
208	马　东	生产部	2000.00	1250.00	0	5	0
209	钱三宝	生产部	2000.00	1850.00	3	0	0
210	赵小玲	生产部	1500.00	1500.00	0	0	0
211	王欢欢	生产部	1500.00	1500.00	0	0	0
212	赵宝泉	生产部	1500.00	1500.00	0	0	0
213	孙光彩	后勤部	2500.00	2500.00	0	0	0
214	刘　莲	后勤部	1500.00	1500.00	0	0	0
215	付郭飞	财务部	3000.00	3000.00	0	0	0
216	王芳芳	财务部	2000.00	2000.00	0	0	0

图 5–7

同理，以后月份通过复制，建立副本“职工奖金计算表 1 月份”工作表并改工作表名称中的月份，然后修改请假天数统计（事假、病假、旷工）即可得到每个月份的“职工奖金计算表”。

第八步

设置职工薪酬结算表，打开“职工薪酬管理系统”工作簿，在“职工奖金计算表 1 月份”工作表之后插入一张新的工作表并命名为“职工薪酬结算表 1 月份”，然后按下列程序设置“职工薪酬结算表 1 月份”：

（1）选定 A1:T1 单元格区域，合并后居中，并输入标题“北京光华制造有限责任公司 2019 年 1 月份职工薪酬结算表”。

（2）在单元格 A2:T2 区域输入数据标题：月份、工号、姓名、部门、基本工资、岗位工资、工龄工资、住房补助、伙食补助、交通补助、医疗补助、奖金、应发合计、住房公积金、养老保险、医疗保险、失业保险、个人所得税、应扣合计、实发合计。在单元格 A3:A18 区域输入当月月份。

（3）在单元格 B3 中输入公式“= 职工基本情况表 !A3”；在单元格 C3 中输入公式“= 职工基本情况表 !B3”；在单元格 D3 中输入公式“= 职工基本情况表 !F3”。

（4）在有关单元格输入下列公式：

1) 在单元格 E3 中输入公式 “= 职工薪酬调整表 !E3”；

2) 在单元格 F3 中输入公式 “= 职工薪酬调整表 !F3”；

3) 在单元格 G3 中输入公式 “= 职工薪酬调整表 !G3”；

4) 在单元格 H3 中输入公式 “= 职工福利表 !E3”；

5) 在单元格 I3 中输入公式 “= 职工福利表 !F3”；

6) 在单元格 J3 中输入公式 “= 职工福利表 !G3”；

7) 在单元格 K3 中输入公式 “= 职工福利表 !H3”；

8) 在单元格 L3 中输入公式 “= 职工奖金计算表 1 月份 !E4”；

9) 在单元格 M3 中输入公式 “=SUM(E3:L3)”；

10) 在单元格 N3 中输入公式 “= 职工社会保险住房公积金计算表 !I4”；

11) 在单元格 O3 中输入公式 “= 职工社会保险住房公积金计算表 !F4”；

12) 在单元格 P3 中输入公式 “= 职工社会保险住房公积金计算表 !G4”；

13) 在单元格 Q3 中输入公式 “= 职工社会保险住房公积金计算表 !H4”；

14) 在单元格 R3 中输入公式 “= 职工个人所得税计算表 !O4”；

15) 在单元格 S3 中输入公式 “=SUM(N3:R3)”；

16) 在单元格 T3 中输入公式 “=M3–S3”。

（5）选定单元格 E3:T3 区域并向下填充复制到需要的行数，这样就得到了本月的职工薪酬结算表。最终结果如图 5–8 所示。

	A	B	C	D	E	F	G	H	I	J	K	L	M	N	O	P	Q	R	S	T
1	北京光华制造有限责任公司2019年1月份职工薪酬结算表																			
2	月份	工号	姓名	部门	基本工资	岗位工资	工龄工资	住房补助	伙食补助	交通补助	医疗补助	奖金	应发合计	住房公积金	养老保险	医疗保险	失业保险	个人所得税	应扣合计	实发合计
3	1月	201	王久肖	行政部	4000.00	6000.00	1000.00	1000.00	300.00	200.00	1800.00	2850.00	17150.00	1698.00	1132.00	286.00	28.30	135.17	3279.47	13870.53
4	1月	202	王　玲	办公室	3600.00	4400.00	1000.00	800.00	300.00	200.00	1200.00	2600.00	14100.00	1332.00	888.00	225.00	22.20	168.98	2636.18	11463.82
5	1月	203	张鹏辉	销售部	3600.00	4400.00	1000.00	800.00	300.00	200.00	1200.00	2250.00	13750.00	1290.00	860.00	218.00	21.50	160.82	2550.32	11199.69
6	1月	204	李耀东	销售部	1600.00	5000.00	1000.00	700.00	300.00	200.00	1000.00	2000.00	11800.00	1056.00	704.00	179.00	17.60	100.30	2056.90	9743.10
7	1月	205	翟永徽	销售部	1600.00	5000.00	450.00	400.00	300.00	200.00	800.00	2000.00	10750.00	930.00	620.00	158.00	15.50	75.80	1799.30	8950.71
8	1月	206	黄达光	生产部	3600.00	4400.00	800.00	800.00	300.00	200.00	1200.00	2800.00	14100.00	1332.00	888.00	225.00	22.20	153.98	2621.18	11478.82
9	1月	207	李　媛	生产部	3200.00	4000.00	650.00	400.00	300.00	200.00	800.00	2200.00	11750.00	1050.00	700.00	178.00	17.50	99.14	2044.64	9705.37
10	1月	208	马　东	生产部	3000.00	3800.00	550.00	400.00	300.00	200.00	800.00	1250.00	10300.00	876.00	584.00	149.00	14.60	0.00	1623.60	8676.40
11	1月	209	钱三宝	生产部	3000.00	3800.00	300.00	400.00	300.00	200.00	800.00	1850.00	10650.00	918.00	612.00	156.00	15.30	0.00	1701.30	8948.70
12	1月	210	赵小玲	生产部	2000.00	3600.00	300.00	400.00	300.00	200.00	800.00	1500.00	9100.00	732.00	488.00	125.00	12.20	7.28	1364.48	7735.52
13	1月	211	王欢欢	生产部	2000.00	3600.00	300.00	400.00	300.00	200.00	800.00	1500.00	9100.00	732.00	488.00	125.00	12.20	7.28	1364.48	7735.52
14	1月	212	赵宝泉	生产部	2000.00	3600.00	250.00	400.00	300.00	200.00	800.00	1500.00	9050.00	726.00	484.00	124.00	12.10	51.12	1397.22	7652.78
15	1月	213	孙光彩	后勤部	3600.00	4400.00	900.00	800.00	300.00	200.00	1200.00	2500.00	13900.00	1308.00	872.00	221.00	21.80	164.32	2587.12	11312.88
16	1月	214	刘　莲	后勤部	2000.00	3000.00	250.00	400.00	300.00	200.00	800.00	1500.00	8450.00	654.00	436.00	112.00	10.90	22.11	1235.01	7214.99
17	1月	215	付郭飞	财务部	4000.00	5600.00	1000.00	800.00	300.00	200.00	1200.00	3000.00	16100.00	1572.00	1048.00	265.00	26.20	200.66	3111.86	12988.14
18	1月	216	王芳芳	财务部	3600.00	4400.00	550.00	400.00	300.00	200.00	800.00	2000.00	12250.00	1110.00	740.00	188.00	18.50	35.81	2092.31	10157.70

… 职工奖金计算表3月份 | 职工薪酬结算表1月份 | 职工薪酬结算表2月份 | 职工薪酬结算表3月份 | 职工个人所得税 …

图 5–8

第九步

设置职工个人所得税计算表，打开“职工薪酬管理系统”工作簿，在“职工薪酬结算表 1 月份”工作表之后插入一张新的工作表并命名为“职工个人所得税计算表”，然后按下列程序设置“职工个人所得税计算表”：

（1）选定 A1:P1 单元格区域，合并后居中，并输入标题“北京光华制造有限责任公司 2019 年职工个人所得税计算表”。

（2）在单元格 A2:P3 区域输入数据标题：月份、工号、身份证号、姓名、当月应发合计、扣除项目（法定扣除额、社保、住房公积金、六专项扣除、扣除小计）、本年累计收入、本年累计扣除额、本年累计应纳税额、本年截止上月末已累计缴纳税额、本月应缴税额和职工多缴当月留抵；在单元格 A3:A19 区域输入当月月份。

（3）在单元格 B4 中输入公式“= 职工基本情况表 !A3”；在单元格 C4 中输入公式“= 职工基本情况表 !B3”；在单元格 D3 中输入公式“= 职工基本情况表 !C3”。

（4）在单元格 E4 中输入公式“= 职工薪酬结算表 1 月份 !M3”，然后将单元格 E4 向下填充复制到 E19。

（5）在单元格 F4 ：F19 区域输入“5000”。

（6）在单元格 G4 中输入公式“= 职工社会保险住房公积金计算表 !F4+ 职工社会保险住房公积金计算表 !G4+ 职工社会保险住房公积金计算表 !H4”，然后将单元格 G4 向下填充复制到 G19。

（7）在单元格 H4 中输入公式“= 职工社会保险住房公积金计算表 !I4”，然后将单元格 H4 向下填充复制到 H19。

（8）在单元格 I4 中输入公式“= 职工个税专项附加扣除计算表 !J4”，然后将单元格 I4 向下填充复制到 I19。

（9）在单元格 J4 中输入公式“=SUM(F4:I4)”，然后将单元格 J4 向下填充复制到 J19。

（10）在单元格 K4 中输入公式“=SUMIFS($E$3:E4,$A$3:A4,"* 月 ",$D$3:D4,D4)”，然后将单元格 K4 向下填充复制到 K19。

（11）在单元格 L4 中输入公式“=SUMIFS($J$3:J4,$A$3:A4,"* 月 ",$D$3:D4,D4)”，然后将单元格 L4 向下填充复制到 L19。

（12）在单元格 M4 中输入公式“=MAX(0,(K4–L4)*{3;10;20;25;30;35;45}%–{0;2520;16920;31920;52920;85920;181920})”，然后将单元格 M4 向下填充复制到 M19。

（13）在单元格 N4 中输入公式“=SUMIF($D$3:D3,D4,$O$3:O3)”，然后将单元格 N4 向下填充复制到 N19。

（14）在单元格 O4 中输入公式“=IF((M4–N4) 小于 0,0,(M4–N4))”，然后将单元格 O4 向下填充复制到 O19。

（15）在单元格 P4 中输入公式“=IF((M4–N4) 小于 0,(N4–M4),"")”，然后将单元格 P4 向下填充复制到 P19。

这样就得到了本月的职工个人所得税计算表。最终结果如图 5–9 所示。

北京光华制造有限责任公司2019年职工个人所得税计算表

月份	工号	身份证号	姓名	当月应发合计	扣除项目：法定扣除额	扣除项目：社保	扣除项目：住房公积金	扣除项目：六专项扣除	扣除项目：扣除小计	本年累计收入	本年累计扣除额	本年累计应纳税额	本年截止上月末已累计缴纳税额	本月应缴税额	职工多缴当月留抵
1月	201	110*****1	王久肖	17150.00	5000.00	1446.30	1698.00	4500.00	12644.30	17150.00	12644.30	135.17	0.00	135.17	
1月	202	110*****2	王　玲	14100.00	5000.00	1135.20	1332.00	1000.00	8467.20	14100.00	8467.20	168.98	0.00	168.93	
1月	203	110*****3	张鹏辉	13750.00	5000.00	1099.50	1290.00	1000.00	8389.50	13750.00	8389.50	160.82	0.00	160.82	
1月	204	110*****4	李耀东	11800.00	5000.00	900.60	1056.00	1500.00	8456.60	11800.00	8456.60	100.30	0.00	100.30	
1月	205	110*****5	翟永徽	10750.00	5000.00	793.50	930.00	1500.00	8223.50	10750.00	8223.50	75.80	0.00	75.80	
1月	206	110*****6	黄达光	14100.00	5000.00	1135.20	1332.00	1500.00	8967.20	14100.00	8967.20	153.98	0.00	153.98	
1月	207	110*****7	李　媛	11750.00	5000.00	895.50	1050.00	1500.00	8445.50	11750.00	8445.50	99.14	0.00	99.14	
1月	208	110*****8	马　东	10300.00	5000.00	747.60	876.00	4000.00	10623.60	10300.00	10623.60	0.00	0.00	0.00	
1月	209	110*****9	钱三宝	10650.00	5000.00	783.30	918.00	4500.00	11201.30	10650.00	11201.30	0.00	0.00	0.00	
1月	210	130*****1	赵小玲	9100.00	5000.00	625.20	732.00	2500.00	8857.20	9100.00	8857.20	7.28	0.00	7.28	
1月	211	130*****2	王欢欢	9100.00	5000.00	625.20	732.00	2500.00	8857.20	9100.00	8857.20	7.28	0.00	7.28	
1月	212	130*****3	赵宝泉	9050.00	5000.00	620.10	726.00	1000.00	7346.10	9050.00	7346.10	51.12	0.00	51.12	
1月	213	130*****4	孙光彩	13900.00	5000.00	1114.80	1308.00	1000.00	8422.80	13900.00	8422.80	164.32	0.00	164.32	
1月	214	130*****5	刘　莲	8450.00	5000.00	558.90	654.00	1500.00	7712.90	8450.00	7712.90	22.11	0.00	22.11	
1月	215	130*****6	付郭飞	16100.00	5000.00	1339.20	1572.00	1500.00	9411.20	16100.00	9411.20	200.66	0.00	200.66	
1月	216	130*****7	王芳芳	12250.00	5000.00	946.50	1110.00	4000.00	11056.50	12250.00	11056.50	35.81	0.00	35.81	
2月	201	110*****1	王久肖	17000.00	5000.00	1446.30	1698.00	4500.00	12644.30	34150.00	25288.60	265.84	135.17	130.67	
2月	202	110*****2	王　玲	14200.00	5000.00	1135.20	1332.00	1000.00	8467.20	28300.00	16934.40	340.97	168.98	171.98	
2月	203	110*****3	张鹏辉	14000.00	5000.00	1099.50	1290.00	1000.00	8389.50	27750.00	16779.00	329.13	160.82	168.32	
2月	204	110*****4	李耀东	11800.00	5000.00	900.60	1056.00	1500.00	8456.60	23600.00	16913.20	200.60	100.30	100.30	
2月	205	110*****5	翟永徽	10500.00	5000.00	793.50	930.00	1500.00	8223.50	21250.00	16447.00	144.09	75.80	68.30	
2月	206	110*****6	黄达光	13650.00	5000.00	1135.20	1332.00	1500.00	8967.20	27750.00	17934.40	294.47	153.98	140.48	
2月	207	110*****7	李　媛	11700.00	5000.00	895.50	1050.00	1500.00	8445.50	23450.00	16891.00	196.77	99.14	97.64	
2月	208	110*****8	马　东	11050.00	5000.00	747.60	876.00	4000.00	10623.60	21350.00	21247.20	3.08	0.00	3.08	
2月	209	110*****9	钱三宝	10800.00	5000.00	783.30	918.00	4500.00	11201.30	21450.00	22402.60	0.00	0.00	0.00	

职工薪酬结算表1月份　职工薪酬结算表2月份　职工薪酬结算表3月份　职工个人所得税计算表　职工薪酬汇总表

图 5–9

至此，职工薪酬管理情况表已设置完毕，职工薪酬的相关数据已生成，以后月份的职工薪酬管理可以将上述工作表复制并进行编辑即可获得，在此不再赘述。

任务二　职工薪酬数据的统计

当职工薪酬结算表制作完毕后，在实际发放工资时，还需要将工资按部门统计、按工资内容统计并统计年度工资报表。这就要用到数据透视图表和数据引用。

一、职工薪酬数据透视表的设置

现以本项目任务一生成的北京光华制造有限责任公司 2019 年 1 月份的职工薪酬结算表为基础，利用 Excel 设置一个部门的职工薪酬应发合计分布情况的透视表，其设置程序如下：

第一步

打开“职工薪酬管理系统”工作簿，激活“职工薪酬结算表1月份”，单击“插入”菜单，选择面板左侧的“数据透视表”命令，如图 5–10 所示。

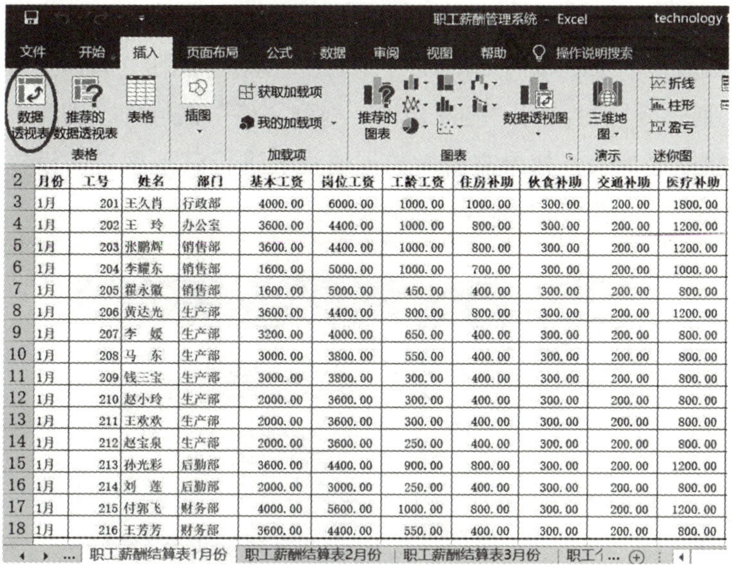

2	月份	工号	姓名	部门	基本工资	岗位工资	工龄工资	住房补助	伙食补助	交通补助	医疗补助
3	1月	201	王久肖	行政部	4000.00	6000.00	1000.00	1000.00	300.00	200.00	1800.00
4	1月	202	王　玲	办公室	3600.00	4400.00	1000.00	800.00	300.00	200.00	1200.00
5	1月	203	张鹏辉	销售部	3600.00	4400.00	1000.00	800.00	300.00	200.00	1200.00
6	1月	204	李耀东	销售部	1600.00	5000.00	1000.00	700.00	300.00	200.00	1000.00
7	1月	205	翟永徽	销售部	1600.00	5000.00	450.00	400.00	300.00	200.00	800.00
8	1月	206	黄达光	生产部	3600.00	4400.00	800.00	800.00	300.00	200.00	1200.00
9	1月	207	李　媛	生产部	3200.00	4000.00	650.00	400.00	300.00	200.00	800.00
10	1月	208	马　东	生产部	3000.00	3800.00	550.00	400.00	300.00	200.00	800.00
11	1月	209	钱三宝	生产部	3000.00	3800.00	300.00	400.00	300.00	200.00	800.00
12	1月	210	赵小玲	生产部	2000.00	3600.00	300.00	400.00	300.00	200.00	800.00
13	1月	211	王欢欢	生产部	2000.00	3600.00	300.00	400.00	300.00	200.00	800.00
14	1月	212	赵宝泉	生产部	2000.00	3600.00	250.00	400.00	300.00	200.00	800.00
15	1月	213	孙光彩	后勤部	3600.00	4400.00	900.00	800.00	300.00	200.00	1200.00
16	1月	214	刘　莲	后勤部	2000.00	3000.00	250.00	400.00	300.00	200.00	800.00
17	1月	215	付郭飞	财务部	4000.00	5600.00	1000.00	800.00	300.00	200.00	1200.00
18	1月	216	王芳芳	财务部	3600.00	4400.00	550.00	400.00	300.00	200.00	800.00

图 5–10

第二步

在“创建数据透视表”对话框的“选择一个表或区域”栏中输入源数据区域“职业薪酬结算表 1 月份！ $A$2:$T$18”（具体源数据视企业实际情况而定），在“选择放置数据透视表的位置”中选择“新工作表”选项按钮，然后单击“确定”按钮，如图 5–11 所示。

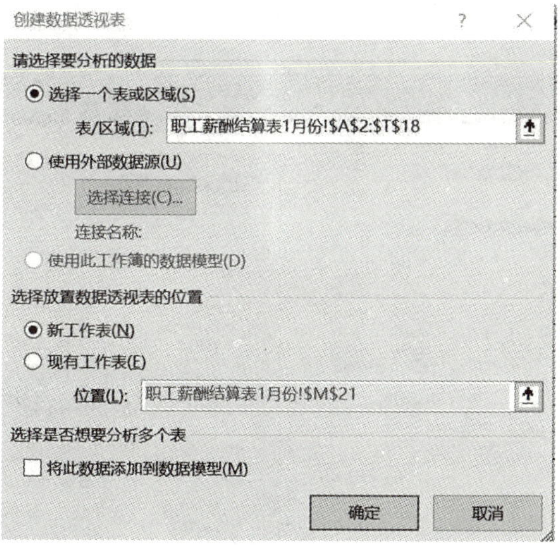

图 5–11

第三步

新建的数据透视表会生成在 sheet1 工作表中，将“部门”拖到“行”区域内，将“月份”拖到“列”区域内，将“应发合计”拖到“值”区域内，即可在左侧数据区域内看到生成的数据透视表，如果需要对数据透视表进行其他项目的设置，将项目拖入相应的区域中即可，如图 5–12 所示。

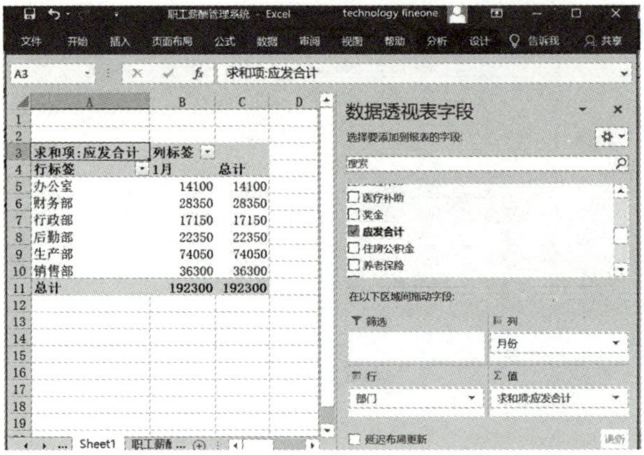

图 5–12

第四步

选中数据透视表区域中的“行标签”单元格，将其内容更改为“部门”；选中数据透视表区域中的“列标签”单元格，将其内容更改为“月份”，即可完成我们所需的数据透视表，如图 5–13 所示。

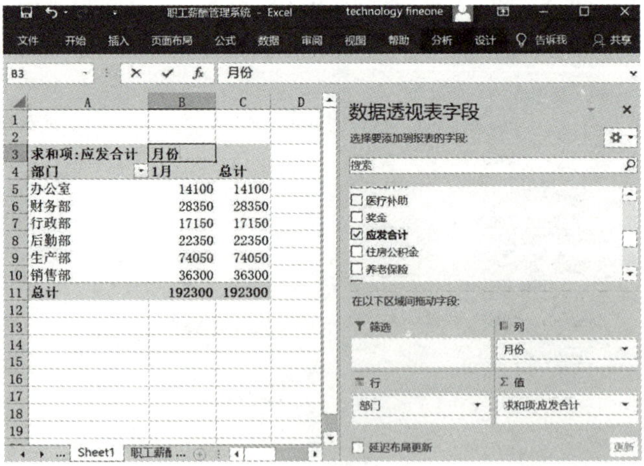

图 5–13

第五步

将数据透视表工作表“Sheet1”，重命名为“职工薪酬总额汇总表 1 月份”，并对“职工薪酬总额汇总表 1 月份”进行美化，至此我们就完成了部门职工薪酬数据透视表，最终结果如图 5–14 所示。

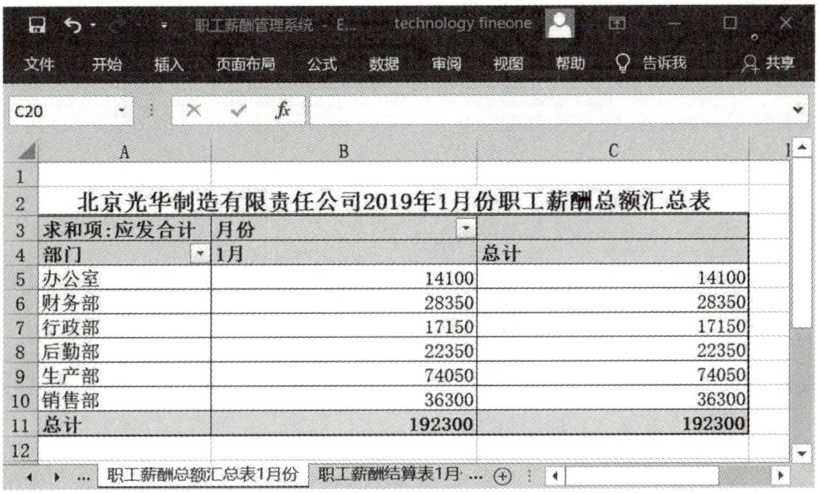

北京光华制造有限责任公司2019年1月份职工薪酬总额汇总表

求和项:应发合计	月份	
部门	1月	总计
办公室	14100	14100
财务部	28350	28350
行政部	17150	17150
后勤部	22350	22350
生产部	74050	74050
销售部	36300	36300
总计	192300	192300

图 5–14

二、年度职工薪酬报表数据统计

年度职工薪酬报表数据统计是指将每个员工从 1 月份到 12 月份的职工薪酬数据都汇总到一张年度职工薪酬报表里。因此，年度职工薪酬报表是在编制完 12 月份职工薪酬报表之后才可以编制的，当然，如果是季度职工薪酬也可以在 3 个月之后根据需要来设置。要把月职工薪酬表里的数据汇总到年度职工薪酬表里，这就要用到数据引用。

现以北京光华制造有限责任公司 2019 年 1 月至 3 月的职工薪酬结算表的数据，利用 Excel 进行职工薪酬汇总，其设置程序如下：

第一步

复制“1 月份”的职工薪酬结算表中的数据到新建立的工作表，然后把这个工作表重命名为“职工薪酬汇总表”。删除该表中编号、姓名、部门列之外的所有数据，修改表的标题为“北京光华制造有限责任公司 2019 年 01 月至 03 月份职工薪酬汇总”，如图 5–15 所示。

北京光华制造有限责任公司2019年01月至03月份职工薪酬汇总

工号	姓名	部门	基本工资	岗位工资	工龄工资	住房补助	伙食补助	交通补助	医疗补助	奖金	应发合计	住房公积金	养老保险	医疗保险	失业保险	个人所得税	应扣合计	实发合计
201	王久肖	行政部																
202	王 玲	办公室																
203	张鹏辉	销售部																
204	李耀东	销售部																
205	翟永徽	销售部																
206	黄达光	生产部																
207	李 娥	生产部																
208	马 东	生产部																
209	钱三宝	生产部																
210	赵小玲	生产部																
211	王欢欢	生产部																
212	赵宝泉	生产部																
213	孙光彩	后勤部																
214	刘 莲	后勤部																
215	付郭飞	财务部																
216	王芳芳	财务部																

职工薪酬结算表2月份 | 职工薪酬结算表3月份 | 职工个人所得税计算表 | 职工薪酬汇总表 | 工资条1月份

图 5–15

第二步

在 D3:S3 单元格区域依次输入下列公式：

（1）在 D3 单元格里输入公式“= 职工薪酬结算表 1 月份 !E3+' 职工薪酬结算表 2 月份 '!E3+' 职工薪酬结算表 3 月份 '!E3”。

（2）在 E3 单元格里输入公式“= 职工薪酬结算表 1 月份 !F3+' 职工薪酬结算表 2 月份 '!F3+' 职工薪酬结算表 3 月份 '!F3”。

（3）在 F3 单元格里输入公式“= 职工薪酬结算表 1 月份 !G3+' 职工薪酬结算表 2 月份 '!G3+' 职工薪酬结算表 3 月份 '!G3”。

（4）在 G3 单元格里输入公式“= 职工薪酬结算表 1 月份 !H3+' 职工薪酬结算表 2 月份 '!H3+' 职工薪酬结算表 3 月份 '!H3”。

（5）在 H3 单元格里输入公式“= 职工薪酬结算表 1 月份 !I3+' 职工薪酬结算表 2 月份 '!I3+' 职工薪酬结算表 3 月份 '!I3”。

（6）在 I3 单元格里输入公式“= 职工薪酬结算表 1 月份 !J3+' 职工薪酬结算表 2 月份 '!J3+' 职工薪酬结算表 3 月份 '!J3”。

（7）在 J3 单元格里输入公式“= 职工薪酬结算表 1 月份 !K3+' 职工薪酬结算表 2 月份 '!K3+' 职工薪酬结算表 3 月份 '!K3”。

（8）在 K3 单元格里输入公式“= 职工薪酬结算表 1 月份 !L3+' 职工薪酬结算表 2 月份 '!L3+' 职工薪酬结算表 3 月份 '!L3”。

（9）在 L3 单元格里输入公式“= 职工薪酬结算表 1 月份 !M3+' 职工薪酬结算表 2 月份 '!M3+' 职工薪酬结算表 3 月份 '!M3”。

（10）在 M3 单元格里输入公式“= 职工薪酬结算表 1 月份 !N3+' 职工薪酬结算表 2 月份 '!N3+' 职工薪酬结算表 3 月份 '!N3”。

（11）在 N3 单元格里输入公式“= 职工薪酬结算表 1 月份 !O3+' 职工薪酬结算表 2 月份 '!O3+' 职工薪酬结算表 3 月份 '!O3”。

（12）在 O3 单元格里输入公式“= 职工薪酬结算表 1 月份 !P3+' 职工薪酬结算表 2 月份 '!P3+' 职工薪酬结算表 3 月份 '!P3”。

（13）在 P3 单元格里输入公式“= 职工薪酬结算表 1 月份 !Q3+' 职工薪酬结算表 2 月份 '!Q3+' 职工薪酬结算表 3 月份 '!Q3”。

（14）在 Q3 单元格里输入公式“= 职工薪酬结算表 1 月份 !R3+' 职工薪酬结算表 2 月份 '!R3+' 职工薪酬结算表 3 月份 '!R3”。

（15）在 R3 单元格里输入公式“= 职工薪酬结算表 1 月份 !S3+' 职工薪酬结算表 2 月份 '!S3+' 职工薪酬结算表 3 月份 '!S3”。

（16）在 S3 单元格里输入公式“= 职工薪酬结算表 1 月份 !T3+' 职工薪酬结算表 2 月份 '!T3+' 职工薪酬结算表 3 月份 '!T3”。

（17）选定 D3:S3 单元格区域并向下填充复制到需要的行数，这样就得到了“2019 年 01 月至 03 月份职工薪酬汇总”数据，最终结果如图 5–16 所示。

北京光华制造有限责任公司2019年01月至03月份职工薪酬汇总

工号	姓名	部门	基本工资	岗位工资	工龄工资	住房补助	伙食补助	交通补助	医疗补助	奖金	应发合计	住房公积金	养老保险	医疗保险	失业保险	个人所得税	应扣合计	实发合计
201	王久肖	行政部	12000.00	18000.00	3000.00	3000.00	900.00	600.00	5400.00	8550.00	51450.00	5094.00	3396.00	858.00	84.90	405.51	9838.41	41611.59
202	王　玲	办公室	10800.00	13200.00	3000.00	2400.00	900.00	600.00	3600.00	8100.00	42600.00	3996.00	2664.00	675.00	66.60	515.95	7917.55	34682.45
203	张鹏辉	销售部	10800.00	13200.00	3000.00	2400.00	900.00	600.00	3600.00	7250.00	41750.00	3870.00	2580.00	654.00	64.50	497.45	7665.95	34084.06
204	李耀东	销售部	4800.00	15000.00	3000.00	2100.00	900.00	600.00	3000.00	6000.00	35400.00	3168.00	2112.00	537.00	52.80	300.91	6170.71	29229.29
205	翟永徽	销售部	4800.00	15000.00	1350.00	1200.00	900.00	600.00	2400.00	5750.00	32000.00	2790.00	1860.00	474.00	46.50	219.89	5390.39	26609.62
206	黄达光	生产部	10800.00	13200.00	2400.00	2400.00	900.00	600.00	3600.00	7950.00	41850.00	3996.00	2664.00	675.00	66.60	448.45	7850.05	33999.95
207	李　媛	生产部	9600.00	12000.00	1950.00	1200.00	900.00	600.00	2400.00	6550.00	35200.00	3150.00	2100.00	534.00	52.50	295.91	6132.41	29067.60
208	马　东	生产部	9000.00	11400.00	1650.00	1200.00	900.00	600.00	2400.00	5250.00	32400.00	2628.00	1752.00	447.00	43.80	15.88	4886.68	27513.32
209	钱三宝	生产部	9000.00	11400.00	900.00	1200.00	900.00	600.00	2400.00	5850.00	32250.00	2754.00	1836.00	468.00	45.90	0.00	5103.90	27146.10
210	赵小玲	生产部	6000.00	10800.00	900.00	1200.00	900.00	600.00	2400.00	4500.00	27300.00	2196.00	1464.00	375.00	36.60	21.85	4093.45	23206.55
211	王欢欢	生产部	6000.00	10800.00	900.00	1200.00	900.00	600.00	2400.00	4350.00	27150.00	2196.00	1464.00	375.00	36.60	17.35	4088.95	23061.05
212	赵宝泉	生产部	6000.00	10800.00	750.00	1200.00	900.00	600.00	2400.00	4500.00	27150.00	2178.00	1452.00	372.00	36.30	153.35	4191.65	22958.35
213	孙光彩	后勤部	10800.00	13200.00	2700.00	2400.00	900.00	600.00	3600.00	7400.00	41600.00	3924.00	2616.00	663.00	65.40	489.95	7758.35	33841.65
214	刘　莲	后勤部	6000.00	9000.00	750.00	1200.00	900.00	600.00	2400.00	4500.00	25350.00	1962.00	1308.00	336.00	32.70	66.34	3705.04	21644.96
215	付郭飞	财务部	12000.00	16800.00	3000.00	2400.00	900.00	600.00	3600.00	8900.00	48200.00	4716.00	3144.00	795.00	78.60	598.99	9332.59	38867.41
216	王芳芳	财务部	10800.00	13200.00	1650.00	1200.00	900.00	600.00	2400.00	5700.00	36450.00	3330.00	2220.00	564.00	55.50	98.42	6267.92	30182.09

图 5–16

需要注意的是：在实际工资发放管理工作中，还涉及职工薪酬单的打印和职工薪酬报表的打印，由于篇幅有限在此不再赘述，请读者根据实际情况进行设置。

三、工资条的设置与打印

利用宏功能、函数和邮件功能都能打印输入工资条。下面我们介绍如何利用 Excel 表格轻松处理工资条。

假如，我们要将图 5–17 所示的 Excel 表格中的职工薪酬结算表 1 月份的数据记录以工资条的形式输出，其设置程序如下：

北京光华制造有限责任公司2019年1月份职工薪酬结算表																			
月份	工号	姓名	部门	基本工资	岗位工资	工龄工资	住房补助	伙食补助	交通补助	医疗补助	奖金	应发合计	住房公积金	养老保险	医疗保险	失业保险	个人所得税	应扣合计	实发合计
1月	201	王久肖	行政部	4000.00	6000.00	1000.00	1000.00	300.00	200.00	1800.00	2850.00	17150.00	1698.00	1132.00	286.00	28.30	135.17	3279.47	13870.53
1月	202	王　玲	办公室	3600.00	4400.00	1000.00	800.00	300.00	200.00	1200.00	2600.00	14100.00	1332.00	888.00	225.00	22.20	168.98	2636.18	11463.82
1月	203	张鹏辉	销售部	3600.00	4400.00	1000.00	800.00	300.00	200.00	1200.00	2250.00	13750.00	1290.00	860.00	218.00	21.50	160.82	2550.32	11199.69
1月	204	李耀东	销售部	1600.00	5000.00	1000.00	700.00	300.00	200.00	1000.00	2000.00	11800.00	1056.00	704.00	179.00	17.60	100.30	2056.90	9743.10
1月	205	翟永徽	销售部	1600.00	5000.00	450.00	400.00	300.00	200.00	800.00	2000.00	10750.00	930.00	620.00	158.00	15.50	75.80	1799.30	8950.71
1月	206	黄达光	生产部	3600.00	4400.00	800.00	800.00	300.00	200.00	1200.00	2800.00	14100.00	1332.00	888.00	225.00	22.20	153.98	2621.18	11478.82
1月	207	李　媛	生产部	3200.00	4000.00	650.00	400.00	300.00	200.00	800.00	2200.00	11750.00	1050.00	700.00	178.00	17.50	99.14	2044.64	9705.37
1月	208	马　东	生产部	3000.00	3800.00	550.00	400.00	300.00	200.00	800.00	1250.00	10300.00	876.00	584.00	149.00	14.60	0.00	1623.60	8676.40
1月	209	钱三宝	生产部	3000.00	3800.00	300.00	400.00	300.00	200.00	800.00	1850.00	10650.00	918.00	612.00	156.00	15.30	0.00	1701.30	8943.70
1月	210	赵小玲	生产部	2000.00	3600.00	300.00	400.00	300.00	200.00	800.00	1500.00	9100.00	732.00	488.00	125.00	12.20	7.28	1364.48	7735.52
1月	211	王欢欢	生产部	2000.00	3600.00	300.00	400.00	300.00	200.00	800.00	1500.00	9100.00	732.00	488.00	125.00	12.20	7.28	1364.48	7735.52
1月	212	赵宝泉	生产部	2000.00	3600.00	250.00	400.00	300.00	200.00	800.00	1500.00	9050.00	726.00	434.00	124.00	12.10	51.12	1397.22	7652.78
1月	213	孙光彩	后勤部	3600.00	4400.00	900.00	800.00	300.00	200.00	1200.00	2500.00	13900.00	1308.00	872.00	221.00	21.80	164.32	2587.12	11312.88
1月	214	刘　莲	后勤部	2000.00	3000.00	250.00	400.00	300.00	200.00	800.00	1500.00	8450.00	654.00	436.00	112.00	10.90	22.11	1235.01	7214.99
1月	215	付郭飞	财务部	4000.00	5600.00	1000.00	800.00	300.00	200.00	1200.00	3000.00	16100.00	1572.00	1048.00	265.00	26.20	200.66	3111.86	12988.14
1月	216	王芳芳	财务部	3600.00	4400.00	550.00	400.00	300.00	200.00	800.00	2000.00	12250.00	1110.00	740.00	188.00	18.50	35.81	2092.31	10157.70

职工薪酬结算表1月份 | 职工薪酬结算表2月份 | 职工薪酬结算表3月份 | 职工个人所得税计算表 | 职工薪酬汇总表 ...

图 5–17

第一步

打开“职工薪酬管理系统”工作簿，在“职工薪酬汇总表”工作表之后插入一张新的工作表并命名为“工资条 1 月份”，然后按下列程序设置“工资条 1 月份”：

（1）选定 A1:T1 单元格区域，合并后居中，并输入标题为“北京光华制造有限责任公司 2019 年 1 月份工资条”。

（2）选取单元格 A2，单击“开始”菜单选择面板中的“条件格式”命令，在下拉列表中选择“新建规则”命令，如图 5–18 所示。

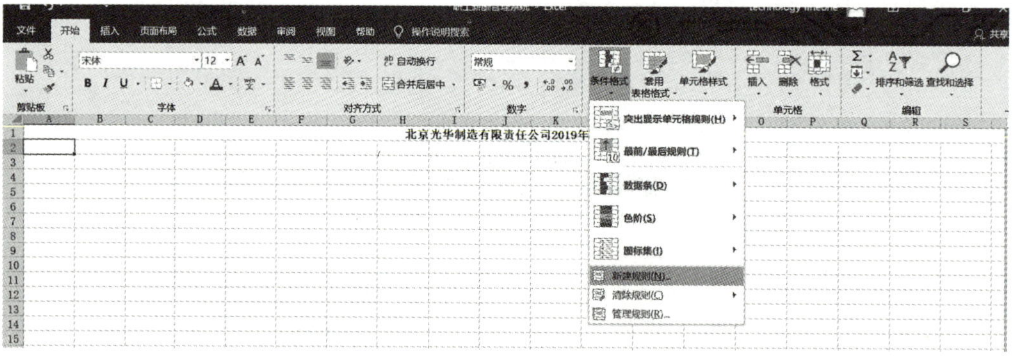

图 5–18

（3）在“新建格式规则”对话框中选择“使用公式确定要设置格式的单元格”，在“为符合此公式的值设置格式”栏中输入“=$A2=""”，然后单击下方的“格式”按钮，如图 5–19 所示。在弹出的“设置单元格格式”对话框中将单元格的边框设置为“无”（见图 5–20），然后单击“确定”按钮，返回“新建格式规则”对话框。单击“确定”按钮，完成条件格式的设置。

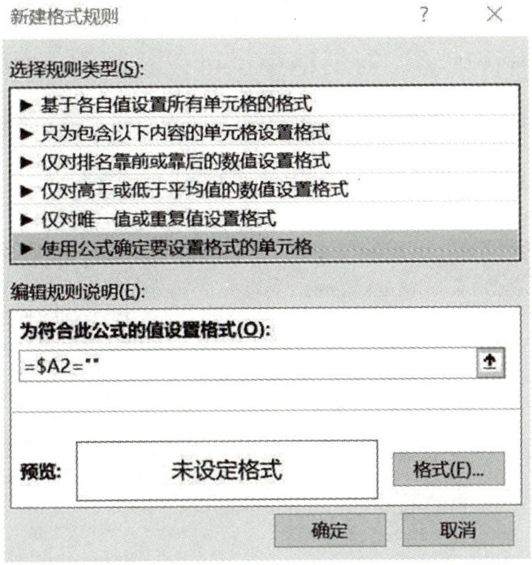

图 5–19

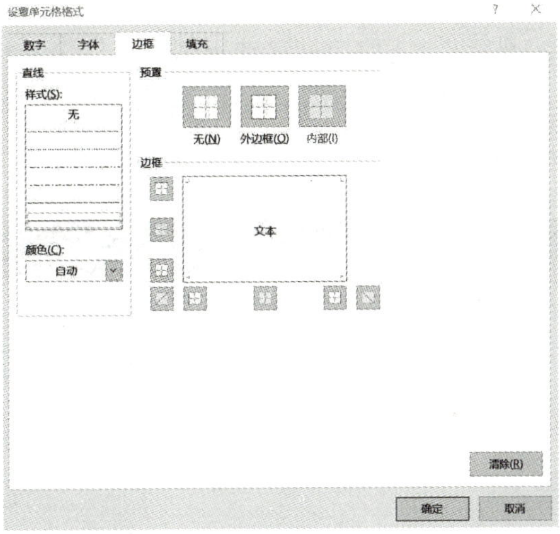

图 5–20

（4）重复以上（2）（3）条的操作步骤，继续对 A2 单元格进行条件格式的设置。在“为符合此公式的值设置格式”栏中输入“=$A2<>""”，然后单击下方的“格式”按钮，如图 5–21 所示。在弹出的“设置单元格格式”对话框中将单元格的边框设置为细虚线，如图 5–22 所示，然后单击“确定”按钮，返回“新建格式规则”对话框。单击“确定”按钮，完成条件格式的设置。

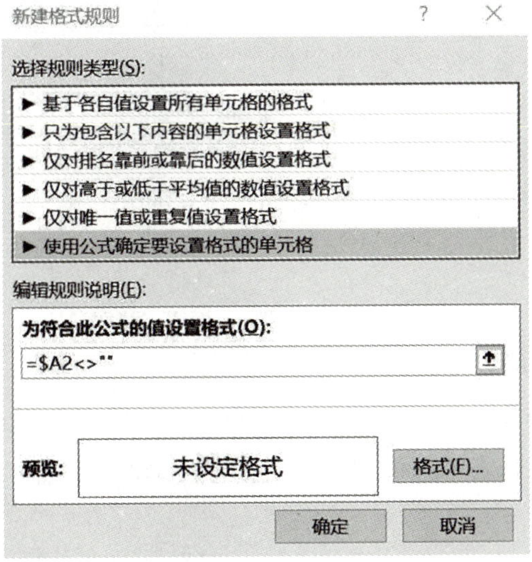

图 5–21

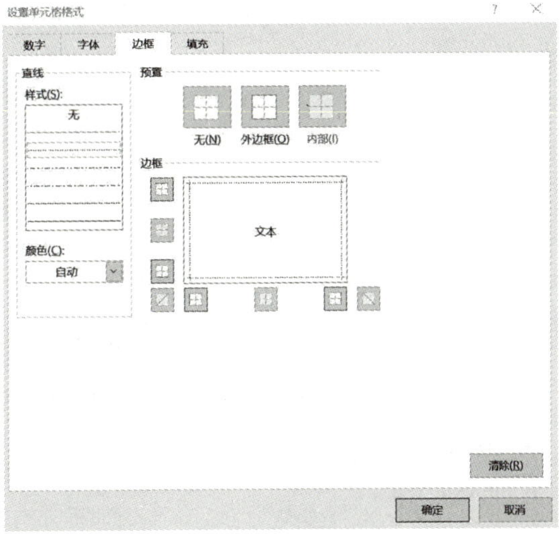

图 5–22

（5）选取单元格 A2，选择“条件格式”命令，在下拉列表中选择“管理规则”命令，如图 5–23 所示。在弹出的“条件格式规则管理器”对话框中，可以看到为 A2 单元格设置的条件格式。选择“新建规则”按钮可以继续添加新的规则；选择“编辑规则”可以对已经设置好的条件进行编辑，如图 5–24 所示。

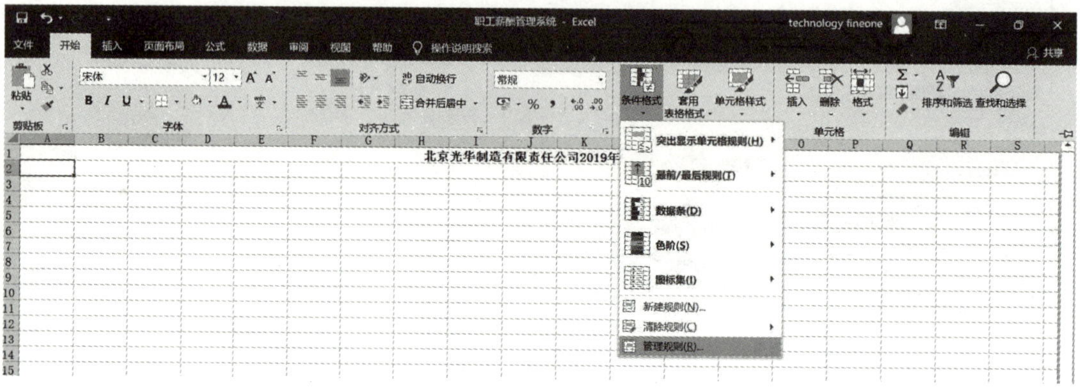

图 5–23

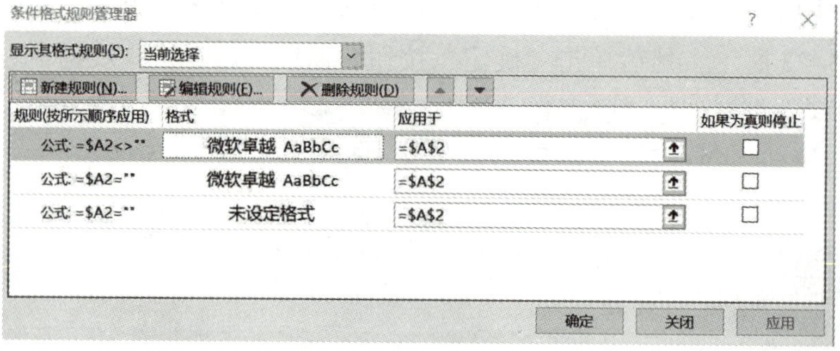

图 5–24

第二步

对“工资条 1 月份”工作表中的有关单元格设置计算公式：

（1）在单元格 A2 中输入公式“=IF(MOD(ROW()+2,3)=0,"",IF(MOD(R OW()+2,3)=1，职工薪酬结算表 1 月份 !A$2,INDEX(职工薪酬结算表 1 月份 !$A:$T,INT ((ROW()+4)/3+1), COLUMN())))”。

（2）选取单元格 A2，将其向右填充复制到单元格 T2，选取单元格区域 A2:T2，将其向下填充复制到需要的行数。

（3）单击“文件”菜单，选择界面左侧的“选项”命令，如图 5–25 所示。打开“选项”对话框，在界面左侧选择“高级”选项卡，在界面右侧找到“显示网格线”选项并取消勾选，如图 5–26 所示，然后单击“确定”按钮，返回数据表。至此，就得到了 1 月份每位职工的工资条，如图 5–27 所示。

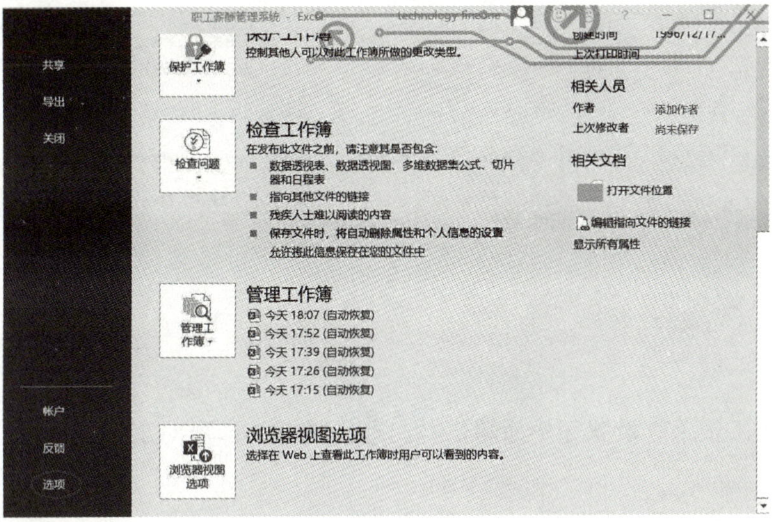

图 5–25

图 5–26

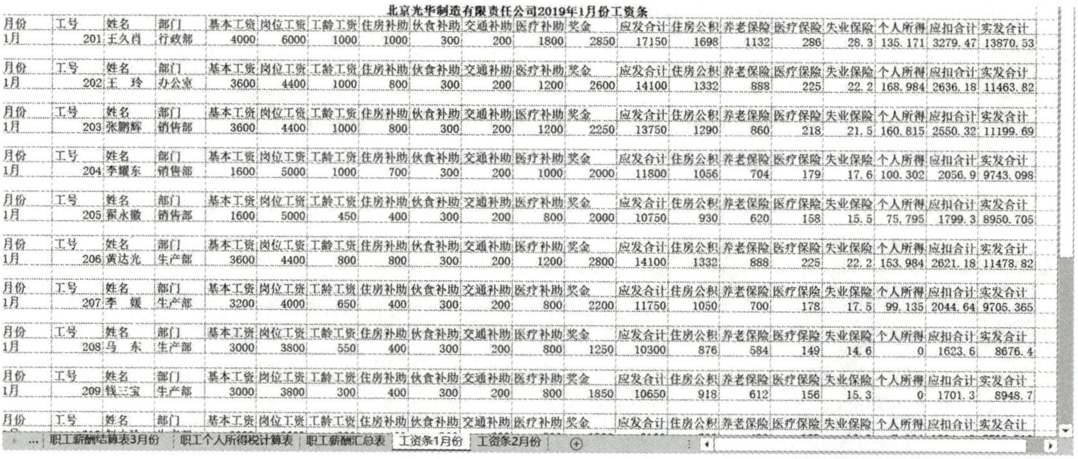

北京光华制造有限责任公司2019年1月份工资条

月份	工号	姓名	部门	基本工资	岗位工资	工龄工资	住房补助	伙食补助	交通补助	医疗补助	奖金	应发合计	住房公积	养老保险	医疗保险	失业保险	个人所得	应扣合计	实发合计
1月	201	王久肖	行政部	4000	6000	1000	1000	300	200	1800	2850	17150	1698	1132	286	28.3	135.171	3279.47	13870.53
月份	工号	姓名	部门	基本工资	岗位工资	工龄工资	住房补助	伙食补助	交通补助	医疗补助	奖金	应发合计	住房公积	养老保险	医疗保险	失业保险	个人所得	应扣合计	实发合计
1月	202	王　玲	办公室	3600	4400	1000	800	300	200	1200	2600	14100	1332	888	225	22.2	168.984	2636.18	11463.82
月份	工号	姓名	部门	基本工资	岗位工资	工龄工资	住房补助	伙食补助	交通补助	医疗补助	奖金	应发合计	住房公积	养老保险	医疗保险	失业保险	个人所得	应扣合计	实发合计
1月	203	张鹏辉	销售部	3600	4400	1000	800	300	200	1200	2250	13750	1290	860	218	21.5	160.815	2550.32	11199.69
月份	工号	姓名	部门	基本工资	岗位工资	工龄工资	住房补助	伙食补助	交通补助	医疗补助	奖金	应发合计	住房公积	养老保险	医疗保险	失业保险	个人所得	应扣合计	实发合计
1月	204	李耀东	销售部	1600	5000	1000	700	300	200	1000	2000	11800	1056	704	179	17.6	100.302	2056.9	9743.098
月份	工号	姓名	部门	基本工资	岗位工资	工龄工资	住房补助	伙食补助	交通补助	医疗补助	奖金	应发合计	住房公积	养老保险	医疗保险	失业保险	个人所得	应扣合计	实发合计
1月	205	翟永徽	销售部	1600	5000	450	400	300	200	800	2000	10750	930	620	158	15.5	75.795	1799.3	8950.705
月份	工号	姓名	部门	基本工资	岗位工资	工龄工资	住房补助	伙食补助	交通补助	医疗补助	奖金	应发合计	住房公积	养老保险	医疗保险	失业保险	个人所得	应扣合计	实发合计
1月	206	黄达光	生产部	3600	4400	800	800	300	200	1200	2800	14100	1332	888	225	22.2	153.984	2621.18	11478.82
月份	工号	姓名	部门	基本工资	岗位工资	工龄工资	住房补助	伙食补助	交通补助	医疗补助	奖金	应发合计	住房公积	养老保险	医疗保险	失业保险	个人所得	应扣合计	实发合计
1月	207	李　媛	生产部	3200	4000	650	400	300	200	800	2200	11750	1050	700	178	17.5	99.135	2044.64	9705.365
月份	工号	姓名	部门	基本工资	岗位工资	工龄工资	住房补助	伙食补助	交通补助	医疗补助	奖金	应发合计	住房公积	养老保险	医疗保险	失业保险	个人所得	应扣合计	实发合计
1月	208	马　东	生产部	3000	3800	550	400	300	200	800	1250	10300	876	584	149	14.6	0	1623.6	8676.4
月份	工号	姓名	部门	基本工资	岗位工资	工龄工资	住房补助	伙食补助	交通补助	医疗补助	奖金	应发合计	住房公积	养老保险	医疗保险	失业保险	个人所得	应扣合计	实发合计
1月	209	钱三宝	生产部	3000	3800	300	400	300	200	800	1850	10650	918	612	156	15.3	0	1701.3	8948.7
月份	工号	姓名	部门	基本工资	岗位工资	工龄工资	住房补助	伙食补助	交通补助	医疗补助	奖金	应发合计	住房公积	养老保险	医疗保险	失业保险	个人所得	应扣合计	实发合计

… 职工薪酬结算表3月份 | 职工个人所得税计算表 | 职工薪酬汇总表 | 工资条1月份 | 工资条2月份

图 5–27

第三步

设置打印工资条，设置完毕后单击“打印”按钮，即可对工资条进行打印。

任务驱动

1. 选择一个实际企业的职工薪酬为基本资料，利用 Excel 设置职工基本情况表、职工薪酬计算比率表、职工薪酬调整表、职工社会保险住房公积金计算表，职工个税专项附加扣除计算表、职工福利表、职工奖金计算表、职工薪酬结算表和职工个人所得税计算表。

2. 利用第 1 题形成的数据设置职工薪酬数据透视表、年度职工薪酬报表，完成工资条的设置与打印。

项目六

固定资产管理系统的设置

项目综述：

固定资产是指使用期限超过一个会计年度的房屋及建筑物、机器设备、运输工具以及其他与生产经营有关的设备、器具、工具等，但不包括投资性房地产的建筑物和生产性生物资产。

固定资产同时满足下列条件的，才能予以确认：

（1）与该固定资产有关的经济利益很可能流入企业。

（2）该固定资产的成本能够可靠地计量。

固定资产应同时具备以下特征：

第一，企业持有固定资产的目的是满足生产商品、提供劳务、出租或经营管理的需要，而不像库存商品一样为了对外出售。

第二，企业使用固定资产的期限较长，使用寿命超过一个会计年度。这表明固定资产的收益期超过一个会计年度，所以企业为购建固定资产所发生的支出，属于资本性支出。

第三，固定资产单位价值较高。

第四，固定资产具有实物形态，这是固定资产区别于无形资产的主要标志。

项目要求：

固定资产是企业生产经营过程中不可缺少的条件，合理有效地组织固定资产的管理与核算工作，对于保护固定资产的完整性并充分发挥其最大的功能具有重要的意义。

本项目要求利用 Excel 对单位固定资产进行管理。

任务一　固定资产卡片的设置

固定资产卡片的设置是计算机管理固定资产的第一环节。现以北京光华制造有限责任公司的固定资产管理为例，利用 Excel 设置固定资产卡片，其设置程序如下：

第一步

新建一个名为“固定资产管理系统”的工作簿，并将“Sheet1”工作表命名为“固定资产卡片”，然后输入固定资产卡片中的所有项目，如图 6–1 所示。

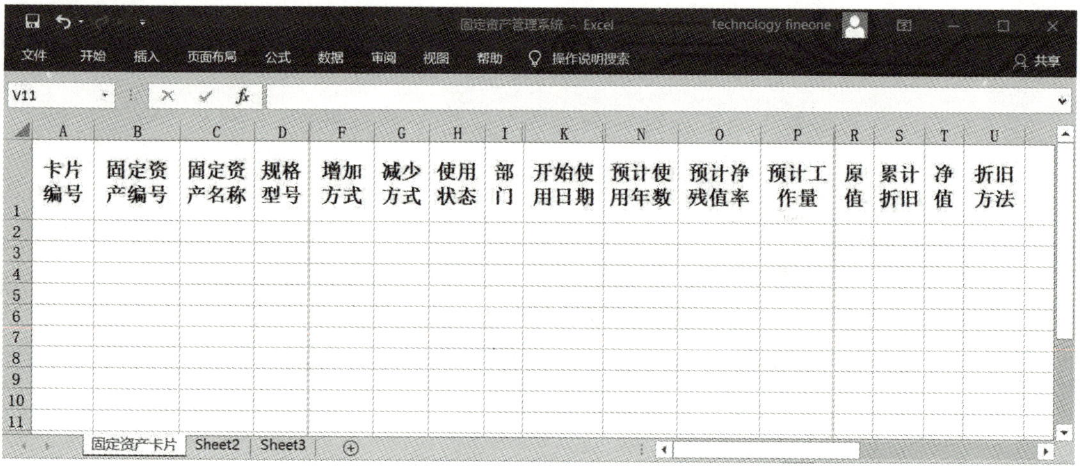

图 6–1

第二步

设置“增加方式”列项目数据验证的条件。选定“增加方式”所在单元格下方单元格 F2，选择“数据”菜单下的“数据验证”命令，弹出“数据验证”对话框。在对话框中的“允许”处选择“序列”，在“来源”处输入固定资产增加方式的种类：在建工程转入、投资者投入、捐赠、直接购入、部门调拨，单击“确定”按钮，如图 6–2 所示。向下拖动此单元格右下角的智能填充柄，将验证条件复制到“增加方式”列其他单元格，结果如图 6–3 所示。

第三步

设置“减少方式”列项目数据验证的条件。选定“减少方式”所在单元格下方单

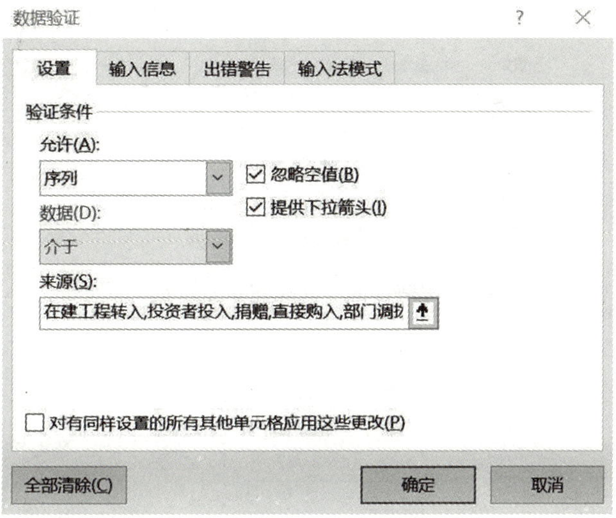

图 6–2

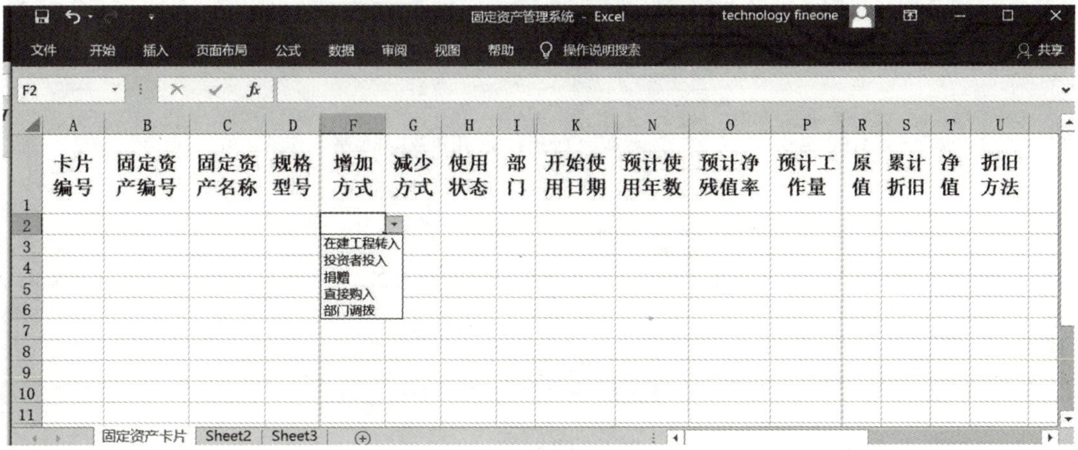

图 6–3

元格 G2，选择“数据”菜单下的“数据验证”命令，弹出“数据验证”对话框。在对话框中的“允许”处选择“序列”，在“来源”处输入固定资产减少方式的种类：投资、出售、报废、部门调拨，单击“确定”按钮，如图 6–4 所示。向下拖动此单元格右下角的智能填充柄，将验证条件复制到“减少方式”列其他单元格，结果如图 6–5 所示。

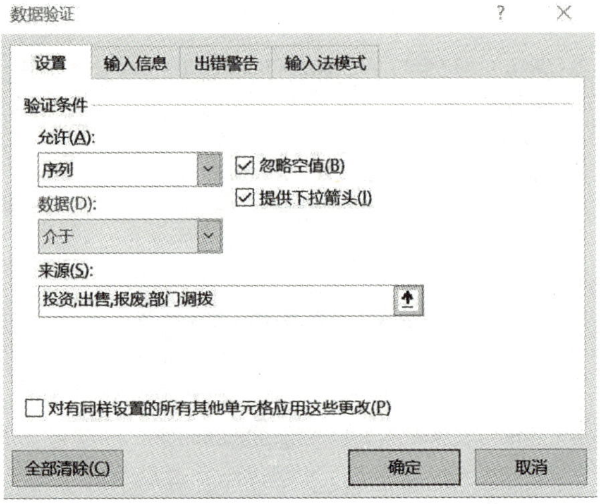

图 6–4

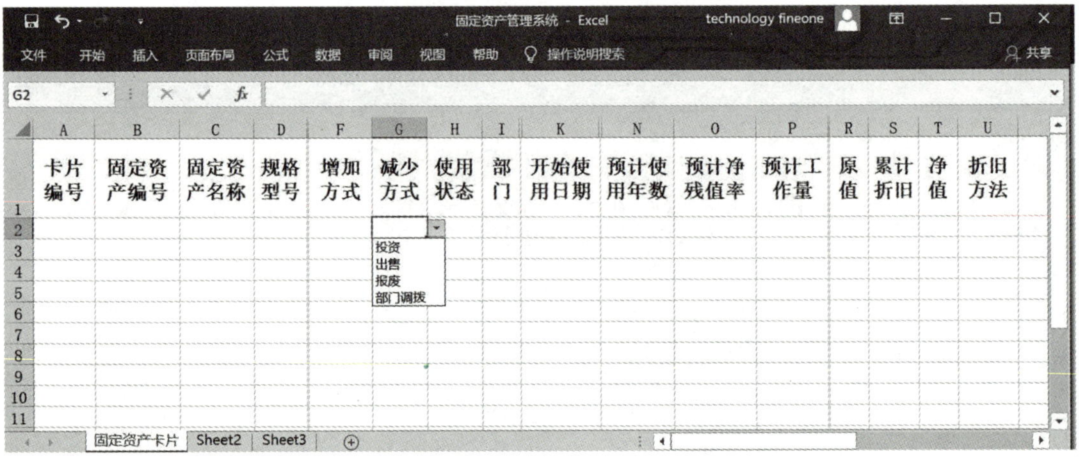

图 6–5

第四步

设置“使用状态”列项目数据验证的条件。选定“使用状态”所在单元格下方单元格 H2，选择“数据”菜单下的“数据验证”命令，弹出“数据验证”对话框。在对话框中的“允许”处选择“序列”，在“来源”处输入固定资产使用状态：在用、停用、季节性停用，单击“确定”按钮，如图 6–6 所示。向下拖动此单元格右下角的智能填充柄，将验证条件复制到“使用状态”列其他单元格，结果如图 6–7 所示。

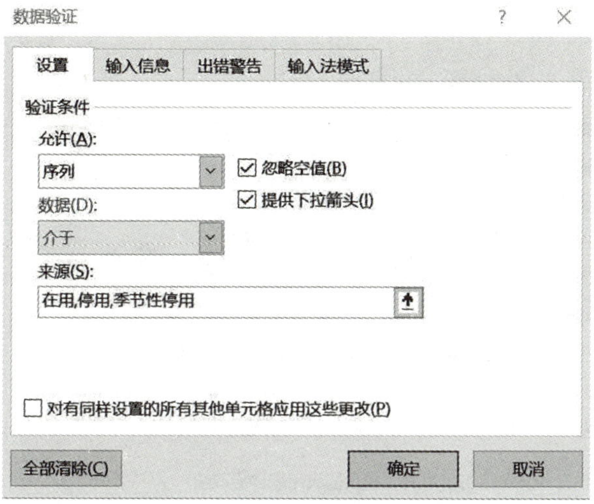

图 6–6

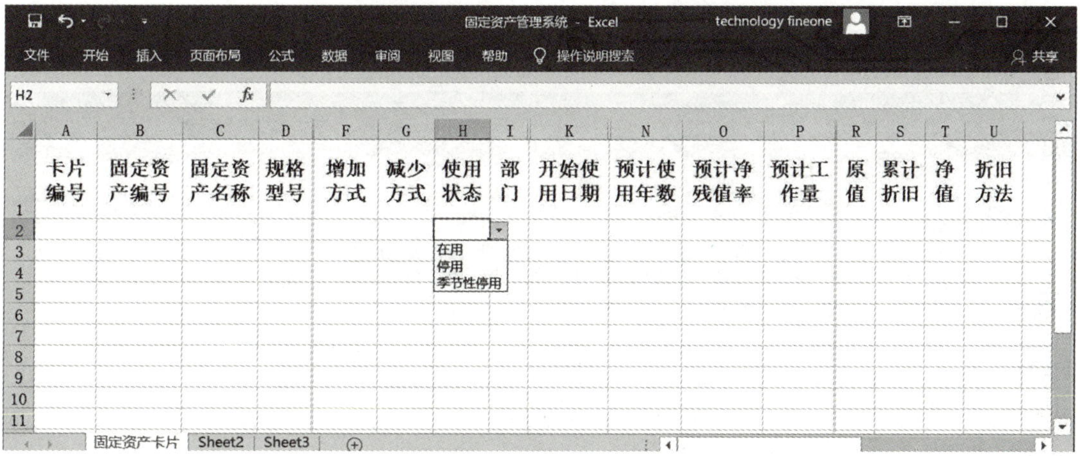

图 6–7

第五步

设置“部门”列项目数据验证的条件。选定“部门”所在单元格下方单元格 I2，选择“数据”菜单下的“数据验证”命令，弹出“数据验证”对话框。在对话框中的“允许”处选择“序列”，在“来源”处输入固定资产的所有部门：行政部、办公室、销售部、生产部、后勤部、财务部，单击“确定”按钮，如图 6–8 所示。向下拖动此单元格右下角的智能填充柄，将验证条件复制到“部门”列其他单元格，结果如图 6–9 所示。

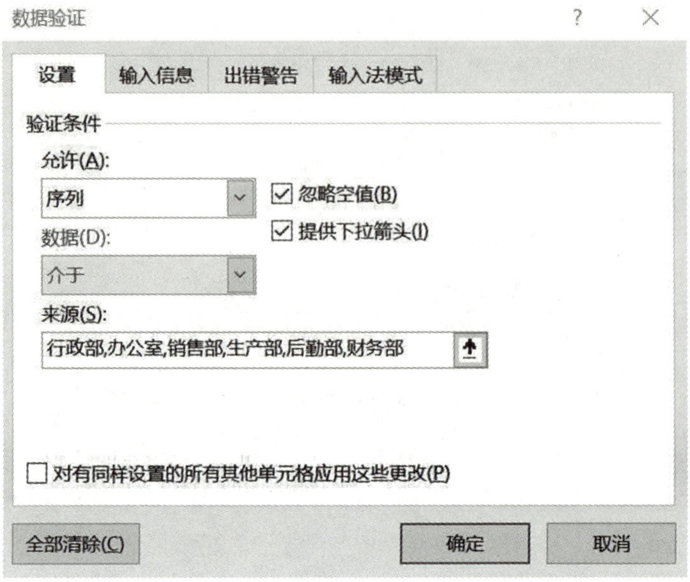

图 6–8

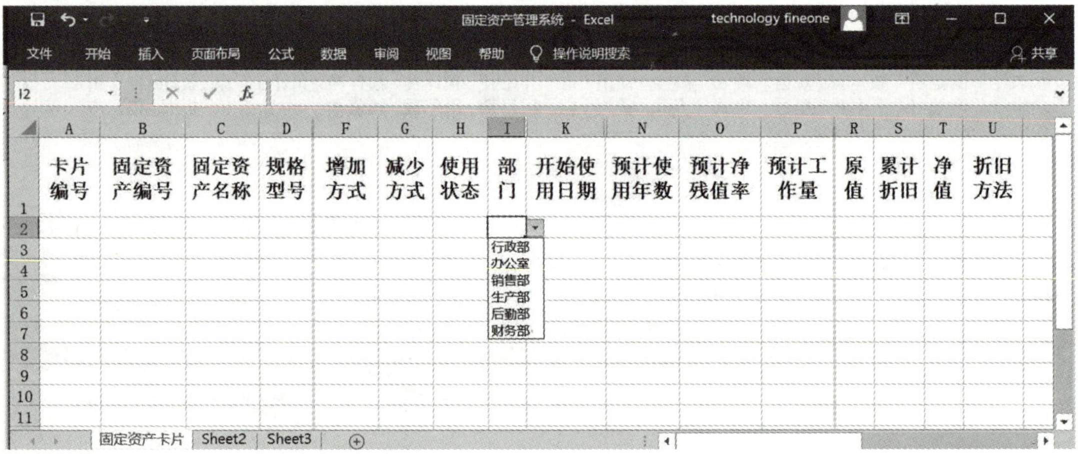

图 6–9

第六步

输入固定资产卡片的信息（可以快速输入，项目一已说明），“卡片编号”“固定资产编号”“固定资产名称”等项目可直接输入，“增加方式”“减少方式”“使用状态”“部门”可选择输入。在“净值”所在单元格 T2 中输入公式“=R2–S2”，拖动智能填充柄，将此公式复制到这一列的其他单元格，结果如图 6–10 所示。

卡片编号	固定资产编号	固定资产名称	规格型号	增加方式	减少方式	使用状态	部门	开始使用日期	预计使用年数	预计净残值率	预计工作量	原值	累计折旧	净值	折旧方法
001	101	复印一体机	东芝T-20	直接购入		在用	行政部	2017/12/1	5	2%		60000	29400	30600	平均年限
002	201	小轿车	奔驰300	投资者投入		在用	办公室	2012/6/5	15	5%		450000	150000	300000	平均年限
003	301	卡车	东风200	直接购入	出售		销售部	2014/12/1	10	5%		300000	80000	220000	平均年限
004	401	数控机床	永嘉H-50	直接购入		在用	生产部	2018/6/20	15	3%		1500000	300000	1200000	平均年限
005	501	铲车	玉林C-30	部门调拨	报废		后勤部	2014/12/1	5	2%		50000	49000	1000	平均年限
006	601	小轿车	捷达春天	直接购入		在用	财务部	2019/12/1	10	3%		80000	4000	76000	平均年限

图 6–10

任务二　固定资产折旧的计算

固定资产折旧是指在固定资产的使用寿命期内，按照确定的方法对应计折旧额进行系统分摊。企业的固定资产由于磨损和损耗而逐渐转移的价值，这部分转移的价值以折旧费的形式计入成本费用，并从企业营业收入中得到补偿，转化为货币资金。应计折旧额是指应当计提折旧的固定资产的原始价值扣除其预计净残值后的余额，如果已对固定资产计提减值准备，还应当扣除已计提的固定资产减值准备累计金额。

影响折旧的因素主要有以下四个方面：

（1）固定资产原价。固定资产原价是指取得固定资产所发生的成本，包括买价、进口关税等税金、运输和保险等相关费用，以及为使固定资产达到预定可使用状态前所必要的支出。

（2）固定资产的预计净残值。固定资产预计净残值是指假定固定资产预计使用寿命已满并处于使用寿命终了时的预期状态，企业目前从该项固定资产处置中获得的扣除预计处置费用后的金额。由于在计算折旧时，对固定资产的残余价值和清理费用只能人为估计，所以净残值的确定有一定的主观性。

（3）固定资产的使用寿命。固定资产的使用寿命是指企业使用固定资产的预计期间，或者该固定资产所能生产产品或提供劳务的数量。由于固定资产的有形损耗和无形损耗很难准确估计，因此，固定资产的使用寿命也只能预计。但在相同环境条件下，对于同样的固定资产的预计使用寿命应具有相同的预期。

（4）固定资产的折旧计算方法。企业可选用的折旧计算方法包括平均年限法、工作量法、双倍余额递减法以及年数总和法四种。不同折旧方法计算出的各期固定资产折旧额存在较大差异。

北京光华制造有限责任公司某设备原始价值为 50 000 元，预计可使用 4 年，预计该设备报废时的净残值为 2 500 元。利用 Excel 分别采用平均年限法、年数总和法和双倍余额递减法计算第 2 年公司应提取的折旧额。

一、平均年限法

平均年限法又称直线法，是指将固定资产的应计折旧额均衡地分摊到固定资产预计使用寿命内的一种方法。采用这种方法计算的每期折旧额均是相等的。其计算公式为：

年折旧率 =（固定资产原价 – 预计净残值）÷（固定资产原价 × 预计使用年限）

=（1– 预计净残值率）÷ 预计使用寿命（年）月折旧率

= 年折旧率 ÷12

月折旧额 = 固定资产原价 × 月折旧率

在 Excel 2016 或 Excel 2013 中，平均年限法可以调用直线折旧函数 SLN。

语法：SLN(Cost，Salvage，Life)。

功能：返回一项固定资产每期的按照直线法计算的折旧费。

参数说明：Cost 是固定资产原值；Salvage 是固定资产残值；Life 是折旧期限。

利用 Excel 采用平均年限法计算固定资产折旧的程序如下：

第一步

打开“固定资产管理系统”工作簿，插入一个工作表，命名为“固定资产折旧计算——平均年限法”，然后输入固定资产相关数据，如图 6–11 所示。

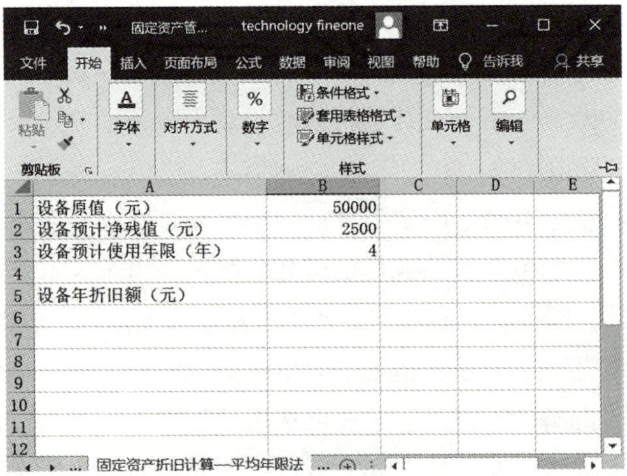

图 6–11

第二步

单击 B5 单元格，选择“公式”菜单下的“插入函数”命令，弹出“插入函数”对话框，在对话框中选择类别“财务”，选择函数“SLN”，如图 6–12 所示。单击“确定”按钮，弹出“函数参数”对话框，如图 6–13 所示。单击参数“Cost”编辑框右边的红色箭头“折叠对话框”按钮，折叠该对话框，然后用鼠标选择要输入的单元格 B1(或直接输入 B1)，如图 6–14 所示，再次单击“折叠对话框”按钮，回到“函数参数”对

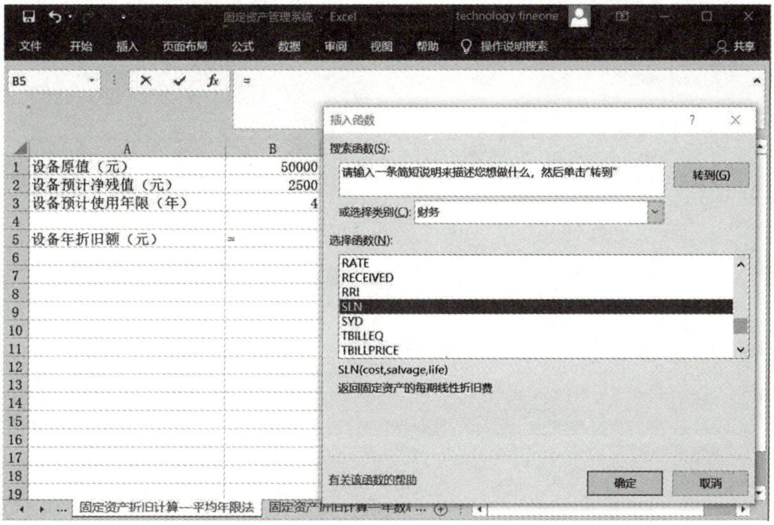

图 6–12

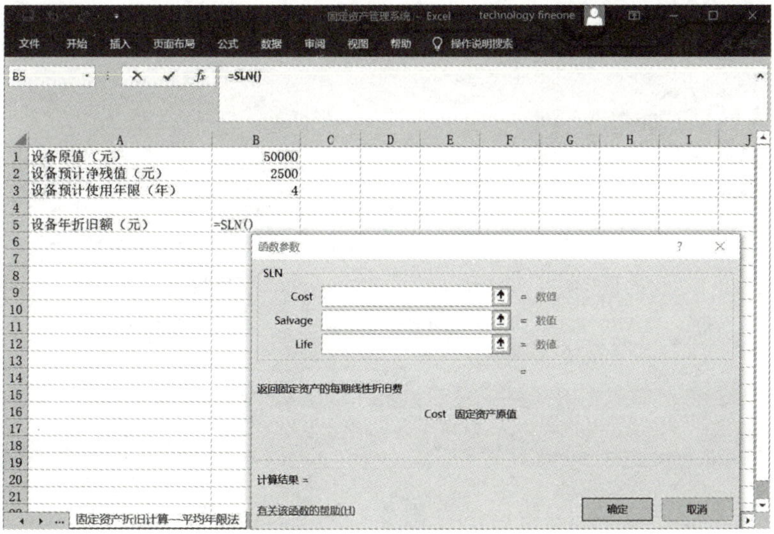

图 6–13

话框，如图 6–15 所示。用同样的方法选取 Salvage、Life 的参数值，如图 6–16 所示，单击“确定”按钮，在 B5 单元格中就会显示出按平均年限法计算的年设备折旧额。由于按平均年限法计算的固定资产折旧额每年都相等，所以第 2 年的设备折旧额等于年设备折旧额，如图 6–17 所示。

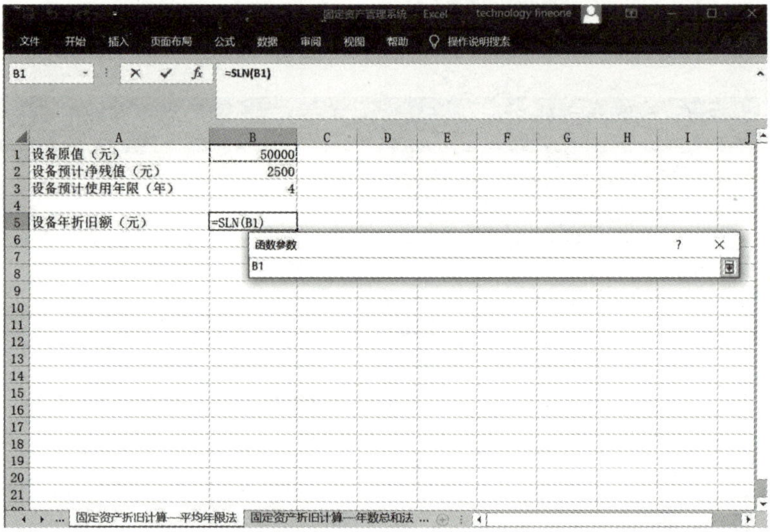

图 6–14

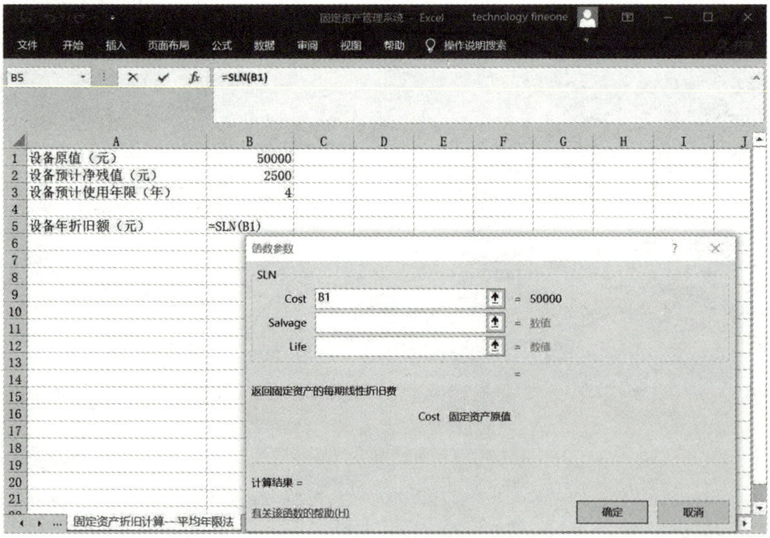

图 6–15

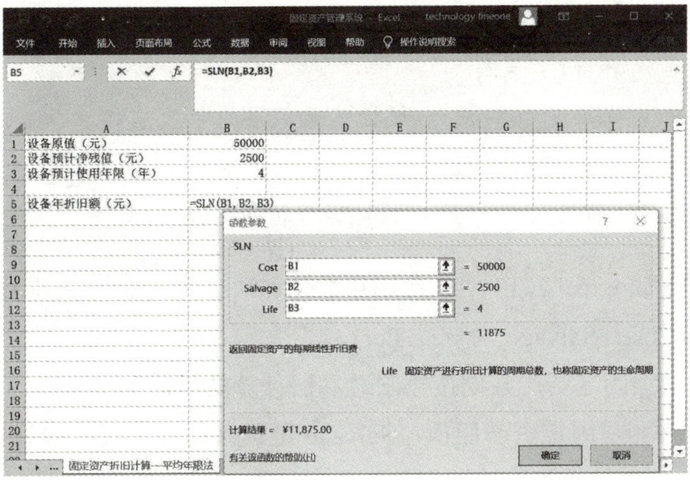

图 6–16

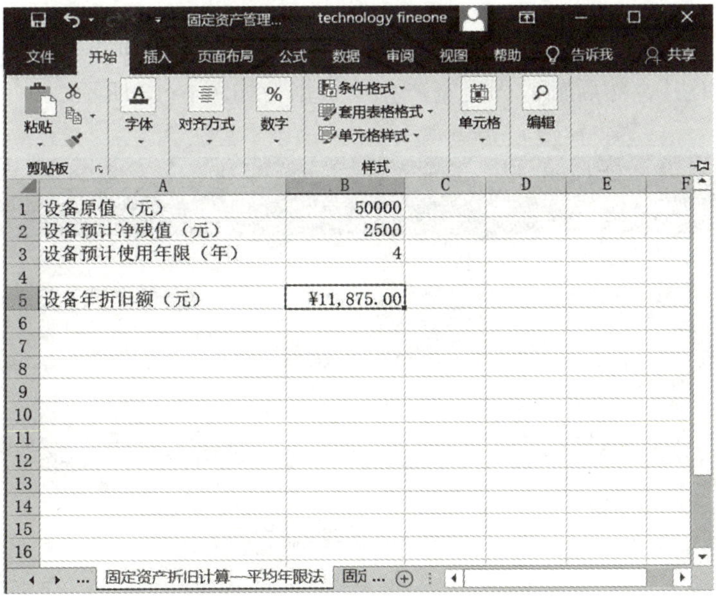

图 6–17

二、年数总和法

年数总和法又称合计年限法，是指将固定资产的原价减去预计净残值后的余额乘以一个逐年递减的分数计算每年的折旧额。这个分数的分子代表固定资产尚可使用寿命，分母代表预计使用寿命逐年数字总和。计算公式如下：

年折旧率 =（预计使用年限 – 已使用年限）÷[预计使用年限 ×（预计使用年限 +1）÷2]

= 尚可使用年限 ÷ 预计使用年限的年数总和

月折旧率 = 年折旧率 ÷12

月折旧额 =（固定资产原价 – 预计净残值）× 月折旧率

在 Excel 2016 或 Excel 2013 中，使用年数总和法计算折旧可以调用 SYD 函数。

语法：SYD(Cost，Salvage，Life，Per)。

功能：返回某项固定资产某期按年限总和法计算的折旧额。

参数说明：Cost 是固定资产原值；Salvage 是预计的固定资产净残值；Life 是预计使用年限；Per 是需要计算折旧额的期间。

利用 Excel 采用年数总和法计算固定资产折旧的程序如下：

第一步

打开“固定资产管理系统”工作簿，插入一个工作表，命名为“固定资产折旧计算——年数总和法”，然后输入固定资产相关数据，如图 6–18 所示。

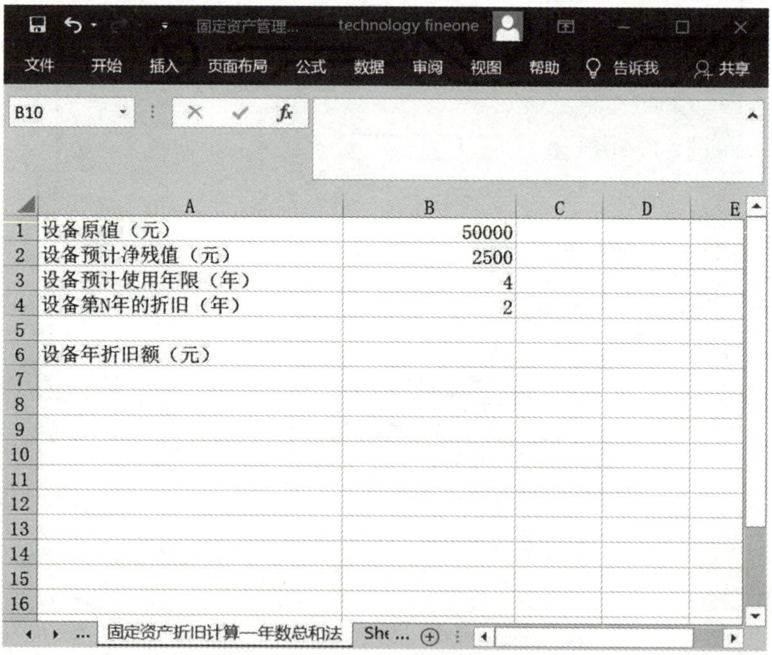

图 6–18

第二步

单击B6单元格，选择“公式”菜单下的“插入函数”命令，弹出“插入函数”对话框，在对话框中选择类别“财务”，选择函数“SYD”，如图6–19所示。单击“确定”按钮，弹出“函数参数”对话框，在参数“Cost”“Salvage”“Life”“Per”编辑框依次输入参数值“B1”“B2”“B3”“B4”，如图6–20所示。再单击“确定”按钮，在B6单元格中就会显示出按年数总和法计算的第2年的设备折旧额，如图6–21所示。

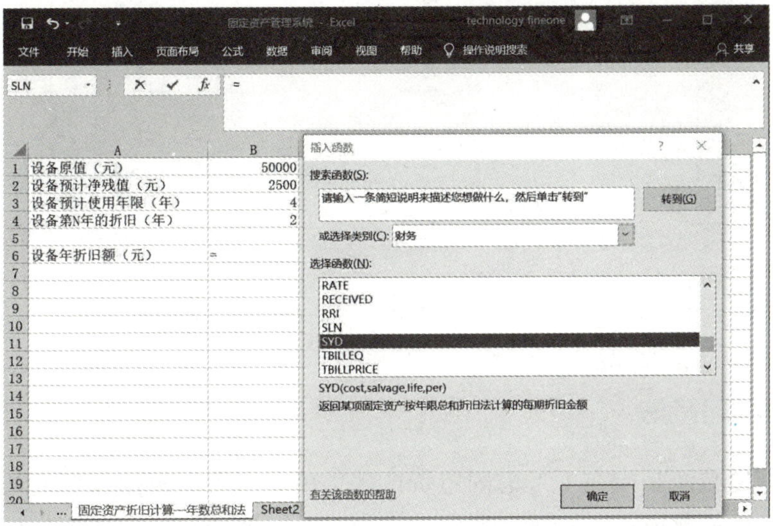

图 6–19

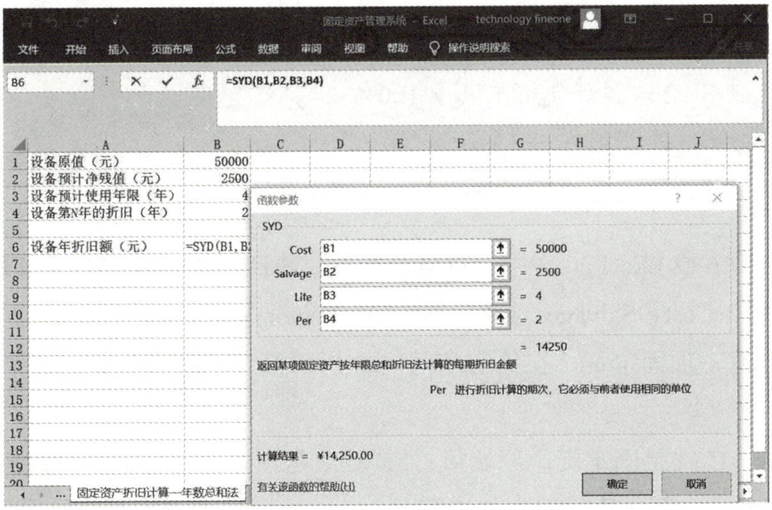

图 6–20

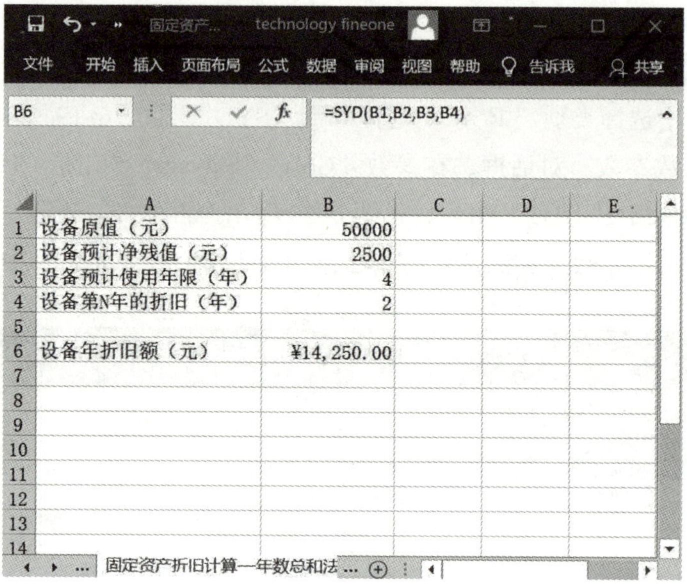

图 6–21

三、双倍余额递减法

双倍余额递减法是指在不考虑固定资产残值的情况下，根据每期期初固定资产账面净值（固定资产账面余额减累计折旧）和双倍的直线法折旧率计算固定资产折旧的一种方法。实行双倍余额递减法计算折旧额时，由于每期期初固定资产账面净值没有扣除预计净残值，所以在计算固定资产折旧额时，一般应在其折旧年限到期前两年内，将固定资产账面净值扣除预计净残值后的余额平均摊销。计算公式为：

年折旧率 =2 ÷ 预计使用年限 ×100%

月折旧率 = 年折旧率 ÷12

月折旧额 = 每月月初固定资产年初账面净值 × 月折旧率

在 Excel 2016 或 Excel 2013 中，双倍余额递减法调用的函数是 DDB 语法。

语法：DDB(Cost，Salvage，Life，Period，Factor)。

功能：计算一项固定资产在给定期间内的折旧额。注意，公式中 5 个参数都必须为正数。

参数说明：Cost 是固定资产原始值；Salvage 是预计的固定资产净残值；Life 是预计使用年限；Period 是计算折旧额的期间；Factor 是余额递减速率，默认为 2，即双倍余额递减法，此参数可以改变。

利用 Excel 采用双倍余额递减法计算固定资产折旧的程序如下：

第一步

打开“固定资产管理系统”工作簿，插入一个工作表，命名为“固定资产折旧计算——双倍余额递减法”，然后输入固定资产相关数据，如图 6–22 所示。

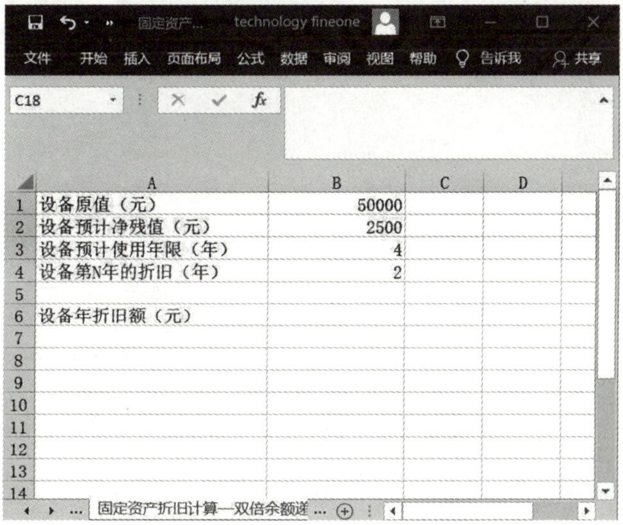

图 6–22

第二步

单击 B6 单元格，选择“公式”菜单下的“插入函数”命令，弹出“插入函数”对话框，在对话框中选择类别“财务”，选择函数“DDB”，如图 6–23 所示。单击“确

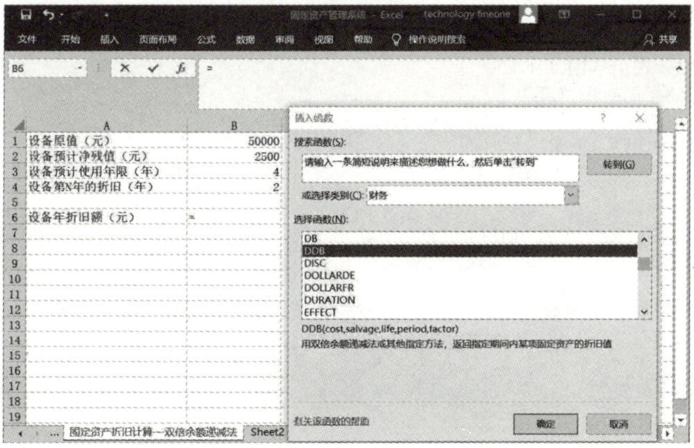

图 6–23

定”按钮，弹出“函数参数”对话框，在参数“Cost”“Salvage”“Life”“Period”“Factor”编辑框依次输入参数值“B1”“B2”“B3”“B4”“2”，如图 6–24 所示。再单击“确定”按钮，在 B6 单元格中就会显示出按双倍余额递减法计算的第 2 年的设备折旧额，如图 6–25 所示。

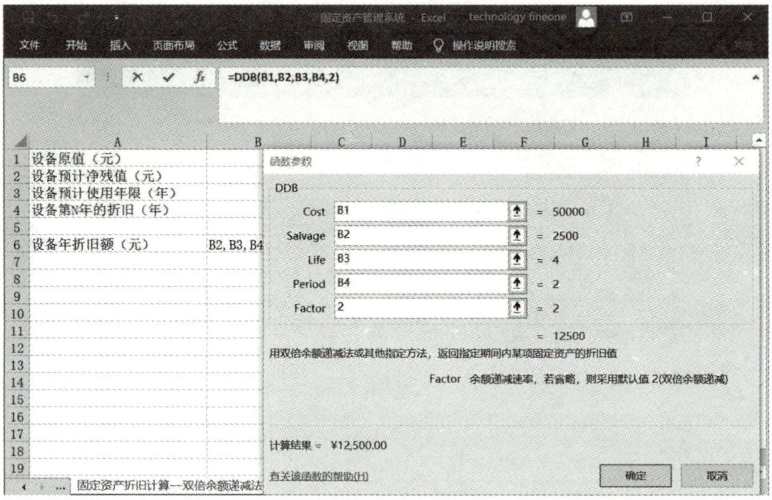

图 6–24

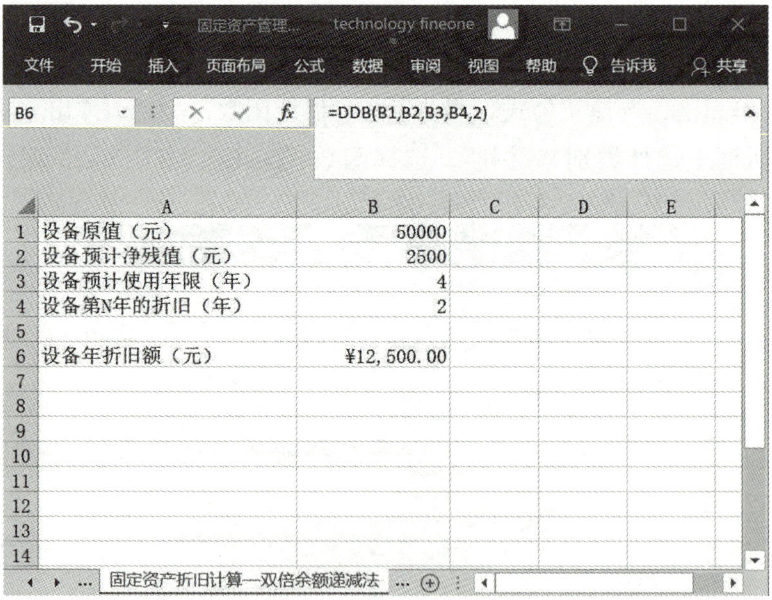

图 6–25

四、工作量法

工作量法是指根据实际工作量计提固定资产折旧额的一种方法，实际上是直线法的另一表现形式，其基本计算公式为：

单位工作量折旧额＝固定资产原价 ×（1– 预计净残值率）÷ 预计总工作量

＝(固定资产原价 – 预计净残值) ÷ 预计总工作量某项固定资产月折旧额

＝该项固定资产当月工作量 × 单位工作量折旧额

北京光华制造有限公司某卡车原价为 200 000 元，预计净残值 6 000 元，预计总行驶里程为 1 000 000 千米，预计使用年限 5 年，当月行驶里程为 2 500 千米，利用 Excel 采用工作量法计算本月应提取的折旧额。

Excel 中没有提供用工作量法进行折旧计算的函数，可以采用 SLN 函数进行计算。

语法：SLN(Cost，Salvage，Life)。

功能：返回一项固定资产每期的按照直线法计算的折旧费。

参数说明：Cost 是固定资产原值；Salvage 是固定资产残值；Life 是折旧期限，但在工作量法下应输入预计工作总量。

利用 Excel 采用工作量法计算固定资产折旧的程序如下：

第一步

打开“固定资产管理系统”工作簿，插入一个工作表，命名为“固定资产折旧计算——工作量法”，然后输入固定资产相关数据，如图 6–26 所示。

第二步

单击 B5 单元格，选择“公式”菜单下的“插入函数”命令，弹出“插入函数”对话框，在对话框中选择类别“财务”，选择函数“SLN”，如图 6–27 所示。单击“确定”按钮，弹出“函数参数”对话框，在参数“Cost”“Salvage”“Life”编辑框依次输入参数值“B1”“B2”“B3”，如图 6–28 所示。再单击“确定”按钮，在 B5 单元格中就会显示出按工作量法计算的设备单位折旧额，如图 6–29 所示。

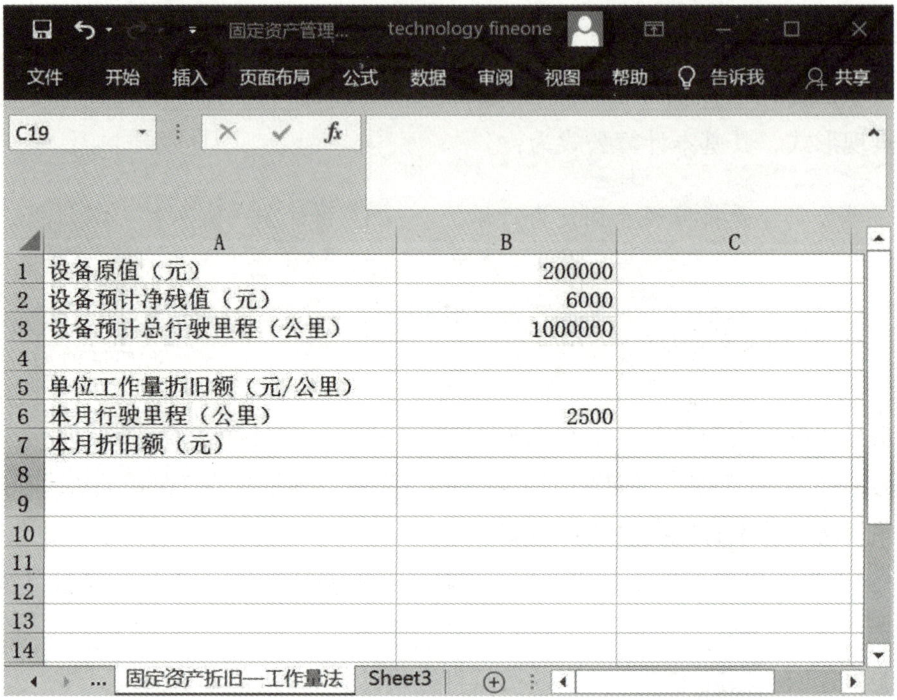
固定资产管理...
technology fineone
文件 开始 插入 页面布局 公式 数据 审阅 视图 帮助 告诉我 共享
C19
设备原值（元） 200000
设备预计净残值（元） 6000
设备预计总行驶里程（公里） 1000000
单位工作量折旧额（元/公里）
本月行驶里程（公里） 2500
本月折旧额（元）
固定资产折旧—工作量法
Sheet3

图 6–26

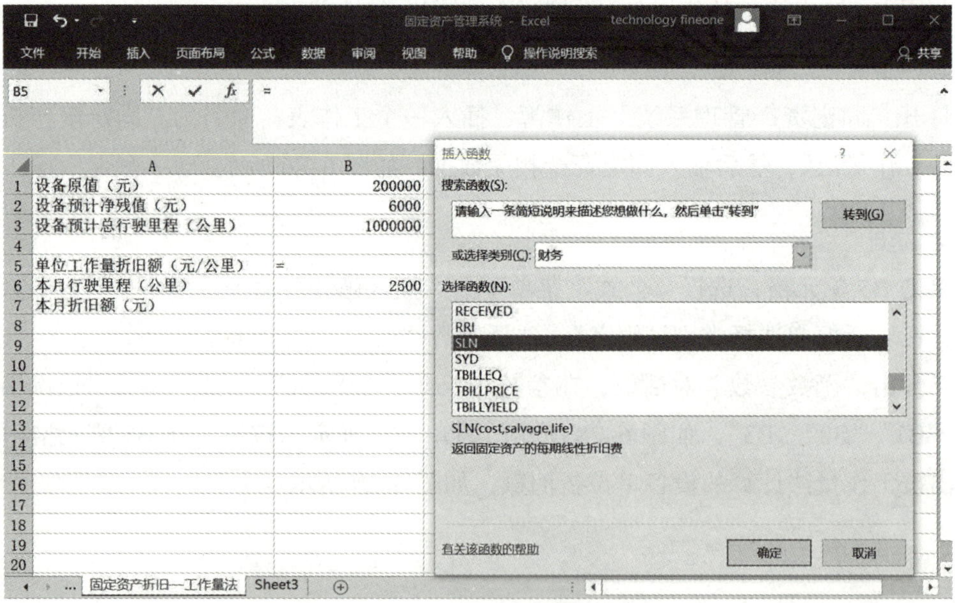
固定资产管理系统 - Excel
technology fineone
文件 开始 插入 页面布局 公式 数据 审阅 视图 帮助 操作说明搜索 共享
B5
设备原值（元） 200000
设备预计净残值（元） 6000
设备预计总行驶里程（公里） 1000000
单位工作量折旧额（元/公里） =
本月行驶里程（公里） 2500
本月折旧额（元）
插入函数
搜索函数(S):
请输入一条简短说明来描述您想做什么，然后单击"转到"
转到(G)
或选择类别(C): 财务
选择函数(N):
RECEIVED
RRI
SLN
SYD
TBILLEQ
TBILLPRICE
TBILLYIELD
SLN(cost,salvage,life)
返回固定资产的每期线性折旧费
有关该函数的帮助
确定
取消
固定资产折旧—工作量法
Sheet3

图 6–27

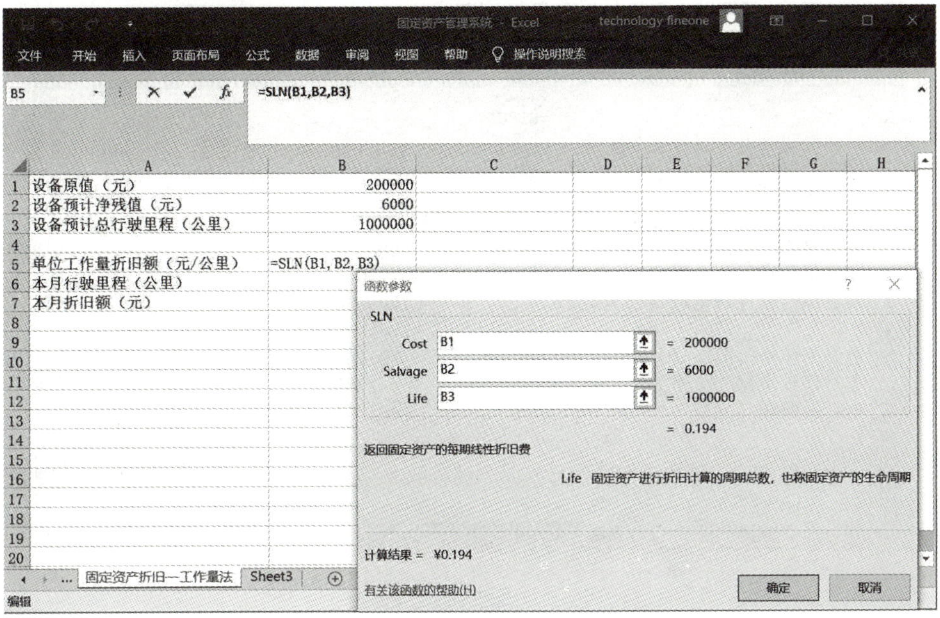

图 6–28

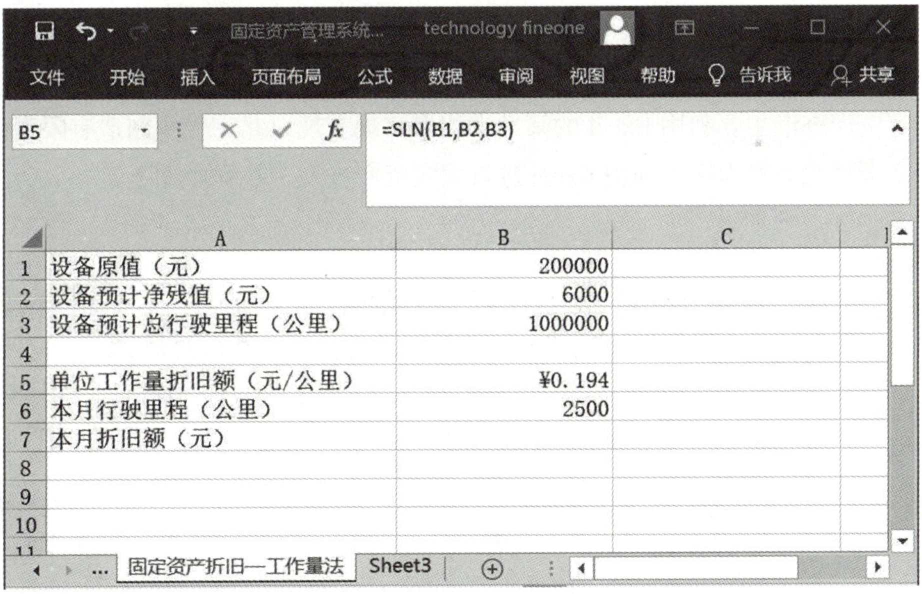

图 6–29

第三步

选定单元格 B7，输入公式“=B5*B6”就得到本月的折旧额，如图 6–30 所示。

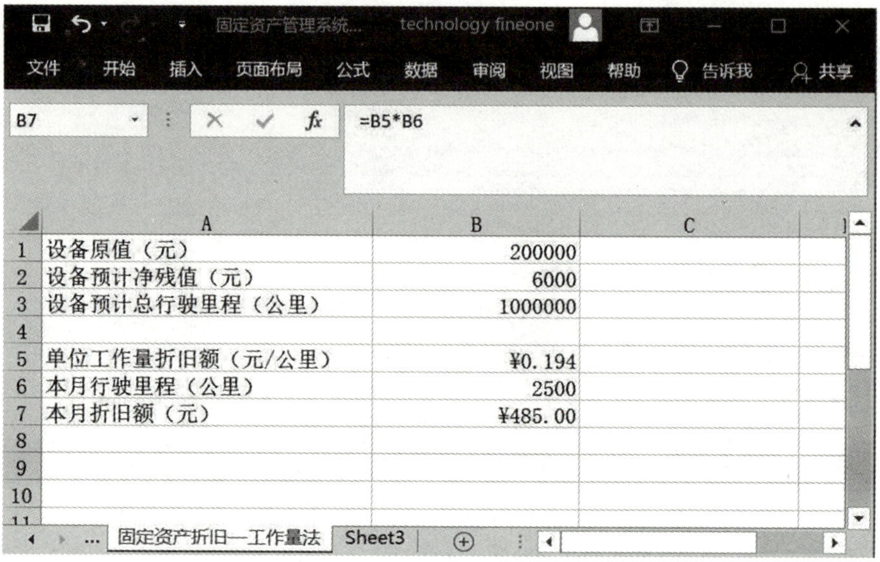

	A	B
1	设备原值（元）	200000
2	设备预计净残值（元）	6000
3	设备预计总行驶里程（公里）	1000000
4		
5	单位工作量折旧额（元/公里）	¥0.194
6	本月行驶里程（公里）	2500
7	本月折旧额（元）	¥485.00

图 6–30

任务三　固定资产的查询与折旧数据汇总

固定资产查询主要利用 Excel 的筛选功能来实现。现以北京光华制造有限责任公司固定资产卡片明细账为例，利用 Excel 进行固定资产查询，其程序如下：

第一步

打开“固定资产管理系统”工作簿的“固定资产卡片”工作表，选中标题行后，单击“数据”菜单，选择“筛选”命令，进入筛选状态，如图 6–31 所示。

卡片编号	固定资产编号	固定资产名称	规格型号	增加方式	减少方式	使用状态	部门	开始使用日期	预计使用年数	预计净残值率	预计工作量	原值	累计折旧	净值	折旧方法
001	101	复印一体机	东芝T-20	直接购入		在用	行政部	2017/12/1	5	2%		60000	29400	30600	平均年限
002	201	小轿车	奔驰300	投资者投入		在用	办公室	2012/6/5	15	5%		450000	150000	300000	平均年限
003	301	卡车	东风200	直接购入	出售		销售部	2014/12/1	10	5%		300000	80000	220000	平均年限
004	401	数控机床	永嘉H-50	直接购入		在用	生产部	2018/6/20	15	3%		1500000	300000	1200000	平均年限
005	501	铲车	玉林C-30	部门调拨	报废		后勤部	2014/12/1	5	2%		50000	49000	1000	平均年限
006	601	小轿车	捷达春天	直接购入		在用	财务部	2019/12/1	10	3%		80000	4000	76000	平均年限
007	402	数控机床	永嘉A-75	投资者投入		季节性	生产部	2018/1/20	10	3%		3000000	400000	2600000	平均年限
008	403	数控机床	永嘉A-76	直接购入		在用	生产部	2019/6/1	10	3%		2000000	100000	1900000	平均年限
009	404	数控机床	永嘉A-77	直接购入		在用	生产部	2019/6/15	10	3%		1000000	50000	950000	平均年限
010	405	厂房	标准型	在建工程转入		在用	生产部	2020/1/1	5	5%		50000000	500000	49500000	平均年限

图 6–31

第二步

查询新增的固定资产（如查询 2019 年 6 月份新增的固定资产），单击“开始使用日期”列按钮并选择“日期筛选”，在弹出的子菜单中选择“介于”，如图 6–32 所示；弹出“自定义自动筛选方式”对话框，输入“自定义”筛选条件，如图 6–33 所示，单击“确定”按钮，筛选结果如图 6–34 所示。

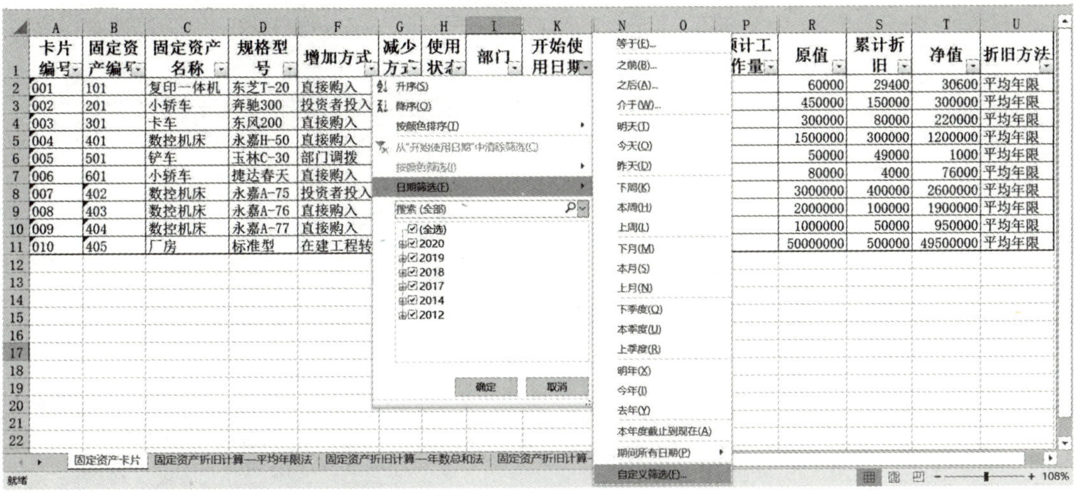

卡片编号	固定资产编号	固定资产名称	规格型号	增加方式	原值	累计折旧	净值	折旧方法
001	101	复印一体机	东芝T-20	直接购入	60000	29400	30600	平均年限
002	201	小轿车	奔驰300	投资者投入	450000	150000	300000	平均年限
003	301	卡车	东风200	直接购入	300000	80000	220000	平均年限
004	401	数控机床	永嘉H-50	直接购入	1500000	300000	1200000	平均年限
005	501	铲车	玉林C-30	部门调拨	50000	49000	1000	平均年限
006	601	小轿车	捷达春天	直接购入	80000	4000	76000	平均年限
007	402	数控机床	永嘉A-75	投资者投入	3000000	400000	2600000	平均年限
008	403	数控机床	永嘉A-76	直接购入	2000000	100000	1900000	平均年限
009	404	数控机床	永嘉A-77	直接购入	1000000	50000	950000	平均年限
010	405	厂房	标准型	在建工程转	50000000	500000	49500000	平均年限

图 6–32

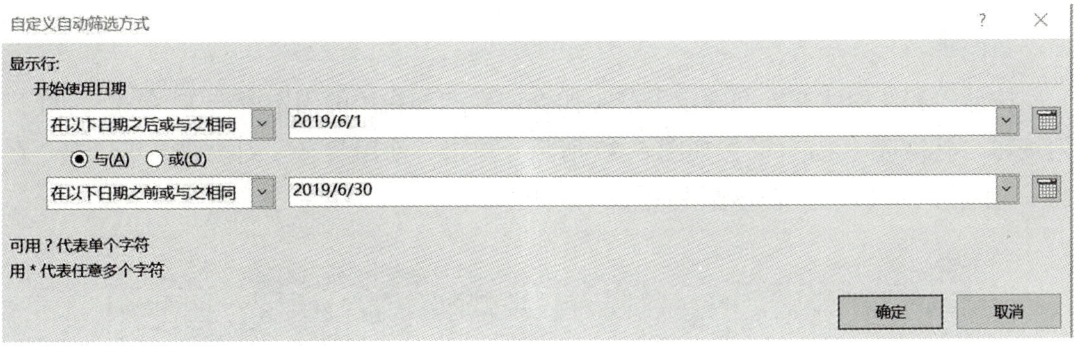

图 6–33

卡片编号	固定资产编号	固定资产名称	规格型号	增加方式	减少方式	使用状态	部门	开始使用日期	预计使用年数	预计净残值率	预计工作量	原值	累计折旧	净值	折旧方法
008	403	数控机床	永嘉A-76	直接购入		在用	生产部	2019/6/1	10	3%		2000000	100000	1900000	平均年限
009	404	数控机床	永嘉A-77	直接购入		在用	生产部	2019/6/15	10	3%		1000000	50000	950000	平均年限

图 6–34

第三步

查询减少的固定资产（如查询报废固定资产），单击“减少方式”列按钮，只勾选“报废”，如图 6–35 所示。筛选结果如图 6–36 所示。

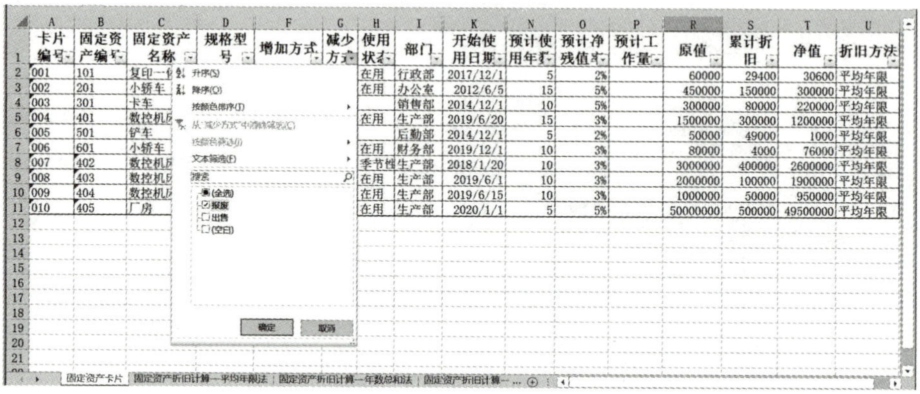

图 6–35

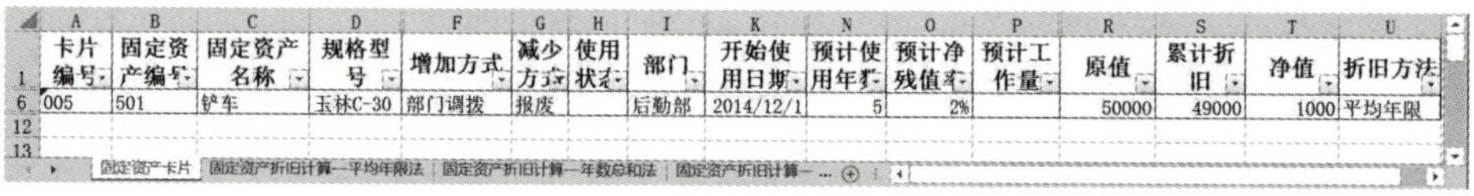

图 6–36

第四步

按部门和使用状态查询固定资产（如查询生产部在用的固定资产）。单击“部门”列按钮，只勾选“生产部”，如图 6–37 所示。单击“使用状态”列按钮，只勾选“在用”，如图 6–38 所示。筛选结果如图 6–39 所示。

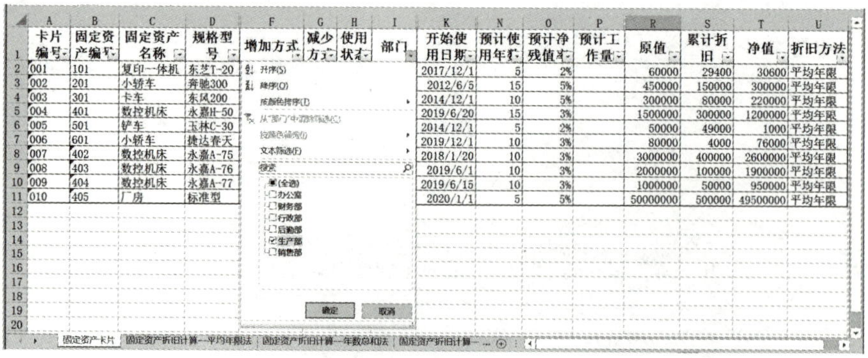

图 6–37

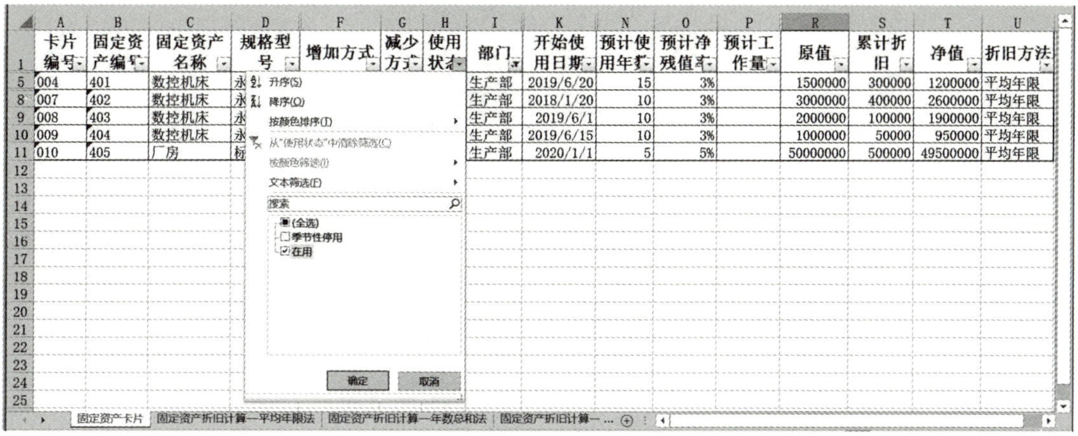

图 6–38

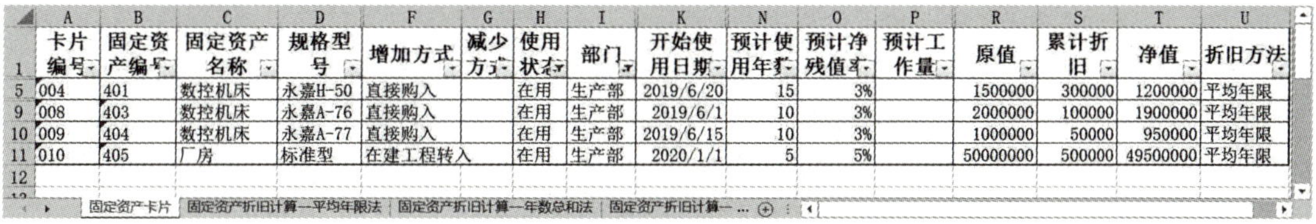

图 6–39

此外，企业可以根据实际需要进行组合查询，其程序和原理与前面基本一致，在此不再赘述。

第五步

固定资产折旧数据汇总，其程序读者可参看项目五中的任务二“职工薪酬数据统计”的程序，由于篇幅所限，在此不再赘述。

任务驱动

假设某公司购入一台价值为 500 000 元的设备，预计可使用 10 年，预计该设备报废时的净残值为 10 000 元。请利用 Excel 分别采用平均年限法、双倍余额递减法和年数总和法计算每年应提取的折旧额。

Excel 2016、Excel 2013 和 Excel 2010 所有函数简介

注：函数后面括号内的数字如：DAYS（2013）表示 Excel 2013 新增的函数，依此类推。

最常用的 10 个函数

SUM：此函数用于对单元格中的值求和。

IF：此函数用于在条件为真时返回一个值，条件为假时返回另一个值。

LOOKUP：需要查询一行或一列并查找另一行或列中的相同位置的值时，请使用此函数。

VLOOKUP：如果需要按行查找表或区域中的内容，请使用此函数。

MATCH：使用此函数搜索单元格区域中的某个项目，然后返回该项目在区域中的相对位置。

CHOOSE：此函数用于根据索引号从最多 254 个数值中选择一个。

DATE：此函数用于返回代表特定日期的连续序列号。此函数在公式，而非单元格引用，提供年、月和日的情况中非常有用。

DATEDIF：用于计算两个日期之间的天数、月数或年数。

DAYS：此函数用于返回两个日期之间的天数。

FIND、FINDB：用于在第二个文本串中定位第一个文本串。这两个函数返回第一个文本串的起始位置的值，该值从第二个文本串的第一个字符算起。

INDEX：此函数用于返回表格或区域中的值或值的引用。

兼容性函数

BETADIST：返回 beta 累积分布函数。

BETAINV：返回指定 beta 分布的累积分布函数的反函数。

BINOMDIST：返回一元二项式分布的概率。

CHIDIST：返回 χ2 分布的单尾概率。

CHIINV：返回 χ2 分布的单尾概率的反函数。

CHITEST：返回独立性检验值。

CONCATENATE：将 2 个或多个文本字符串联接成 1 个字符串。

CONFIDENCE：返回总体平均值的置信区间。

COVAR：返回协方差（成对偏差乘积的平均值）。

CRITBINOM：返回使累积二项式分布小于或等于临界值的最小值。

EXPONDIST：返回指数分布。

FDIST：返回 F 概率分布。

FINV：返回 F 概率分布的反函数。

FLOOR：向绝对值减小的方向舍入数字。

FORECAST：使用现有值来计算或预测未来值。

FTEST：返回 F 检验的结果。

GAMMADIST：返回 γ 分布。

GAMMAINV：返回 γ 累积分布函数的反函数。

HYPGEOMDIST：返回超几何分布。

LOGINV：返回对数累积分布函数的反函数。

LOGNORMDIST：返回对数累积分布函数。

MODE：返回在数据集内出现次数最多的值。

NEGBINOMDIST：返回负二项式分布。

NORMDIST：返回正态累积分布。

NORMINV：返回正态累积分布的反函数。

NORMSDIST：返回标准正态累积分布。

NORMSINV：返回标准正态累积分布函数的反函数。

PERCENTILE：返回区域中数值的第 *k* 个百分点的值。

PERCENTRANK：返回数据集中值的百分比排位。

POISSON：返回泊松分布。

QUARTILE：返回一组数据的四分位点。

RANK：返回一列数字的数字排位。

STDEV：基于样本估算标准偏差。

STDEVP：基于整个样本总体计算标准偏差。

TDIST：返回学生 t- 分布。

TINV：返回学生 t- 分布的反函数。

TTEST：返回与学生 t- 检验相关的概率。

VAR：基于样本估算方差。

VARP：计算基于样本总体的方差。

WEIBULL：返回 Weibull 分布。

ZTEST：返回 z 检验的单尾概率值。

多维数据集函数

CUBEKPIMEMBER：返回重要性能指示器 (KPI) 属性，并在单元格中显示 KPI 名称。KPI 是一种用于监控单位绩效的可计量度量值，如每月总利润或季度员工调整。

CUBEMEMBER：返回多维数据集中的成员或元组。用于验证多维数据集内是否存在成员或元组。

CUBEMEMBERPROPERTY：返回多维数据集中成员属性的值。用于验证多维数据集内是否存在某个成员名并返回此成员的指定属性。

CUBERANKEDMEMBER：返回集合中的第 *n* 个或排在一定名次的成员。用来返回集合中的一个或多个元素，如业绩最好的销售人员或前 10 名的学生。

CUBESET：通过向服务器上的多维数据集发送集合表达式来定义一组经过计算的成员或元组（这会创建该集合），然后将该集合返回到 Microsoft Office Excel。

CUBESETCOUNT：返回集合中的项目数。

CUBEVALUE：从多维数据集中返回汇总值。

数据库函数

DAVERAGE：返回所选数据库条目的平均值。

DCOUNT：计算数据库中包含数字的单元格的数量。

DCOUNTA：计算数据库中非空单元格的数量。

DGET：从数据库提取符合指定条件的单个记录。

DMAX：返回所选数据库条目的最大值。

DMIN：返回所选数据库条目的最小值。

DPRODUCT：将数据库中符合条件的记录的特定字段中的值相乘。

DSTDEV：基于所选数据库条目的样本估算标准偏差。

DSTDEVP：基于所选数据库条目的样本总体计算标准偏差。

DSUM：对数据库中符合条件的记录的字段列中的数字求和。

DVAR：基于所选数据库条目的样本估算方差。

DVARP：基于所选数据库条目的样本总体计算方差。

日期和时间函数

DATE：返回特定日期的序列号。

DATEDIF：计算两个日期之间的天数、月数或年数。此函数在需要计算年龄的公式中很有用。

DATEVALUE：将文本格式的日期转换为序列号。

DAY：将序列号转换为月份日期。

DAYS（2013）：返回两个日期之间的天数。

DAYS360：以一年 360 天为基准计算两个日期间的天数。

EDATE：返回用于表示开始日期之前或之后月数的日期的序列号。

EOMONTH：返回指定月数之前或之后的月份的最后一天的序列号。

HOUR：将序列号转换为小时。

ISOWEEKNUM（2013）：返回给定日期在全年中的 ISO 周数。

MINUTE：将序列号转换为分钟。

MONTH：将序列号转换为月。

NETWORKDAYS：返回两个日期间的完整工作日的天数。

NETWORKDAYS.INTL（2010）：返回两个日期之间的完整工作日的天数（使用参数指明周末有几天并指明是哪几天）。

NOW：返回当前日期和时间的序列号。

SECOND：将序列号转换为秒。

TIME：返回特定时间的序列号。

TIMEVALUE：将文本格式的时间转换为序列号。

TODAY：返回今天日期的序列号。

WEEKDAY：将序列号转换为星期日期。

WEEKNUM：将序列号转换为代表该星期为一年中第几周的数字。

WORKDAY：返回指定的若干个工作日之前或之后的日期的序列号。

WORKDAY.INTL（2010）：返回日期在指定的工作日天数之前或之后的序列号（使用参数指明周末有几天并指明是哪几天）。

YEAR：将序列号转换为年。

YEARFRAC：返回代表 start date 和 end date 之间整天天数的年份数。

工程函数

BESSELI：返回修正的贝赛耳函数 In(x)。

BESSELJ：返回贝赛耳函数 Jn(x)。

BESSELK：返回修正的贝赛耳函数 Kn(x)。

BESSELY：返回贝赛耳函数 Yn(x)。

BIN2DEC：将二进制数转换为十进制数。

BIN2HEX：将二进制数转换为十六进制数。

BIN2OCT：将二进制数转换为八进制数。

BITAND（2013）：返回两个数的“按位与”。

BITLSHIFT（2013）：返回左移 shift_amount 位的计算值接收数。

BITOR（2013）：返回两个数的“按位或”。

BITRSHIFT（2013）：返回右移 shift_amount 位的计算值接收数。

BITXOR（2013）：返回两个数的按位“异或”。

COMPLEX：将实系数和虚系数转换为复数。

CONVERT：将数字从一种度量系统转换为另一种度量系统。

DEC2BIN：将十进制数转换为二进制数。

DEC2HEX：将十进制数转换为十六进制数。

DEC2OCT：将十进制数转换为八进制数。

DELTA：检验两个值是否相等。

ERF：返回误差函数。

ERF.PRECISE（2010）：返回误差函数。

ERFC：返回互补误差函数。

ERFC.PRECISE（2010）：返回从 x 到无穷大积分的互补 ERF 函数。

GESTEP：检验数字是否大于阈值。

HEX2BIN：将十六进制数转换为二进制数。

HEX2DEC：将十六进制数转换为十进制数。

HEX2OCT：将十六进制数转换为八进制数。

IMABS：返回复数的绝对值（模数）。

IMAGINARY：返回复数的虚系数。

IMARGUMENT：返回参数 theta，即以弧度表示的角。

IMCONJUGATE：返回复数的共轭复数。

IMCOS：返回复数的余弦。

IMCOSH（2013）：返回复数的双曲余弦值。

IMCOT（2013）：返回复数的余弦值。

IMCSC（2013）返回复数的余割值。

IMCSCH（2013）：返回复数的双曲余割值。

IMDIV：返回两个复数的商。

IMEXP：返回复数的指数。

IMLN：返回复数的自然对数。

IMLOG10：返回复数的以 10 为底的对数。

IMLOG2：返回复数的以 2 为底的对数。

IMPOWER：返回复数的整数幂。

IMPRODUCT：返回从 2 到 255 的复数的乘积。

IMREAL：返回复数的实系数。

IMSEC（2013）：返回复数的正切值。

IMSECH（2013）：返回复数的双曲正切值。

IMSIN：返回复数的正弦。

IMSINH（2013）：返回复数的双曲正弦值。

IMSQRT：返回复数的平方根。

IMSUB：返回两个复数的差。

IMSUM：返回多个复数的和。

IMTAN（2013）：返回复数的正切值。

OCT2BIN：将八进制数转换为二进制数。

OCT2DEC：将八进制数转换为十进制数。

OCT2HEX：将八进制数转换为十六进制数。

财务函数

ACCRINT：返回定期支付利息的债券的应计利息。

ACCRINTM：返回在到期日支付利息的债券的应计利息。

AMORDEGRC：使用折旧系数返回每个记账期的折旧值。

AMORLINC：返回每个记账期的折旧值。

COUPDAYBS：返回从票息期开始到结算日之间的天数。

COUPDAYS：返回包含结算日的票息期天数。

COUPDAYSNC：返回从结算日到下一票息支付日之间的天数。

COUPNCD：返回结算日之后的下一个票息支付日。

COUPNUM：返回结算日与到期日之间可支付的票息数。

COUPPCD：返回结算日之前的上一票息支付日。

CUMIPMT：返回两个付款期之间累积支付的利息。

CUMPRINC：返回两个付款期之间为贷款累积支付的本金。

DB：使用固定余额递减法，返回一笔资产在给定期间内的折旧值。

DDB：使用双倍余额递减法或其他指定方法，返回一笔资产在给定期间内的折旧值。

DISC：返回债券的贴现率。

DOLLARDE：将以分数表示的价格转换为以小数表示的价格。

DOLLARFR：将以小数表示的价格转换为以分数表示的价格。

DURATION：返回定期支付利息的债券的每年期限。

EFFECT：返回年有效利率。

FV：返回一笔投资的未来值。

FVSCHEDULE：返回应用一系列复利率计算的初始本金的未来值。

INTRATE：返回完全投资型债券的利率。

IPMT：返回一笔投资在给定期间内支付的利息。

IRR：返回一系列现金流的内部收益率。

ISPMT：计算特定投资期内要支付的利息。

MDURATION：返回假设面值为 ¥100 的有价证券的 Macauley 修正期限。

MIRR：返回正和负现金流以不同利率进行计算的内部收益率。

NOMINAL：返回年度的名义利率。

NPER：返回投资的期数。

NPV：返回基于一系列定期的现金流和贴现率计算的投资的净现值。

ODDFPRICE：返回每张票面为 ¥100 且第一期为奇数的债券的现价。

ODDFYIELD：返回第一期为奇数的债券的收益。

ODDLPRICE：返回每张票面为 ¥100 且最后一期为奇数的债券的现价。

ODDLYIELD：返回最后一期为奇数的债券的收益。

PDURATION（2013）：返回投资到达指定值所需的期数。

PMT：返回年金的定期支付金额。

PPMT：返回一笔投资在给定期间内偿还的本金。

PRICE：返回每张票面为 ¥100 且定期支付利息的债券的现价。

PRICEDISC：返回每张票面为 ¥100 的已贴现债券的现价。

PRICEMAT：返回每张票面为 ¥100 且在到期日支付利息的债券的现价。

PV：返回投资的现值。

RATE：返回年金的各期利率。

RECEIVED：返回完全投资型债券在到期日收回的金额。

RRI（2013）：返回某项投资增长的等效利率。

SLN：返回固定资产的每期线性折旧费。

SYD：返回某项固定资产按年限总和折旧法计算的每期折旧金额。

TBILLEQ：返回国库券的等价债券收益。

TBILLPRICE：返回面值 ¥100 的国库券的价格。

TBILLYIELD：返回国库券的收益率。

VDB：使用余额递减法，返回一笔资产在给定期间或部分期间内的折旧值。

XIRR：返回一组现金流的内部收益率，这些现金流不一定定期发生。

XNPV：返回一组现金流的净现值，这些现金流不一定定期发生。

YIELD：返回定期支付利息的债券的收益。

YIELDDISC：返回已贴现债券的年收益；例如，短期国库券。

YIELDMAT：返回在到期日支付利息的债券的年收益。

信息函数

CELL：返回有关单元格格式、位置或内容的信息。

ERROR.TYPE：返回对应于错误类型的数字。

INFO：返回有关当前操作环境的信息（注意：此函数在 Excel 网页版中不可用）。

ISBLANK：如果值为空，则返回 TRUE。

ISERR：如果值为除 #N/A 以外的任何错误值，则返回 TRUE。

ISERROR：如果值为任何错误值，则返回 TRUE。

ISEVEN：如果数字为偶数，则返回 TRUE。

ISFORMULA（2013）：如果有对包含公式的单元格的引用，则返回 TRUE。

ISLOGICAL：如果值为逻辑值，则返回 TRUE。

ISNA：如果值为错误值 #N/A，则返回 TRUE。

ISNONTEXT：如果值不是文本，则返回 TRUE。

ISNUMBER：如果值为数字，则返回 TRUE。

ISODD：如果数字为奇数，则返回 TRUE。

ISREF：如果值为引用值，则返回 TRUE。

ISTEXT：如果值为文本，则返回 TRUE。

N：返回转换为数字的值。

NA：返回错误值 #N/A。

SHEET（2013）：返回引用工作表的工作表编号。

SHEETS（2013）：返回引用中的工作表数。

TYPE：返回表示值的数据类型的数字。

逻辑函数

AND：如果其所有参数均为 TRUE，则返回 TRUE。

FALSE：返回逻辑值 FALSE。

IF：指定要执行的逻辑检测。

IFERROR：如果公式的计算结果错误，则返回您指定的值；否则返回公式的结果。

IFNA（2013）：如果该表达式解析为 #N/A，则返回指定值；否则返回该表达式的结果。

IFS（2016）：检查是否满足一个或多个条件，且是否返回与第一个 TRUE 条件对应的值。

NOT：对其参数的逻辑求反。

OR：如果任一参数为 TRUE，则返回 TRUE。

SWITCH（2016）：根据值列表计算表达式，并返回与第一个匹配值对应的结果。如果不匹配，则可能返回可选默认值。

TRUE：返回逻辑值 TRUE。

XOR（2013）：返回所有参数的逻辑“异或”值。

查找和引用函数

ADDRESS：以文本形式将引用值返回到工作表的单个单元格。

AREAS：返回引用中涉及的区域个数。

CHOOSE：从值的列表中选择值。

COLUMN：返回引用的列号。

COLUMNS：返回引用中包含的列数。

FILTER：根据定义的条件筛选数据区域。

FORMULATEXT（2013）：将给定引用的公式返回为文本。

GETPIVOTDATA：返回存储在数据透视表中的数据。

HLOOKUP：查找数组的首行，并返回指定单元格的值。

HYPERLINK：创建快捷方式或跳转，以打开存储在网络服务器、Intranet 或 Internet 上的文档。

INDEX：使用索引从引用或数组中选择值。

INDIRECT：返回由文本值指定的引用。

LOOKUP：在向量或数组中查找值。

MATCH：在引用或数组中查找值。

OFFSET：从给定引用中返回引用偏移量。

ROW：返回引用的行号。

ROWS：返回引用中的行数。

RTD：从支持 COM 自动化的程序中检索实时数据。

SORT：对区域或数组的内容进行排序。

SORTBY：根据相应区域或数组中的值对区域或数组的内容进行排序。

TRANSPOSE：返回数组的转置。

UNIQUE：返回列表或区域中的唯一值的列表。

VLOOKUP：在数组第一列中查找，然后在行之间移动以返回单元格的值。

数学和三角函数

ABS：返回数字的绝对值。

ACOS：返回数字的反余弦值。

ACOSH：返回数字的反双曲余弦值。

ACOT（2013）：返回一个数的反余切值。

ACOTH（2013）：返回一个数的双曲反余切值。

AGGREGATE：返回列表或数据库中的聚合。

ARABIC：将罗马数字转换为阿拉伯数字。

ASIN：返回数字的反正弦值。

ASINH：返回数字的反双曲正弦值。

ATAN：返回数字的反正切值。

ATAN2：返回 X 和 Y 坐标的反正切值。

ATANH：返回数字的反双曲正切值。

BASE：将一个数转换为具有给定基数的文本表示。

CEILING：将数字舍入为最接近的整数或最接近的指定基数的倍数。

CEILING.MATH（2013）：将数字向上舍入为最接近的整数或最接近的指定基数的倍数。

CEILING.PRECISE：将数字舍入为最接近的整数或最接近的指定基数的倍数。无论该数字的符号如何，该数字都向上舍入。

COMBIN：返回给定数目对象的组合数。

COS：返回数字的余弦值。

COSH：返回数字的双曲余弦值。

COMBINA（2013）：返回给定数目对象具有重复项的组合数。

COT（2013）：返回角度的余弦值。

COTH（2013）：返回数字的双曲余切值。

CSC（2013）：返回角度的余割值。

CSCH（2013）：返回角度的双曲余割值。

DECIMAL（2013）：将给定基数内的数的文本表示转换为十进制数。

DEGREES：将弧度转换为度。

EVEN：将数字向上舍入到最接近的偶数。

EXP：返回 e 的 *n* 次方。

FACT：返回数字的阶乘。

FACTDOUBLE：返回数字的双倍阶乘。

FLOOR：向绝对值减小的方向舍入数字。

FLOOR.MATH：将数字向下舍入为最接近的整数或最接近的指定基数的倍数。

FLOOR.PRECISE：将数字向下舍入为最接近的整数或最接近的指定基数的倍数。无论该数字的符号如何，该数字都向下舍入。

GCD：返回最大公约数。

INT：将数字向下舍入到最接近的整数。

ISO.CEILING：返回一个数字，该数字向上舍入为最接近的整数或最接近的有效位的倍数。

LCM：返回最小公倍数。

LN：返回数字的自然对数。

LOG：返回数字的以指定底为底的对数。

LOG10：返回数字的以 10 为底的对数。

MDETERM：返回数组的矩阵行列式的值。

MINVERSE：返回数组的逆矩阵。

MMULT：返回两个数组的矩阵乘积。

MOD：返回除法的余数。

MROUND：返回一个舍入到所需倍数的数字。

MULTINOMIAL：返回一组数字的多项式。

MUNIT（2013）：返回单位矩阵或指定维度。

ODD：将数字向上舍入为最接近的奇数。

PI：返回 pi 的值。

POWER：返回数的乘幂。

PRODUCT：将其参数相乘。

QUOTIENT：返回除法的整数部分。

RADIANS：将度转换为弧度。

RAND：返回 0 和 1 之间的一个随机数。

RANDARRAY：返回 0 和 1 之间的随机数字数组。

RANDBETWEEN：返回位于两个指定数之间的一个随机数。

ROMAN：将阿拉伯数字转换为文本式罗马数字。

ROUND：将数字按指定位数舍入。

ROUNDDOWN：向绝对值减小的方向舍入数字。

ROUNDUP：向绝对值增大的方向舍入数字。

SEC（2013）：返回角度的正割值。

SECH（2013）：返回角度的双曲正切值。

SERIESSUM：返回基于公式的幂级数的和。

SEQUENCE：生成数组中的序列号列表，例如 1、2、3、4。

SIGN：返回数字的符号。

SIN：返回给定角度的正弦值。

SINH：返回数字的双曲正弦值。

SQRT：返回正平方根。

SQRTPI：返回某数与 pi 的乘积的平方根。

SUBTOTAL：返回列表或数据库中的分类汇总。

SUM：求参数的和。

SUMIF：按给定条件对指定单元格求和。

SUMIFS：在区域中添加满足多个条件的单元格。

SUMPRODUCT：返回对应的数组元素的乘积和。

SUMSQ：返回参数的平方和。

SUMX2MY2：返回两数组中对应值平方差之和。

SUMX2PY2：返回两数组中对应值的平方和之和。

SUMXMY2：返回两个数组中对应值差的平方和。

TAN：返回数字的正切值。

TANH：返回数字的双曲正切值。

TRUNC：将数字截尾取整。

统计函数

AVEDEV：返回数据点与它们的平均值的绝对偏差平均值。

AVERAGE：返回其参数的平均值。

AVERAGEA：返回其参数的平均值，包括数字、文本和逻辑值。

AVERAGEIF：返回区域中满足给定条件的所有单元格的平均值（算术平均值）。

AVERAGEIFS：返回满足多个条件的所有单元格的平均值（算术平均值）。

BETA.DIST（2010）：返回 beta 累积分布函数。

BETA.INV（2010）：返回指定 beta 分布的累积分布函数的反函数。

BINOM.DIST（2010）：返回一元二项式分布的概率。

BINOM.DIST.RANGE（2013）：使用二项式分布返回试验结果的概率。

BINOM.INV（2010）：返回使累积二项式分布小于或等于临界值的最小值。

CHISQ.DIST（2010）：返回累积 beta 概率密度函数。

CHISQ.DIST.RT（2010）：返回 χ2 分布的单尾概率。

CHISQ.INV（2010）：返回累积 beta 概率密度函数。

CHISQ.INV.RT（2010）：返回 χ2 分布的单尾概率的反函数。

CHISQ.TEST（2010）：返回独立性检验值。

CONFIDENCE.NORM（2010）：返回总体平均值的置信区间。

CONFIDENCE.T（2010）：返回总体平均值的置信区间（使用学生 t- 分布）。

CORREL：返回两个数据集之间的相关系数。

COUNT：计算参数列表中数字的个数。

COUNTA：计算参数列表中值的个数。

COUNTBLANK：计算区域内空白单元格的数量。

COUNTIF：计算区域内符合给定条件的单元格的数量。

COUNTIFS：计算区域内符合多个条件的单元格的数量。

COVARIANCE.P（2010）：返回协方差（成对偏差乘积的平均值）。

COVARIANCE.S（2010）：返回样本协方差，即两个数据集中每对数据点的偏差乘积的平均值。

DEVSQ：返回偏差的平方和。

EXPON.DIST（2010）：返回指数分布。

F.DIST（2010）：返回 F 概率分布。

F.DIST.RT（2010）：返回 F 概率分布。

F.INV（2010）：返回 F 概率分布的反函数。

F.INV.RT（2010）：返回 F 概率分布的反函数。

F.TEST（2010）：返回 F 检验的结果。

FISHER：返回 Fisher 变换值。

FISHERINV：返回 Fisher 变换的反函数。

FORECAST：返回线性趋势值。（注意：在 Excel 2016 中，此函数将替换为“预测”。线性作为新预测函数的一部分，但它仍可用于与早期版本兼容。）FORECAST.ETS（2016）：通过使用指数平滑 (ETS) 算法的 AAA 版本，返回基于现有（历史）值的未来值。

FORECAST.ETS.CONFINT（2016）：返回指定目标日期预测值的置信区间。

FORECAST.ETS.SEASONALITY（2016）：返回 Excel 针对指定时间系列检测到的重复模式的长度。

FORECAST.ETS.STAT（2016）：返回作为时间序列预测的结果的统计值。

FORECAST.LINEAR（2016）：返回基于现有值的未来值。

FREQUENCY：以垂直数组的形式返回频率分布。

GAMMA（2013）：返回 γ 函数值。

GAMMA.DIST（2010）：返回 γ 分布。

GAMMA.INV（2010）：返回 γ 累积分布函数的反函数。

GAMMALN：返回 γ 函数的自然对数，Γ(x)。

GAMMALN.PRECISE（2010）：返回 γ 函数的自然对数，Γ(x)。

GAUSS（2013）：返回小于标准正态累积分布 0.5 的值。

GEOMEAN：返回几何平均值。

GROWTH：返回指数趋势值。

HARMEAN：返回调和平均值。

HYPGEOM.DIST：返回超几何分布。

INTERCEPT：返回线性回归线的截距。

KURT：返回数据集的峰值。

LARGE：返回数据集中第 *k* 个最大值。

LINEST：返回线性趋势的参数。

LOGEST：返回指数趋势的参数。

LOGNORM.DIST（2010）：返回对数累积分布函数。

LOGNORM.INV（2010）：返回对数累积分布的反函数。

MAX：返回参数列表中的最大值。

MAXA：返回参数列表中的最大值，包括数字、文本和逻辑值。

MAXIFS（2016）：返回一组给定条件或标准指定的单元格之间的最大值。

MEDIAN：返回给定数值集合的中值。

MIN：返回参数列表中的最小值。

MINA：返回参数列表中的最小值，包括数字、文本和逻辑值。

MINIFS（2016）：返回一组给定条件或标准指定的单元格之间的最小值。

MODE.MULT（2010）：返回一组数据或数据区域中出现频率最高或重复出现的数值的垂直数组。

MODE.SNGL（2010）：返回在数据集内出现次数最多的值。

NEGBINOM.DIST（2010）：返回负二项式分布。

NORM.DIST（2010）：返回正态累积分布。

NORM.INV（2010）：返回正态累积分布的反函数。

NORM.S.DIST（2010）：返回标准正态累积分布。

NORM.S.INV（2010）：返回标准正态累积分布函数的反函数。

PEARSON：返回 Pearson 乘积矩相关系数。

PERCENTILE.EXC（2010）：返回某个区域中的数值的第 *k* 个百分点值，此处的 *k* 的范围为 0 到 1（不含 0 和 1）。

PERCENTILE.INC（2010）：返回区域中数值的第 *k* 个百分点的值。

PERCENTRANK.EXC（2010）：将某个数值在数据集中的排位作为数据集的百分点值返回，此处的百分点值的范围为 0 到 1（不含 0 和 1）。

PERCENTRANK.INC（2010）：返回数据集中值的百分比排位。

PERMUT：返回给定数目对象的排列数。

PERMUTATIONA（2013）：返回可从总计对象中选择的给定数目对象（含重复）的排列数。

PHI（2013）：返回标准正态分布的密度函数值。

POISSON.DIST（2010）：返回泊松分布。

PROB：返回区域中的数值落在指定区间内的概率。

QUARTILE.EXC（2010）：基于百分点值返回数据集的四分位，此处的百分点值的范围为 0 到 1（不含 0 和 1）。

QUARTILE.INC（2010）：返回一组数据的四分位点。

RANK.AVG（2010）：返回一列数字的数字排位。

RANK.EQ（2010）：返回一列数字的数字排位。

RSQ：返回 Pearson 乘积矩相关系数的平方。

SKEW：返回分布的不对称度。

SKEW.P（2013）：返回一个分布的不对称度：用来体现某一分布相对其平均值的不对称程度。

SLOPE：返回线性回归线的斜率。

SMALL：返回数据集中的第 *k* 个最小值。

STANDARDIZE：返回正态化数值。

STDEV.P（2010）：基于整个样本总体计算标准偏差。

STDEV.S（2010）：基于样本估算标准偏差。

STDEVA：基于样本（包括数字、文本和逻辑值）估算标准偏差。

STDEVPA：基于样本总体（包括数字、文本和逻辑值）计算标准偏差。

STEYX：返回通过线性回归法预测每个 x 的 y 值时所产生的标准误差无。

T.DIST（2010）：返回学生 t- 分布的百分点（概率）。

T.DIST.2T（2010）：返回学生 t- 分布的百分点（概率）。

T.DIST.RT（2010）：返回学生 t- 分布。

T.INV（2010）：返回作为概率和自由度函数的学生 t 分布的 t 值。

T.INV.2T（2010）：返回学生 t- 分布的反函数。

T.TEST（2010）：返回与学生 t- 检验相关的概率。

TREND：返回线性趋势值。

TRIMMEAN：返回数据集的内部平均值。

VAR.P（2010）：计算基于样本总体的方差。

VAR.S（2010）：基于样本估算方差。

VARA：基于样本（包括数字、文本和逻辑值）估算方差。

VARPA：基于样本总体（包括数字、文本和逻辑值）计算标准偏差。

WEIBULL.DIST（2010）：返回 Weibull 分布。

Z.TEST（2010）：返回 z 检验的单尾概率值。

文本函数

ASC：将字符串中的全角（双字节）英文字母或片假名更改为半角（单字节）字符。

BAHTTEXT：使用 ß（泰铢）货币格式将数字转换为文本。

CHAR：返回由代码数字指定的字符。

CLEAN：删除文本中所有非打印字符。

CODE：返回文本字符串中第一个字符的数字代码。

CONCAT（2016）：将多个区域和 / 或字符串的文本组合起来，但不提供分隔符或 IgnoreEmpty 参数。

CONCATENATE：将几个文本项合并为一个文本项。

DBCS（2013）：将字符串中的半角（单字节）英文字母或片假名更改为全角（双字节）字符。

DOLLAR：使用 ¥（人民币）货币格式将数字转换为文本。

EXACT：检查两个文本值是否相同。

FIND、FINDB：在一个文本值中查找另一个文本值（区分大小写）。

FIXED：将数字格式设置为具有固定小数位数的文本。

LEFT、LEFTB：返回文本值中最左边的字符。

LEN、LENB：返回文本字符串中的字符个数。

LOWER：将文本转换为小写。

MID、MIDB：从文本字符串中的指定位置起返回特定个数的字符。

NUMBERVALUE（2013）：以与区域设置无关的方式将文本转换为数字。

PHONETIC：提取文本字符串中的拼音（汉字注音）字符。

PROPER：将文本值的每个字的首字母大写。

REPLACE、REPLACEB：替换文本中的字符。

REPT：按给定次数重复文本。

RIGHT、RIGHTB：返回文本值中最右边的字符。

SEARCH、SEARCHB：在一个文本值中查找另一个文本值（不区分大小写）。

SUBSTITUTE：在文本字符串中用新文本替换旧文本。

T：将参数转换为文本。

TEXT：设置数字格式并将其转换为文本。

TEXTJOIN（2016）：将多个区域和 / 或字符串的文本组合起来，并包括你在要组合的各文本值之间指定的分隔符。如果分隔符是空的文本字符串，则此函数将有效连接这些区域。

TRIM：删除文本中的空格。

UNICHAR（2013）：返回给定数值引用的 Unicode 字符。

UNICODE（2013）：返回对应于文本的第一个字符的数字（代码点）。

UPPER：将文本转换为大写形式。

VALUE：将文本参数转换为数字。

与加载项一起安装的用户定义的函数

CALL：调用动态链接库或代码源中的过程。

EUROCONVERT：用于将数字转换为欧元形式，将数字由欧元形式转换为欧元成员国货币形式，或利用欧元作为中间货币将数字由某一欧元成员国货币转化为另一欧元成员国货币形式（三角转换关系）。

REGISTER.ID：返回已注册过的指定动态链接库 (DLL) 或代码源的注册号。

Web 函数

ENCODEURL（2013）：返回 URL 编码的字符串。

FILTERXML（2013）：通过使用指定的 XPath，返回 XML 内容中的特定数据。

WEBSERVICE（2013）：返回 Web 服务中的数据。